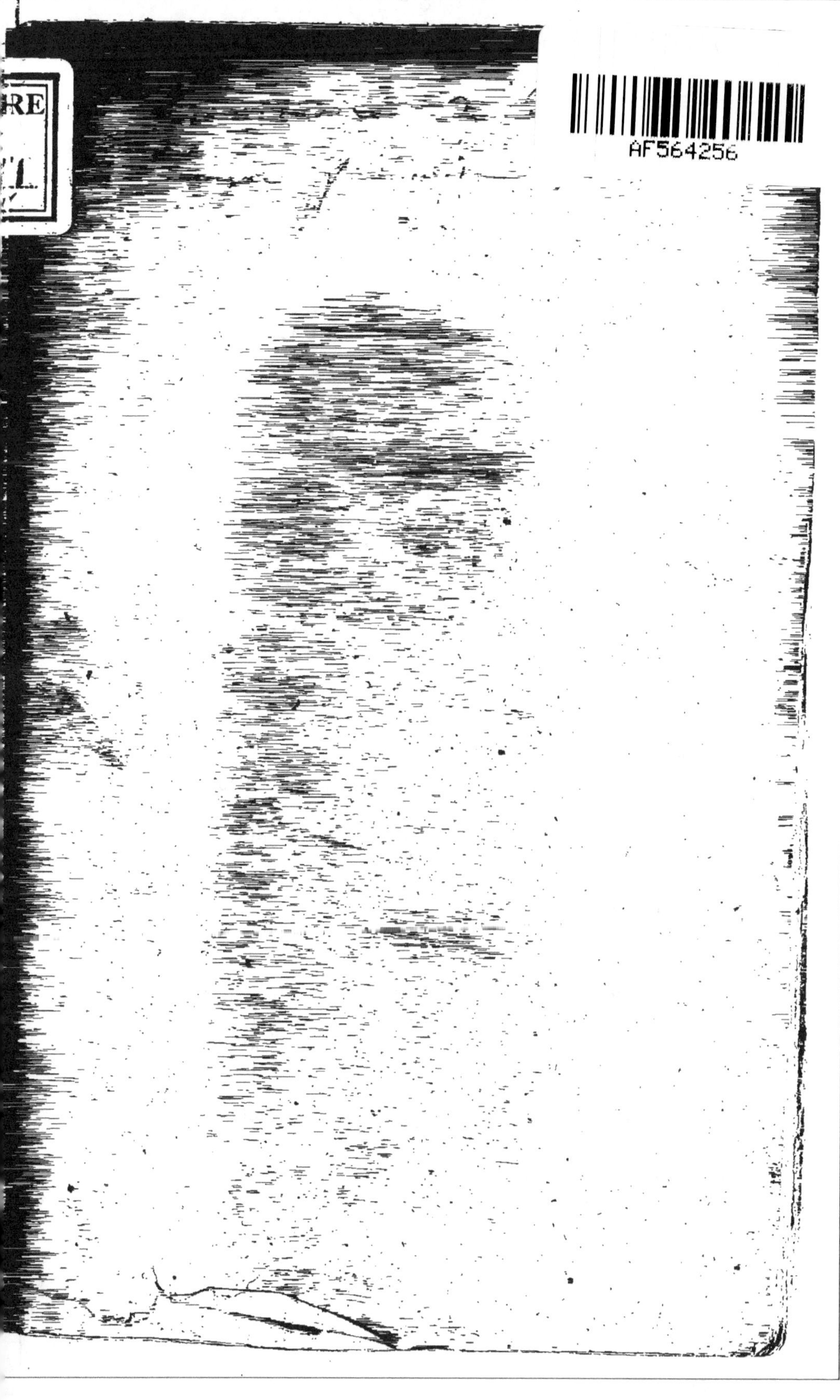

RÈGLEMENT

DE L'INSTITUTION DES

ACTEURS - EXPRESS

but de cette Institution est de faciliter les relations erciales et publiques, dans l'intérieur de la ville et ses alentours, au moyen de facteurs porteurs d'ob-e tout genre ; et d'offrir, à chaque instant du jour, blic, et à bas prix, des ouvriers sûrs et actifs.

te Institution offre, de plus, aux ouvriers honnêtes esquels on peut compter, une occasion de se créer existence assurée en s'engageant dans l'établisse-

§ 1.

ur l'exécution des services ci-dessus indiqués, l'Ins-on a organisé, pour la ville d'Arras, un certain ore de personnes nommées « FACTEURS EXPRESS » garantie, pour les cas d'infidélité, de dommages et rtes, selon les conditions ci-après.

nombre du personnel augmente d'après les besoins proportion des affaires.

§ 2.

s facteurs express portent : une casquette drap avec plaque portant l'inscription : Facteur express. cusson adapté sur la partie gauche de la poitrine por-nt l'inscription : Facteur-express ; au milieu, le nu-éro.

blouse bleue, forme paletot, avec un pantalon velours aron ;

Chef ou Contrôleur est préposé à la surveillance des ommes.

GRAMMAIRE

DE LA

LANGUE FRANÇAISE

EEXRCICES ÉLÉMENTAIRES.

Tout exemplaire non revêtu de ma signature sera réputé contrefait.

J. Albanel

Amiens. — Typ. Alfred CARON Fils, rue de Beauvais, 42.

GRAMMAIRE

DE LA

LANGUE FRANÇAISE

PAR

LE P. HENRI DELAVENNE

de la Compagnie de Jésus.

Heureux qui sait mêler l'agréable à l'utile.

(Horace.)

EXERCICES ÉLÉMENTAIRES

PARTIE DE L'ÉLÈVE

PARIS
JOSEPH ALBANEL, LIBRAIRE
7, Rue Honoré-Chevalier, 7

EXERCICES ÉLÉMENTAIRES

LE NOM OU SUBSTANTIF.

I. CHATIMENT D'HÉLI.

Soulignez les noms communs. (*Grammaire élémentaire*, § 17.)

Une nuit, comme le grand-prêtre Héli était couché dans son lit, le Seigneur appela Samuel. Celui-ci, pensant que le grand-prêtre le demandait, accourut et dit : « Me voici, car vous m'avez appelé. — Je ne t'ai point appelé, mon fils, répondit Héli ; retourne dans ton lit. » Et cela arriva une seconde fois, puis une troisième. Enfin Samuel, sur le conseil d'Héli, répondit à Dieu qui l'appelait : « Parlez, Seigneur, votre serviteur écoute. » Alors Dieu dit à Samuel : « J'accablerai la maison d'Héli de malheurs tels, que personne ne pourra les entendre sans que ses oreilles lui en tintent, parce qu'il a été pour ses enfants faible jusqu'à l'excès, et qu'il a supporté leurs vices avec trop de patience. »

Un sommeil plus profond s'empara ensuite de Samuel, qui dormit jusqu'au matin. Dès que le jour parut, il se leva et ouvrit la porte. Or, il craignait de révéler au grand-prêtre les paroles du Seigneur. Héli s'adressant à Samuel : « Je t'en prie et t'en conjure, lui dit-il, révèle-moi ce que tu as entendu. » Samuel obéit à cet ordre et lui redit toutes les paroles de Jéhovah. « Il est le Seigneur, dit Héli ; que sa volonté se fasse. »

Peu de temps après, la guerre s'éleva entre les Philistins et les Hébreux. Ceux-ci portent l'arche sur le champ de bataille, et avec elle s'avancent Ophni et Phinées, les deux fils d'Héli. Mais comme Dieu était irrité contre son peuple, l'arche lui fut plus funeste qu'utile. Les Hébreux furent vaincus, Ophni et Phinées périrent, et l'arche même fut prise. Héli, à la nouvelle de ce désastre, tomba de son siége, se brisa la tête et mourut.

2. EXERCICES.

Faites une liste des noms masculins et une liste des noms féminins. (§ 18.)

L'âne.	L'ânesse.	Un mulet.	Une mule.
Un bélier.	Une brebis.	Le neveu.	La nièce.
Le canard.	La cane.	Une nuit.	Un jour.
Un cerf.	Une biche.	L'oncle.	La tante.
La chatte.	Le chat.	Un parrain.	Une marraine.
Un cheval.	Une jument.	La plume.	Le canif.
Le chien.	La chienne.	Un sanglier.	Une laie.
Un coq.	Une poule.	Le singe.	La guenon.
Une lapine.	Un lapin.	Un taureau.	Une vache.
La lionne.	Le lion.	La tigresse.	Le tigre.
Un loup.	Une louve.	Une vigne.	Un lézard.

3. LE COUSIN.

Soulignez les noms masculins et mettez les noms féminins entre parenthèses. (§ 18.)

Le cousin a une trompe, qui est à la fois un pieu qu'il enfonce dans la chair des animaux, et une pompe par où il aspire leur sang. Cette trompe renferme encore une longue scie, avec laquelle il découpe les petits vaisseaux sanguins au fond de la plaie qu'il a ouverte. Il a des ailes pour se transporter où il veut; un corselet d'yeux autour de sa petite tête pour apercevoir tous les objets qui sont autour de lui; des griffes si aiguës, qu'il se promène sur le verre poli, et à plomb; des pieds garnis de brosses pour se nettoyer ; un panache sur son front, et l'équivalent d'une trompette pour sonner ses victoires. Il habite l'air, la terre, et l'eau où il naît en forme de ver, et où il dépose ses œufs avant de mourir.

Formation du féminin dans les noms.

4. EXERCICES.

Mettez les noms suivants au féminin. (§§ 19-23.)

Une	Ami.	Filleul.	Marquis.
	Anglais.	Gourmand.	Nain.
	Apprenti.	Habitant.	Orphelin.
	Babillard.	Idiot.	Villageois.
	Bourgeois.	Marchand.	Voisin.
	Camarade.	Boucher.	Chrétien.
	Élève.	Boulanger.	Magicien.
	Malade.	Epicier.	Musicien.
	Pensionnaire.	Jardinier.	Payen.
	Propriétaire.	Laitier.	Lion.
	Maître.	Messager.	Paon.
	Nègre.	Meunier.	Patron.
	Tigre.	Perruquier	Poltron.
	Faneur.	Rôtisseur.	Gouverneur.
	Gaspilleur.	Solliciteur.	Inspecteur.
	Hâbleur.	Travailleur.	Instituteur.
	Joueur.	Vendangeur.	Législateur.
	Moissonneur.	Voleur.	Observateur.
	Pêcheur.	Voyageur.	Pécheur.
	Pleureur.	Acteur.	Perturbateur.
	Ravaudeur.	Bienfaiteur.	Serviteur.
	Recéleur.	Calomniateur.	Spectateur.
	Receveur.	Exécuteur.	Spoliateur.
	Revendeur.	Fondateur.	Tuteur.

5. Mettez au féminin les mots en italique.

Les femmes *poëtes* sont mauvaises ménagères : la rime s'accorde mal avec l'économie. — Madame de Sévigné est *un écrivain* très distingué. — Les femmes sont les *vrais précepteurs* du bon ton et du bon goût. — L'abbesse de Fontevrault était *le chef* et *le général* de tout l'Ordre. — Les *premiers* et les plus *sûrs instituteurs* de l'homme sont la douleur et le plaisir. — Les passions sont les *seuls orateurs* qui persuadent toujours. — Hypathia enseignait elle-même la doctrine d'Aristote et de Platon; on l'appelait *le philosophe*. — L'espèce humaine ne serait jamais arrivée à un certain degré de perfectionnement, si elle n'était née *poëte*. — La sagesse est *le tyran* des faibles.

Ah ! les femmes *docteurs* ne sont pas de mon goût. (Mol.)

6. EXERCICES.

Faites une liste des noms mis au singulier et une liste des noms mis au pluriel. (§ 25.)

Un agneau.	Des éclairs.	Une foule.	Des roses.
Des aiguilles.	L'écureuil.	La glace.	Le soleil.
Les barques.	Une église.	La lune.	Des tonnerres.
Le blé.	Les étoiles.	Des perdrix.	Les tambours.
Des champs.	La figue.	Des grives.	La trompette.
Le ciel.	Des filets.	La pluie.	Les vents.
La ciguë.	Les forêts.	Une plume.	Le verdier.
Des cigares.	Un fouet.	Des pluviers.	Les vignes.

7. LES MOUCHERONS.

Soulignez les noms qui sont au singulier, et mettez entre parenthèses les noms qui sont au pluriel. (§ 25.)

Je me suis arrêté quelquefois avec plaisir à voir des moucherons, après la pluie, danser en rond des espèces de ballets. Ils se divisent en quadrilles, qui s'élèvent, s'abaissent, circulent, et s'entrelacent sans se confondre. Il semble que ces enfants de l'air soient nés pour danser; ils font aussi entendre au milieu de leurs bals des espèces de chants. Leurs gosiers ne sont pas résonnants comme ceux des oiseaux ; mais leurs ailes, ainsi que des archets, frappent l'air et en tirent des murmures agréables. Mais souvent une sombre hirondelle traverse tout à coup leur troupe légère, et avale à la fois des groupes entiers de danseurs. Cependant leur fête n'est pas interrompue, tous continuent à danser et à chanter.

Leur vie, après tout, est une image de la nôtre. Les hommes se bercent de vaines illusions, tandis que la mort, comme un oiseau de proie, passe au milieu d'eux, les engloutit tour à tour sans interrompre la foule qui cherche le plaisir.

8. EXERCICES.

Faites une liste des noms mis au masculin pluriel et une liste des noms mis au féminin pluriel. (§§ 18 et 25.)

Les alouettes.	Les fruits.	Les œufs.	Les rivières.
Des araignées.	Des galettes.	Des oies.	Des rosiers.
Les boudins.	Les mers.	Les oiseaux.	Les tuiles.
Des châteaux.	Des mouches.	Des pies.	Des tulipes.
Les fauvettes.	Les nids.	Les poissons.	Les vallées.
Des fourmis.	Des noisettes.	Des rats.	Des voleurs.
Les fours.	Les noyers.	Des râteaux.	Les volets.
Des frênes.	Des odeurs.	Des ravins.	Des volières.

9. LES BÊTES CARNASSIÈRES.

Soulignez les noms qui sont du masculin pluriel, et mettez entre parenthèses les noms qui sont du féminin pluriel. (§§ 18 et 25.)

Les bêtes carnassières sont fort nécessaires: sans elles, la terre serait infectée de cadavres. Il périt chaque année au moins la vingtième partie des quadrupèdes, la dixième des oiseaux et un nombre infini d'insectes. Comme les eaux des pluies entraînent toutes ces dépouilles aux fleuves et de là aux mers, c'est aussi sur leurs rivages que la nature a rassemblé les animaux qui doivent les consommer. La plupart des bêtes féroces descendent la nuit des montagnes pour y diriger leurs chasses.

Les tribus des lions, des tigres, des léopards, des panthères, des civettes, des ours, des chacals, des hyènes, etc., viennent renforcer celles des loups, des renards, des martres, des loutres, des vautours, des corbeaux, etc. Des légions de crabes dévorants sont nichées dans les sables ; les caïmans et les crocodiles sont en embuscade dans les roseaux; des coquillages d'espèces innombrables, armés d'outils propres à sucer, à percer, à limer et à broyer, hérissent les rochers et pavent les lisières des mers; des nuées d'oiseaux marins volent à grands cris au-dessus des écueils, ou voguent tout autour au gré des lames, cherchant leur proie; les murènes, les requins, les raies, les polybes armés de ventouses, et toutes les variétés des chiens de mer, nagent en foule sans cesse occupés à dévorer les débris des corps qui y abordent. Les guêpes armées de ciseaux en découpent les chairs, les mouches en pompent les liqueurs, les vers marins en dépècent les os. Ceux-ci, dans les pays chauds, sont en si grand nombre et armés de tarières si redoutables, qu'ils peuvent dévorer un vaisseau de guerre en moins de temps qu'on en a mis à le construire, et qu'ils ont forcé les puissances maritimes de couvrir les carènes des escadres pour les préserver de leurs attaques.

10 LE CARAVANSÉRAIL.

Soulignez les noms qui sont du masculin pluriel, et mettez entre parenthèses les noms qui sont du féminin pluriel. (§§ 18 et 25.)

Un caravansérail, dans l'intérieur des terres de l'Asie Mineure, est une construction basse et massive en murs de pierres et en toit de tuiles, qui ouvre, du côté du chemin, ses huit ou dix portes aux passants. L'une de ces portes donne jour à une échoppe de maréchal-ferrant pour raccommoder au besoin les fers des chevaux ou des mules; l'autre, à une boutique où le petit marchand du lieu vend des galettes de froment ou de maïs, des melons, des figues, des dattes, aux voyageurs ; les autres, à des salles basses garnies de canapés en bois, où les passants prennent leur repos en dormant couchés dans leurs manteaux. Chacun, selon sa richesse, y déploie sa natte de paille ou son riche tapis et ses moelleux coussins portés par les chameaux ou les ânes de son bagage. De vastes écuries occupent le reste des bâtiments; les animaux y trouvent l'orge et l'eau, et la litière à côté de leurs conducteurs.

Ces caravansérails sont toujours construits aux environs d'une source, d'un puits ou d'un ruisseau. Leur site est toujours remarqué de loin par un ou deux grands arbres aussi vieux que la terre: platanes, sycomores, saules pleureurs, dont le feuillage est peuplé d'innombrables nids d'oiseaux; leurs racines, qui sortent de terre, servent de canapé aux voyageurs pendant l'été; l'hiver, les pauvres y font du feu, dont la fumée calcine et noircit l'arbre sans l'empêcher de vivre. Non loin des ruisseaux, des puits ou de la source, on voit verdoyer un coin de terre, qu'on appelle le Jardin; il y croît des melons d'eau, des concombres, des courges, dont on sert les tranches crues aux hôtes du caravansérail. Un hôtelier, avec deux ou trois esclaves noirs, dessert ces hôtels du désert. Quelques paras y défrayent toute la dépense des pauvres, quelques piastres, toute celle des riches. Le caravansérail est toujours pourvu d'un petit foyer de charbon allumé sur un réchaud près de la principale porte, de pipes, de tabac, de café fumant dans des petites tasses, grandes comme des coquilles d'œuf; ce feu ne s'éteint jamais dans les caravansérails ou dans les plus misérables chaumières des villages turcs.

Formation du pluriel dans les noms.

11. EXERCICES.

Mettez les noms au pluriel. — Ecrivez : un aigle, *des aigles.*

Un aigle.	Un escargot.	Un marron.	Un pinson.
Le bonnet.	L'image.	La montre.	Le poulet.
Un cordon.	Un livre.	Un mur.	Un singe.
L'encrier.	Le loir.	Le numéro.	Le tablier.

12. Mettez les noms suivants au pluriel.

L' avis.	Le gaz.	Le matelas.	Le remords.
Un cadenas.	Un harnais.	Une noix.	Un repas.
La croix.	Le houx.	Le panaris.	Le riz.
Un crucifix.	Un lilas.	Un prix.	Un secours.
Le fils.	Le lis.	Le procès.	La souris.

13. Mettez les noms suivants au pluriel.

L'aveu.	Le chevreau.	Le moyeu.	Le pinceau.
Un bateau.	Un couteau.	Un noyau.	Un ruisseau.
Le blaireau.	Le jeu.	Le neveu.	Le râteau.
Un château.	Un lionceau.	Un perdreau.	Un seau.
Le cheveu.	Le moineau.	Le pieu.	Le tonneau.

14. Mettez les noms suivants au pluriel.

Le bambou.	Le coucou.	Le hibou.	Le sapajou.
Le caillou.	Le filou.	Le joujou.	Le trou.
Un clou.	Un genou.	Un matou.	Un verrou.
Le bail.	Le détail.	L'éventail.	Le soupirail.
Un corail.	Un émail.	Un portail.	Un vitrail.

15. Mettez les noms suivants au pluriel.

L'amiral.	Le canal.	L'étal.	Le quintal.
Un animal.	Un capital.	Un fanal.	Un régal.
L'arsenal.	Le caporal.	L'hôpital.	Le signal.
Un bal.	Un cardinal.	Un journal.	Un tribunal.
Le bocal.	Le cristal.	Le maréchal.	Le végétal.

RÉCAPITULATION DU NOM.

16. L'ARABE ET SON CHEVAL.

Ecrivez au pluriel les noms en italique, et mettez les noms propres entre parenthèses.

Les *cavalier* du pacha d'Acre ayant rencontré un Arabe et sa tribu qui s'en retournaient chargés de butin, fondirent sur eux à l'improviste, en tuèrent un grand nombre, firent les autres prisonniers, et, les ayant attachés avec des *corde*, les emmenèrent à Acre, pour en faire présent au pacha. L'Arabe ayant été grièvement blessé dans le combat, les Turcs l'avaient attaché sur un chameau, et s'étaient emparés de son cheval, qu'ils emmenaient également. Le soir du second jour, ils campèrent avec leurs *prisonnier* dans les *montagne* de Japhad. L'Arabe blessé avait les *jambe* liées ensemble par une courroie de cuir, et était étendu près de la tente où couchaient les Turcs.

Pendant la nuit, tenu éveillé par la douleur de ses *blessure*, il entendit hennir son cheval parmi les autres *cheval* attachés autour des *tente* ; il reconnut sa voix, et, ne pouvant résister au désir d'aller parler encore une fois à ce fidèle compagnon, il se traîna péniblement jusqu'à lui. « Pauvre ami, lui dit-il, que feras-tu parmi les Turcs ? Ma femme et mes *enfant* ne t'apporteront plus le lait du chameau ; ils ne te donneront plus l'orge dans le creux de la main ; tu ne courras plus libre dans le désert, comme le vent d'Égypte ; tu ne fendras plus du poitrail les *eau* du Jourdain, qui rafraîchissaient ton poil aussi blanc que ton écume ; qu'au moins, si je suis esclave, tu restes libre. Va, retourne à la tente que tu connais ; va dire à ma femme que ton maître ne reviendra plus, et passe la tête entre les *rideau* de la tente pour lécher la main de mes petits *enfant*. »

En parlant ainsi, l'Arabe avait rongé avec ses *dent* la corde de poil de chèvre qui lui servait *d'entrave*, et l'animal était libre. Mais, voyant son maitre blessé et enchaîné à ses *pied*, le fidèle et intelligent coursier comprit, avec son instinct, ce qu'aucune langue ne pouvait lui expliquer. Il baissa la tête, flaira son maître, et, le saisissant avec les *dent* par la ceinture de cuir qu'il avait autour du corps, il partit au galop et l'emporta jusqu'à ses *tente*. En arrivant et en jetant son maître sur le sable, aux *pied* de sa femme et de ses *enfant*, le cheval expira de fatigue.

Toute la tribu l'a pleuré; les *poète* l'ont chanté, et son nom est constamment dans la bouche des Arabes de Jéricho.

17. LE SERPENT ET LE JOUEUR DE FLUTE.

Mettez au pluriel les noms en italique. (§§ 26-31.)

Au mois de juillet 1791, nous voyagions dans le Haut-Canada avec quelques *famille* sauvages de la nation des *Onontagué*. Un jour que nous étions arrivés dans une grande plaine, au bord de la rivière de Génésie, un serpent à *sonnette* entra dans notre camp. Il y avait parmi nous un Canadien qui jouait de la flûte : il voulut nous divertir, et s'avança contre le serpent avec son arme d'une nouvelle espèce. A l'approche de son ennemi, le reptile se forme en spirale, aplatit sa tête, enfle ses *joue*, contracte ses *lèvre*, découvre ses *dent* empoisonnées et sa gueule sanglante ; il brandit sa double langue comme deux *flamme* ; ses *œil* sont des *charbon* ardents ; son corps gonflé de rage s'abaisse et s'élève comme les *soufflet* d'une forge ; sa peau dilatée devient terne et écailleuse, et sa queue, dont il sort un bruit sinistre, oscille avec tant de rapidité, qu'elle ressemble à une légère vapeur. Alors le Canadien commence à jouer sur sa flûte ; le serpent fait un mouvement de surprise et retire la tête en arrière.

A mesure qu'il est frappé de l'effet magique, ses *œil* perdent leur âpreté, les *vibration* de sa queue se ralentissent et le bruit qu'elle fait entendre s'affaiblit et meurt peu à peu. Moins perpendiculaires sur leur ligne spirale, les *orbe* du serpent charmé s'élargissent et viennent tour à tour se poser sur la terre en *cercle* concentriques. Les *nuance* d'azur, de vert, de blanc et d'or reprennent leur éclat sur sa peau frémissante ; et, tournant légèrement la tête, il demeure immobile dans l'attitude de l'attention et du plaisir. Dans ce moment, le Canadien marche quelques *pas*, en tirant de sa flûte des *son* doux et monotones ; le reptile baisse son cou nuancé, entr'ouvre avec sa tête les *herbe* fines, et se met à ramper sur les *trace* du musicien qui l'entraîne, s'arrêtant lorsqu'il s'arrête, et recommençant à le suivre quand il recommence à s'éloigner. Il fut ainsi reconduit hors de notre camp, au milieu d'une foule de *spectateur*, tant sauvages qu'européens, qui en croyaient à peine leurs *œil*.

18. UTILITÉ DES OISEAUX.

Mettez au pluriel les noms en italique.

Au fond d'une riche vallée était un joli village à demi caché par de nombreux *verger*, qui formaient de véritables *bosquet* d'*arbre* à fruit.

Au printemps, tous ces *végétal* se couvraient de *fleur* aux *couleur* éclatantes, aux suaves *parfum*, et sur leurs *rameau* verdoyants nichaient une foule de petits *oiseau*. Les *mésange*, les *pinson*, les *fauvette*, les *merle*, les *bouvreuil*, les *rossignol*, les *moineau* même, répandaient dans les *jardin* la vie et la gaîté.

En automne, les *arbre* s'inclinaient sous le poids des *pomme*, des *poire*, des *prune* parfumées, des *pêche* à la peau veloutée, des *abricot*, des *noix* et des *nèfle*.

Mais de méchants petits *garçon* se mirent à dénicher les *nid* des *oiseau*, qui peu à peu abandonnèrent ces *lieu* inhospitaliers. Plus d'harmonieux *concert*. Les *jardin*, les *verger*, les *enclos* et les *bois* devinrent tristes et silencieux.

Les *chenille*, auxquelles les *oiseau* ne faisaient plus la chasse, dévorèrent *fleur* et *feuille*; et les *arbre*, même aux plus beaux *jour* de l'été, présentaient l'aspect désolé qu'ils ont en hiver.

L'automne vint, mais sans apporter avec lui ces nombreuses *corbeille* de *fruit* qui causaient naguère tant de joie aux *enfant*.

La gêne et la disette remplacèrent l'aisance et la richesse.

19. INSTINCT DES OISEAUX.

Mettez au pluriel les noms en italique.

Un moineau franc s'était emparé du nid de deux *hirondelle*, et l'occupait. Rien n'avait pu l'en déloger ; *coup* de bec, *menace* et mauvais *traitement*, tout avait été inutile. Une troupe d'*hirondelle* étaient aussi venues en vain au secours du couple dépossédé, et sans succès harcelaient l'usurpateur. Tout à coup la manœuvre change ; les *assaut* sont suspendus, le siége est converti en blocus, et, chaque hirondelle enfonçant sa becquée, le nid et le trou se trouvent en peu d'*instant* murés comme une prison.

Une autre hirondelle s'était pris la patte dans les *nœud* coulants d'une ficelle, dont l'autre bout tenait à une gouttière du collége des *Quatre-Nation*. A ses *cri*, plusieurs *millier* d'*hirondelle* étaient arrivés. Après une longue hésitation et une espèce de conseil tumultueusement tenu, une d'elles parut ouvrir un avis, s'agita dans toutes les *direction*, comme pour faire comprendre aux autres le moyen de délivrer leur pauvre compagne; puis on commença l'exécution. On fit place: toutes les *hirondelle* vinrent, chacune à son tour, comme à une course de bague, donner en passant un coup de bec à la ficelle. Les *coup* se succédaient de seconde en seconde. Vingt *minute* de ce travail suffirent pour mettre la captive en liberté.

20. LES FOURMIS.

Mettez au pluriel les noms en italique.

On a longtemps attribué à ces *insecte* une prévoyance qui leur serait bien inutile, puisqu'ils restent engourdis pendant l'hiver. Les *fourmi* n'ont point de grenier; mais de nouvelles *observation* nous ont dévoilé de nouveaux *prodige*. La nature a donné aux *fourmi* la faculté de se communiquer leurs *idée* par le seul attouchement des *antenne* : c'est ainsi qu'elles s'entr'aident dans leurs *travail*, se secourent dans les *danger*, et retrouvent leur route lorsqu'elles sont égarées. Tantôt leurs *habitation*, leurs *mœurs*, leurs *gouvernement*, leurs *amitié*, offrent les *tableau* les plus délicieux ; tantôt la scène change : ces *cité* si heureuses, si florissantes, se déclarent la guerre; les *armée* s'avancent, le champ de bataille est jonché de *mort*; et lorsque le spectacle de tant de fureur rappelle la fureur des *homme*, on est surpris de n'apercevoir que de faibles *insecte* se disputant un espace de quelques *pouce*, et croyant peut-être que ce globe n'est pas assez vaste pour deux *fourmilière*. Mais à ces *scène* de désolation succède le spectacle paisible des *champ* : ces petits *guerrier* renoncent aux *conquête* et vivent, comme des *peuple* pasteurs, dans leurs *retraite* champêtres.

Les *fourmi* sont très friandes du miel que les *puceron* recueillent sur les *végétal*. Elles transportent, élèvent, nourrissent dans leurs *habitation* ces précieux *insecte*. Les *fourmilière* sont plus ou moins riches, selon qu'elles ont plus ou moins de *puceron* :

c'est leur bétail, ce sont leurs *vache*, leurs *chèvre*, leurs *abeille*. Quelques *fourmi*, plus ingénieuses et plus prévoyantes encore, bâtissent avec de la terre, autour des *tige* des *plante*, des *maisonnette* et des *étable* destinées aux *puceron* qu'elles y réunissent.

21. LE JARDINIER ET SON ANE.

Mettez au pluriel les noms en italique.

Un jardinier, se disposant à aller vendre ses *légume* au marché de la ville voisine, chargea son âne d'une telle quantité de *carotte*, de *chou*, de *poireau*, d'*oignon* et d'*artichaut*, que la pauvre bête était comme ensevelie au milieu de tous ces *objet*, et qu'on n'apercevait plus que ses *oreille* et ses quatre *patte*.

Chemin faisant, ils traversèrent des *lieu* marécageux et des *ruisseau* bordés de *saule*. « Voilà bien mon affaire, s'écrie le jardinier ; je vais couper quelques *fagot* de ces *osier*, qui me serviront d'excellents *lien* ; le poids n'en est pas bien considérable ; mon baudet serait le dernier des *grison* s'il ne supportait pas allègrement ce minime surcroît de charge. »

Un peu plus loin, la route longeait des *touffe* de *coudrier*. « Bon, se dit notre homme, je ferai bien de prendre ici quelques *douzaine* de minces *baguette* ; elles seront des *appui* pour mes *fleur*. Elles sont si légères, du reste, que mon âne aurait mauvaise grâce de se plaindre. »

Cependant le soleil, s'élevant de plus en plus au-dessus de l'horizon, commençait à darder ses *rayon* avec force. Le jardinier étouffait sous ses épais *vêtement*: « Vite, se dit-il, débarrassons-nous d'une partie de ces *harde*. » Ainsi dit, ainsi fait ; et voilà les *vêtement* sur les *épaule* de la pauvre bête.

A peine avait-il fait quelques *pas*, que l'âne, trébuchant sous le poids de tant de *fardeau* accumulés, va se heurter contre un de ces *tas* de *caillou* placés le long des *route*. La pauvre bête tombe sur ses *genou* pour ne plus se relever.

Comment exprimer les *gémissement*, les *lamentation* du jardinier, quand il voit que le plus vieux et le plus fidèle de ses *serviteur* est passé de vie à trépas? « Ce qui rend encore mes *regret* plus amers, s'écrie-t-il, c'est qu'en tout ceci je suis à la fois malheureux et coupable. N'ai-je pas été assez insensé pour oublier qu'on ne doit imposer ni aux *homme* ni aux *animal* des *travail* au-dessus de leurs *force*? »

22. LA MAISONNETTE DE MARGUERITE.

Mettez au pluriel les noms en italique.

Sur le penchant du coteau s'élève une modeste maison de paysan, à très peu de distance du village. Cette demeure, à demi cachée par quelques *noyer* gigantesques, a une apparence tout à fait rustique. Elle est bâtie de *pierre* de granit liées par un ciment grossier. Sa toiture de *tuile* moussues se prolonge de quelques *pied* au-delà de l'aplomb des *muraille*, et forme ainsi sur les deux *face* du logis une sorte de galerie ouverte, soutenue par des *pilier* autour desquels s'enroulent de vieux *cep* de vigne. Un mur de *pierre* sèches, à hauteur d'appui, maintient les *terre* du jardin, fermé d'une haie d'aubépine et partagé en *carré* remplis de divers *légume*, et entouré d'*arbre* fruitiers taillés en *quenouille*. Des *touffe* de *rosier* des quatre *saison* forment des *buisson* à l'angle des *carré*. Une allée bordée de buis divise le jardin en deux *partie* et conduit à la maison.

La maison se compose d'un rez-de-chaussée surmonté d'un grenier. Elle n'a que deux *chambre*, dont l'une est assez petite. L'autre est une cuisine, dont les *ustensile* peu nombreux brillent d'une extrême propreté. Un lit à baldaquin garni de ses *rideau* de serge verte ; un buffet, surmonté d'un dressoir rempli de *poterie* communes ; une grande armoire de noyer à *ferrure* luisantes ; quelques *escabeau*, une table à manger, meublent cette pièce assez vaste, éclairée par le battant supérieur de la porte et par une étroite fenêtre.

Près de cette fenêtre, se tient la maîtresse de la maison, assise à côté de son rouet, qu'elle fait tourner vivement. Marguerite porte l'ancien costume des *paysan* des *environ* de Paris et un bonnet ceint d'un mouchoir à *carreau* rouges rayés de blanc. Sa physionomie est vive et ouverte. Quoique âgée de plus de soixante *an*, elle paraît encore alerte et d'une santé florissante.

L'ARTICLE.

23. LES TROIS FILS DE NICOLAS.

Remplacez D par DU, DE L', DE LA, DES, ou par la préposition DE. (§§ 37, 38.)

Nicolas était un vieux soldat qui avait un jambe de bois; il était si pauvre qu'il mendiait son pain de porte en porte. Il avait trois fils, qu'il avait bien élevés malgré sa pauvreté, car il ne leur donnait que *d* bons conseils et *d* bons exemples, et il avait soin de les envoyer à l'école.

Un jour il leur dit : « Mes enfants, vous voilà maintenant assez grands pour gagner vous-mêmes votre vie; je vais vous montrer ce qu'il faut faire. »

Il leur fit ramasser tous les os que l'on jetait comme inutiles, afin de vendre les plus gros à *d* tourneurs et à *d* couteliers, et les autres à *d* cultivateurs pour fumer la terre.

L'été, ils rapportèrent *d* gros paquets de feuilles de rose, *d* fleurs de sureau, etc., qui leur furent bien payées par les apothicaires. Ils ramassaient aussi *d* bourre de vache et *d* crins de cheval; les tapissiers achetaient la bourre de vache, et les selliers, les carrossiers et les fabricants de chaises achetaient les crins de cheval. Ils cherchaient aussi *d* soies de porc pour les brossiers, et les intestins des animaux tués, qu'ils nettoyaient et séchaient, pour les fabricants de cordes à boyaux. Quand on leur donnait *d* cendres, ils allaient les porter à *d* savonniers, à *d* blanchisseuses pour leurs lessives. Tous les chiffons de laine ou de toile qu'ils trouvaient, étaient vendus à *d* papetiers.

En automne, ils recueillaient les fruits sauvages dont on peut faire *d* vinaigre, *d* moût et autres choses utiles. Dans les bois, ils ramassaient *d* glands, *d* faînes, *d* graines d'orme, de charme, de bouleau, dont ils obtenaient bon prix, soit *d* forestiers, soit *d* grainetiers. Ils remplissaient *d* sacs de châtaignes sauvages, les portaient au moulin, et en vendaient la farine à *d* relieurs, à *d* cartonneurs et autres ouvriers qui font usage de colle.

En hiver, ils s'occupaient à faire *d* balais, à tresser *d* jolis paniers d'osier et de jonc, ou à faire avec *d* paille *d* chaises, *d* corbeilles et *d* paillassons.

Quatre ans après, Nicolas annonçait à ses trois fils qu'ils étaient possesseurs de 1,200 francs.

24. LES ANIMAUX ET LES PLANTES.

Mettez au pluriel les noms en italique, et remplacez D par DU, DE L', DE LA, DES, ou par la préposition DE. (§§ 37, 38.)

Si nous jetons un coup d'œil sur les *rapport* des *graminée* aux *quadrupède*, nous trouverons qu'il y a entre eux *d convenance* providentielles. Le peu d'élévation des *graminée* les met à la portée des *mâchoire* des *quadrupède*, dont la tête est dans une situation horizontale et souvent inclinée vers la terre. Leurs *gerbe* déliées semblent faites pour être saisies par *d lèvre* larges et charnues; leurs tendres *tige* facilement tranchées par *d dent* incisives; leurs *semence* farineuses facilement broyées par *d dent* molaires. D'ailleurs, leurs *touffe* épaisses, élastiques sans être ligneuses, présentent *d* molles *litière* à *d corps* pesants. Si, au contraire, nous examinons les *convenance* qu'il y a entre les *arbre* et les *oiseau*, nous verrons que les *arbre* et les *branche* sont facilement embrassés par les *pied* à quatre *doigt* de la plupart des *volatile*, que la nature a disposés de façon qu'il y en a trois en avant et un en arrière, afin qu'ils puissent les saisir comme avec *d main*. De plus, les *oiseau* trouvent dans les divers *étage* des *feuille* *d* *abri* contre la pluie, le soleil et le froid. Les *mousse* qui croissent sur ceux-ci et les *trou* qui s'y forment, leur donnent *d* *logement* pour faire leurs *nid* et *d* *matelas* pour les tapisser. Les *semence* rondes ou allongées des *arbre* sont proportionnées à la forme de leurs *bec*. Ceux qui portent *d* *fruit* charnus logent les *oiseau* qui ont *d* *bec* pointus ou courbés comme *d* *pioche*. Dans les îles des *pays* situés entre les *tropique* et le long des grands *fleuve* de l'Amérique, la plupart des *arbre* maritimes et fluviatiles, entre autres plusieurs *espèce* de *palmier*, portent *d* *fruit* revêtus de *coque* très dures, afin qu'ils puissent flotter sur les *eau* qui les ressèment au loin; mais leur enveloppe ne les met point à couvert des *oiseau*. Les diverses *tribu* de *perroquet* qui les habitent, trouvent bien le moyen d'ouvrir leurs *graine* avec leurs *bec* crochus, qui percent comme *d* *alène*, et qui pincent comme *d* *tenaille*.

La nature a encore ordonné *d* *animal* d'un troisième ordre, qui trouvent dans l'écorce ou dans les *fleur* d'une plante autant de commodité qu'un quadrupède en a dans une prairie, ou un oiseau dans un arbre entier. Quelques *naturaliste* les classent en *insecte* coléoptères, hémiptères, tétraptères, diptères et aptères; mais ces *classe* ont une multitude de *division* et de *subdivision* qui réunissent les *espèce* d'*insecte* de *forme* et d'*instinct* les plus disparates, et qui en séparent beaucoup d'autres qui ont d'ailleurs entre elles beaucoup d'analogie. Je crois qu'on ne pourra jamais établir dans les diverses *tribu* d'*insecte* un véritable ordre, et dans leur étude l'utilité et l'agrément dont elle est susceptible, qu'en les rapportant aux diverses *partie* des *végétal*. Ainsi, on rapporterait aux *nectaire* des *fleur* les *papillon* et les *mouche* qui ont *d* *trompe* pour en recueillir les *suc*; à leurs *étamine*, les *mouche* qui, comme les *abeille*, ont des *cuiller* creusées dans leurs *cuisse*, garnies de *poil* pour enserrer la poussière, et quatre *aile* pour emporter leur butin; aux *feuille* des *plante,* les *mouche* communes et les *gallinsecte,* qui ont *d pieu* pointus et creux pour y faire *d incision* et en boire les *liqueur;* aux *graine,* les *scarabée,* comme les *charançon,* qui s'y enfoncent pour vivre de leur farine, et qui ont leurs *aile* renfermées dans *d étui* pour ne point les gâter, et *d râpe* pour y faire *d ouverture ;* aux *tige,* les *ver* qui sont tout nus, parce qu'ils n'avaient pas besoin d'être vêtus dans la substance du bois qui les abrite de toutes *part;* mais ils ont *d tarière* avec lesquelles ils viennent quelquefois à bout de détruire *d forêt* ; enfin aux *débris* de toute espèce, les *fourmi,* qui ont *d pince* et l'instinct de se réunir en corps pour dépiécer et emporter tout ce qui leur convient.

L'ADJECTIF.

I. ADJECTIFS QUALIFICATIFS.

25. LA MÉSANGE.

Soulignez les adjectifs qualificatifs. (§ 40.)

La mésange à longue queue n'est guère plus grosse qu'un roitelet. Son nid est fermé par le haut, bien serré partout, n'ayant qu'une ouverture circulaire tressée solidement ; c'est la porte et la fenêtre du petit manoir. Mais comme le froid et quelques gouttes de pluie pourraient pénétrer par cette entrée, elle y met des rideaux assez serrés pour garantir de l'air et de la pluie, et assez transparents pour que la lumière ne soit pas interceptée. Ce sont de petites plumes disposées tout autour de la porte et dirigées vers le centre ; l'oiseau les force aisément, soit pour entrer, soit pour sortir, et leur élasticité les remet sur-le-champ en place.

L'intérieur du nid est garni d'une profusion de plumes propres à conserver la chaleur des œufs et des petits, durant les absences forcées du père et de la mère.

L'extérieur de l'édifice a exigé l'emploi de deux sortes de matériaux : des herbes pour le tissu, des mousses et des lichens pour le crépissage. Les oiseaux se sont établis contre la tige d'un arbre; appuyés sur une branche, ils trouvent le moyen d'attacher leur construction à l'écorce de l'arbre, de la revêtir des mêmes plantes parasites dont cette écorce est couverte, d'en continuer ainsi l'apparence, en sorte qu'un spectateur inattentif ne puisse rien soupçonner, et ne remarque point cette protubérance qui sera l'asile d'une vingtaine de petites mésanges.

L'édifice terminé est ordinairement de huit pouces de hauteur sur plus de quatre pouces de diamètre; c'est une œuvre immense pour deux oiseaux de si petite taille. Ils l'ont commencée au milieu des rigueurs et des privations de l'hiver, et, en travaillant avec opiniâtreté, ils ne l'ont finie qu'au milieu du printemps.

La femelle y dépose quelquefois jusqu'à vingt-deux œufs, produit d'une ponte longtemps continuée, en sorte que l'incubation commence pour quelques œufs beaucoup plus tôt que pour ceux qui sont venus les derniers. Les naissances suivent l'ordre d'incubation ; quelques petits sont en état de prendre l'essor, tandis que d'autres ne sont pas encore couverts de plumes. Il y a donc alors des soins à prodiguer au dehors et au dedans.

Enfin toute la nombreuse famille quitte le manoir natal. Le besoin l'attache encore à ses parents, et, lorsque le besoin aura cessé, l'affection mutuelle unira cette troupe ailée. La famille ne se dispersera que pour former de nouveaux couples et construire de nouveaux nids.

On a reproché à la mésange une sorte de férocité, parce qu'elle ne dédaigne pas la chair quand elle trouve l'occasion d'en manger, qu'elle attaque et se défend avec l'expression d'une violente colère, etc. Ses accusateurs auraient dû ne pas confondre l'impétuosité avec la colère, le courage avec l'acharnement. Notre petit oiseau n'a pas un moment à perdre; il ne peut se montrer difficile sur le choix des aliments: tant de bouches lui demandent leur nourriture! Louons sans réserve ces petits industriels, leurs travaux, leurs mœurs. Si, à la fin de l'automne, ils font quelques excursions dans les vignes et commettent de légers dégâts, ne nous en dédommagent-ils pas par la guerre qu'ils font aux insectes et autres rongeurs des arbres, par le spectacle de leurs mouvements gracieux, de leurs aimables habitudes? Un peu d'indulgence pour les petits voleurs; il y en a tant d'autres plus dangereux et plus coupables, et que pourtant on laisse vivre!

Formation du féminin dans les adjectifs qualificatifs.

26. EXERCICES.

Mettez les adjectifs au féminin singulier. (§§ 42-49.)

Robe *bleu*.	Pluie *fin*.	Prison *obscur*.
Réponse *brutal*.	Saison *froid*.	*Petit* guerre.
Eau *chaud*.	*Grand* dame.	Personne *poli*.
Joie *court*.	Jument *gris*.	Paix *profond*.
Viande *cru*.	Mine *hardi*.	Conscience *pur*.

27. Mettez les adjectifs au féminin singulier.

Une part *actif*.	Croissance *hâtif*.	Nouvelle *positif*.
Famille *adoptif*.	Histoire *instructif*.	Anesse *poussif*.
Réponse *bref*.	La nation *juif*.	Humeur *rébarbatif*.
Fauvette *captif*.	Personne *maladif*.	Mule *rétif*.
Mine *chétif*.	Vaisselle *massif*.	La vie *sauf*.
Ame *craintif*.	Pensée *naïf*.	Pénitence *tardif*.

28. Mettez les adjectifs au féminin singulier.

Calomnie *affreux*.	*Faux* modestie.	Pièce *merveilleux*.
Taille *avantageux*.	Tempête *furieux*.	Epine *noueux*.
Eau *bourbeux*.	Plaine *giboyeux*.	Nuit *orageux*.
Racine *bulbeux*.	Victoire *glorieux*.	Maxime *pernicieux*.
Action *courageux*.	Poésie *gracieux*.	Pensée *pieux*.
Fleur *curieux*.	Clairière *herbeux*.	Mine *piteux*.
Maladie *dangereux*.	Fuite *honteux*.	Etoffe *précieux*.

29. Mettez les adjectifs au féminin singulier.

Musique *délicieux*.	Mort *généreux*.	Chienne *rogneux*.
Clarté *douteux*.	Voix *impérieux*.	Sauce *roux*.
Orange *doux*.	Haine *jaloux*.	Ame *soupçonneux*.
Affaire *épineux*.	Nouvelle *joyeux*.	Laine *soyeux*.
Aventure *fâcheux*.	Vie *laborieux*.	Troupe *valeureux*.
Terre *fangeux*.	Liqueur *laiteux*.	Pomme *véreux*.
Jeunesse *fougueux*.	Terre *marécageux*.	Génisse *vigoureux*.

30. Mettez le adjectifs au féminin singulier.

Plainte *amer*.	Maison *hospitalier*.	Saison *printanier*.
L'année *dernier*.	Armure *léger*.	Conduite *régulier*.
Soumission *entier*.	Parole *mensonger*.	Une vie *casanier*.
Une *fier* alerte.	Douleur *passager*.	Police *tracassier*.
Faute *grossier*.	Famille *princier*.	Nation *guerrier*.
Réponse *ambigu*.	Maladie *aigu*.	Chambre *contigu*.

31. Mettez les adjectifs au féminin singulier.

Humeur *boudeur*.	La pie *voleur*.	Qualité *inférieur*.
Portière *causeur*.	Tribu *voyageur*.	Force *dominateur*.
Parole *flatteur*.	Force *accélérateur*.	Dette *antérieur*.
Mine *menteur*.	Poésie *adulateur*.	Paix *intérieur*.
Humeur *moqueur*.	Chenille *arpenteur*.	Tierce *majeur*.
Langue *trompeur*.	Armée *dévastateur*.	La *meilleur* part.

32. L'OURS.

Mettez au féminin singulier les adjectifs en italique. (§§ 42-49.)

L'ours a l'ouïe très *fin* et la vue très *bon*, quoiqu'il ait les oreilles courtes et les yeux très petits relativement au volume de son corps. Il a l'odorat excellent, et peut-être plus exquis qu'aucun autre animal. Ses narines sont fort grandes, et entourées d'un mufle dont le cartilage a une mobilité *singulier*. Ses lèvres sont aussi très mobiles, et sa langue est fort *long* et fort *doux*.

L'ours est non-seulement sauvage, mais solitaire; il fuit par instinct toute société; il ne se trouve à son aise que dans les endroits qui appartiennent encore à la *vieux* nature: une caverne *antique* dans des rochers inaccessibles, une grotte *formé* par le temps dans le tronc d'un vieil arbre, au milieu d'une *épais* forêt, lui servent de domicile. Il s'y retire seul, et y passe une partie de l'hiver sans provisions; mais il y suce continuellement ses pattes, dont la partie *inférieur* est *rempli* d'une liqueur *sucré*, *blanc* et *laiteux*.

La chair de l'ourson est *bon*; celle de l'ours est *mangeable*, mais comme elle est *mêlé* d'une graisse *huileux*, il n'y a guère que les pieds, dont la substance est plus *ferme*, qu'on puisse regarder comme une viande *délicat*.

La chasse de l'ours est très *utile* sans être *dangereux*. La peau est, de toutes les fourrures grossières, celle qui est la plus *estimé*, et la quantité d'huile que l'on tire d'un seul ours est fort *considérable*. On met d'abord la chair et la graisse cuire ensemble, dans une chaudière: la graisse se sépare. Ensuite on la purifie en y jetant, lorsqu'elle est *fondu* et très *chaud*, du sel en *bon* quantité et de l'eau par aspersion: il se fait une détonation, et il s'en élève une fumée *épais*, qui emporte avec elle la *mauvais* odeur de la graisse. Lorsque la fumée s'est dissipée et que la graisse est encore plus que *tiède*, on la verse dans un vase où on la laisse reposer huit ou dix jours. Au bout de ce temps, on voit surnager une huile *clair*, très *sain* et aussi *bon* que la *meilleur* huile d'olive. Quand elle se fige, elle est d'une blancheur *éblouissant*; on la mange alors sur le pain en guise de beurre.

La graisse d'ours n'a jamais eu la propriété *merveilleux* de faire pousser les cheveux; et la pommade de graisse d'ours, si *vanté* par les parfumeurs, n'est que de la graisse de porc.

33. LE GOUTER DE JULIETTE.

Mettez au féminin singulier les adjectifs en italique.

Juliette allait goûter. Après avoir couru dans le jardin, sauté à la corde, joué au cerceau, elle était *venu* avec Madame de Montbrun, sa mère, et Louise, sa bonne, se reposer sur un banc à l'extrémité du jardin anglais, d'où l'on voyait la campagne à travers une *beau* grille en fer. La mère s'assit et prit un ouvrage de tapisserie, et la bonne tira d'un joli panier une foule de choses succulentes. Il y avait d'abord de la brioche *jaune* comme de l'or; il y avait ensuite des confitures de groseilles roses et transparentes comme de la glace; il y avait encore une pêche *rouge* et *velouté*, qui paraissait si *tendre*, qu'elle devait fondre sous la dent, comme un flocon de neige au soleil; il y avait aussi une tartelette de cerises fort *joli*; il y avait...; enfin, c'était une collation *somptueux*, *délicat*, si *délicat*, qu'on avait beaucoup de peine à empêcher les mouches d'en prendre leur part.

Juliette disposa toutes ces friandises sur la serviette dont on avait recouvert le banc, et les arrangea avec symétrie, comme on arrange un dessert sur une *grand* table. Alors elle regarda avec une *visible* complaisance ce spectacle appétissant; car je dois avouer que Juliette était un peu... non, elle n'était pas *gourmand*; mais enfin elle aimait, comme on dit, ce qui est bon. Et tout cela paraissait si bon!

Elle fit asseoir sa poupée sur le banc, en lui recommandant de se tenir d'une manière *convenable*. « Voyons, mademoiselle, lui dit-elle, si vous êtes *sage*, vous aurez quelque chose. »

La poupée fut très *sage*, car elle ne dit pas un mot; mais elle souriait très gracieusement, comme si elle eût été *heureux* de voir ce joli goûter. Juliette prit un biscuit (j'avais oublié de dire qu'il y avait aussi des biscuits) et le mit dans la main de cette *joli* demoiselle, qui souriait toujours. Ensuite elle prit un couteau et se mit en devoir de commencer.

En ce moment, une *pauvre* femme, *accompagné* de son enfant, *petit* fille de cinq à six ans, se présenta à la grille, pour demander l'aumône. Madame de Montbrun mit dans la main de Juliette une pièce de monnaie qu'elle donna à la mendiante. Celle-ci, après l'avoir reçue, continuait à *haut* voix une prière qu'elle avait commencée; pendant ce temps, la *petit* fille tenait ses regards attachés sur le goûter de Juliette. Tout cela lui paraissait bien beau, bien extraordinaire. « Maman, dit-elle en montrant la brioche, voyez donc le beau pain !

— Vraiment! dit Juliette qui l'avait entendue, est-ce que vous n'avez jamais mangé de brioche ?

— De la brioche, répondit la mère, ah ! mademoiselle, elle est bien *heureux* quand elle a du pain ! »

Juliette regarda plus attentivement la *petit* fille ; elle était *maigre*, *hâlé*, *pâle* et *couvert* de mauvais haillons. A cette vue, Juliette, songeant qu'elle-même allait si bien goûter quand d'autres avaient à peine de quoi manger, éprouva une *vif* émotion. Elle avait presque les larmes aux yeux. « Tenez, dit-elle en donnant à la *pauvre* enfant le morceau de brioche tout entier, vous saurez maintenant ce que c'est. »

La *petit* fille mangea la brioche d'un si bon appétit, que Juliette y ajouta la tartelette de cerises. La tartelette disparut aussi vite que la brioche. Alors la *généreux* enfant, qui prenait un visible plaisir à voir le bonheur de cette *pauvre* petite, lui présenta la pêche, qui fondit en un instant; et ainsi du reste. En vain la mère de la *petit* fille voulait s'opposer à cette générosité et refusait pour son enfant, Juliette donna tout, jusqu'au biscuit de la poupée... qui n'en souriait pas moins. Enfin la mendiante s'éloigna, en se confondant en remercîments et en excuses ; et sa fille dit adieu à Juliette avec un sourire et une émotion qui causèrent à la *charmant* enfant une joie qu'elle ne connaissait pas encore.

Madame de Montbrun, qui avait assisté à cette scène sans rien dire, s'approcha alors et prit sa fille dans ses bras. « Et toi? lui dit-elle en regardant la place *vide* du festin. — Moi ! répondit Juliette ; ah ! c'est vrai, je n'ai pas mangé. Eh bien, il me semble pourtant que je n'ai jamais aussi bien goûté. »

34. LES DEUX PETITS MIROIRS.

Mettez au féminin singulier les adjectifs en italique. (§§ 42-49.)

Aline avait passé dix ans ;
Aline chérissait sa mère,
Et chaque jour formait des vœux ardents
Pour réussir à ne point lui déplaire.
Mais Aline était fort *léger*,
En sorte que ses vœux souvent
Etaient emportés par le vent ;
Et mainte sottise était *fait*
Avant même que la pauvrette
Soupçonnât pourquoi ni comment.
Alors l'*aimable* et *doux* Aline
Se repentait, se désolait ;
Mais, quoiqu'elle fut bien *chagrin*,
Le mal n'en était pas moins fait.
Repentir est chose *touchant*,
S'il est suivi d'un franc retour ;
Nouveau repentir chaque jour
N'est que chose *décourageant*.
C'était là ce que mainte fois,
Sans en être plus *réfléchi*,
Avait pensé notre étourdie.
Un soir, le long d'un petit bois,
Elle se promenait *seulet*,
Repassant tout bas dans sa tête
Ses fautes du jour et du mois.
Mais comment donc, se disait-elle,
Désirant ne faillir en rien,
Aux vœux que j'ai formés suis-je si peu *fidèle?*
N'existe-t-il donc nul moyen
D'être *averti* à temps et du mal et du bien ?
Car, enfin, je veux être *sage*,
Et c'est malgré ma volonté,
C'est par *pur* légèreté
Que mon esprit distrait, imprévoyant, volage,
Loin de la *bon* route est souvent emporté.
Ah ! si je connaissais quelque fée ou génie
Qui me donnât un talisman

Pour m'empêcher d'être *étourdi*,
Je n'affligerais plus maman!
Ne croyant pas être *entendu*,
Elle avait prononcé tout haut ces derniers mots,
Quand tout à coup s'offre à sa vue
Une femme *ridé*, *édenté* et *bossu*,
Sur sa bosse portant deux énormes fagots,
Et qui s'efforçait à grand'peine
D'en charger encore un sur son malheureux dos.
Ma *beau* enfant, dit-elle en reprenant haleine,
Donnez-moi, s'il vous plaît, un petit coup de main.
— Bien volontiers, répond notre Aline *empressé ;*
Et plus *prompt* que la pensée,
Elle court au fagot, qu'elle enlève soudain.
Grand merci, dit la vieille ; avant qu'il soit demain,
Beau enfant, votre complaisance
Aura reçu sa récompense.
A ces mots, *satisfait*, Aline s'arrêta.
Elle voulait parler, mais sa voix, *étouffé*,
Pendant un instant lui manqua.
Quoi donc ! dit-elle enfin, seriez-vous une fée ?
Vous en avez bien l'air. — Je n'ai pas cet honneur,
Dit la vieille, et, malgré ma bosse,
Je ne suis pas même la sœur
De la *célèbre* Carabosse.
Mais je n'en sais pas moins tout ce qu'en cet instant
Vous désirez, ma *beau* enfant.
Vous gémissez d'être *léger* ;
Et pour vous indiquer toujours, à tout moment,
Ce qu'il faut éviter, ce que vous devez faire,
Vous voudriez un talisman.
Eh bien, apprenez qu'il existe,
Ce talisman si précieux.
Je ne puis vous dire en quels lieux ;
C'est à vous de chercher : mais sachez qu'il consiste
En deux jolis petits miroirs,
Tous deux bien brillants, presque noirs,
Dans lesquels vous lirez, à toute heure et de suite,
La règle de votre conduite,
Et jusqu'à vos moindres devoirs.

Eh bien ? vous semblez *interdit !*
De trouver ce trésor perdriez-vous l'espoir?
Ecoutez! A mon tour je vous dois un peu d'aide:
Observez bien ; et, dès ce soir,
Je vous dis que vous pouvez voir
La personne qui les possède.
La vieille à ces mots s'éloigna,
Laissant Aline bien *pensif.*
Celle-ci, *crédule* et *naïf*,
Tout lentement au logis retourna.
Elle y parut *silencieux*
Pendant tout le reste du jour,
Demeura dans un coin *rêveur*,
Observant chacun tour à tour,
Et cherchant son trésor. Ce soir, se disait-elle,
Ce soir même, à moi doit s'offrir
La personne aux mains de laquelle
Je puis, dit-on, le découvrir.
Sans doute, c'est une étrangère ;
Car j'ai souvent ici fureté tous les coins ;
Et, sans connaître alors sa vertu *singulier*,
Je l'aurais entrevu du moins.
Voyons, attendons. La pauvrette
Ne s'apercevait pas qu'il était déjà tard,
Et qu'il fallait bientôt songer à la retraite.
Cependant sa mère *inquiet*
Fixait sur elle un doux regard,
Et semblait l'avertir de gagner sa chambrette.
De ce regard tendre, expressif,
Aline, à la fin, fut *frappé ;*
Et levant sur sa mère un œil brillant et vif:
Ah! les voilà, dit-elle; on ne m'a point trompée!
Voilà mes deux miroirs, voilà mon talisman!
Ce sont les beaux yeux de maman!

Formation du pluriel dans les adjectifs qualificatifs.

35. LES CHEVAUX ARABES.

Mettez au pluriel masculin les adjectifs en italique, et au singulier féminin les adjectifs entre parenthèses. (§§ 42-49 ; 50-53.)

Les chevaux *arabe* sont d'une constitution (délicat), mais *accoutumé* aux fatigues des longues marches, *prompt*, *actif* et d'une vitesse (surprenant). Presque toujours *exempt* de difformités apparentes, ils sont *doux* et si *docile*, qu'ils peuvent être *soigné* par les enfants, avec lesquels ils dorment sous la même tente. Jusqu'à l'âge de quatre ans, on ne leur met ni selle ni fers; ils sont généralement *nourri* avec du lait de chameau, et peuvent supporter la soif plusieurs jours de suite.

Les qualités physiques que les Arabes estiment le plus dans un cheval, sont: le cou long et courbé, les oreilles délicatement formées et se touchant presque à leurs extrémités, la tête (petit), les yeux *grand* et *plein* de feu, la mâchoire (inférieur étroit), la bouche (découvert), les narines larges, le ventre peu développé, la jambe (nerveux), la croupe (haut) et (arrondi).

L'affection (fraternel), la prédilection (décidé) que les Arabes ont pour leurs chevaux, est (fondé) non-seulement sur l'utilité qu'ils en retirent dans leur vie (actif) et (vagabond), mais encore sur une (ancien) croyance qui attribue au cheval des sentiments *noble* et *généreux*, une intelligence (supérieur) à celle des autres animaux. Ils disent ordinairement : « Le cheval est la plus (beau) créature après l'homme; la plus (noble) occupation est de l'élever ; le plus délicieux amusement, de le monter; la (meilleur) action (domestique), de le soigner. »

36. LE BANANIER.

Mettez au singulier féminin les adjectifs en italique, et au pluriel féminin les adjectifs entre parenthèses. (§§ 42-49.)

Le bananier est l'une des plantes les plus (utile) et les plus (répandu) sur la surface du globe. C'est un végétal herbacé, dont la tige, *simple*, *droit*, *rond*, s'élève souvent à plus de quinze pieds, et se termine par un faisceau de (grand) feuilles (ovale), (long) de six pieds et (large) de dix-huit à vingt pouces. *Traversé* dans sa longueur par une *grand* et *fort* fibre, cette feuille est *rayé* de nervures (transversal), qui lui donnent l'apparence d'une banderole de rubans *balancé* par la brise.

Huit à neuf mois environ après la naissance du végétal, il s'élève du centre des feuilles un épi de fleurs de la hauteur de quatre pieds, auxquelles succèdent des fruits délicieux, qui se remplissent d'une chair *sucré* à mesure qu'ils avancent vers leur maturité, et qui parviennent à une longueur de huit pouces sur un pouce de diamètre. L'épi ainsi chargé présente l'aspect d'une *énorme* grappe, qui compte jusqu'à cent soixante fruits et pèse quelquefois soixante et dix livres. A l'époque de la maturité, on coupe la tige; les rejetons qui poussent au pied s'élèvent rapidement et offrent au bout de six mois une *nouveau* récolte.

La banane se mange *bouilli*, ou bien *cuit* sous la cendre ou au four. Les tiges servent à la nourriture du gros bétail; elles fournissent aussi une sorte de filasse dont on fait des chemises. Les feuilles sont (employé) en guise de nappes. On les rend (lisse) et (poli), et, dans cet état, elles servent à une foule d'usages.

On a calculé qu'un demi-hectare de terrain, qui en Europe ne suffirait pas à la subsistance de deux personnes, en entretiendrait cinquante dans les régions (tropical), s'il était planté de bananiers.

37. COMBATS DE COQS.

Mettez au pluriel féminin les adjectifs en italique, et au singulier féminin les adjectifs entre parenthèses. (§§ 42-49.)

Les combats de coqs sont pour les habitants de Manille ce que les courses de taureaux sont pour les Espagnols. Il y a dans la ville et les faubourgs des endroits désignés par l'autorité pour les combats de coqs; c'est là que ces intrépides animaux viennent défendre, souvent au péril de leur vie, les intérêts de leurs maîtres. Les arbitres tirés de la foule des spectateurs qui entourent une (petit) arène (couvert) de sable fin, décident si les combattants sont égaux en force et surtout en poids. La question (résolu), de *petit* lames d'acier, *long*, *étroit* et d'une (excellent) trempe, arment la patte (gauche) de chacun des deux rivaux, que les caresses et les exhortations *intéressé* de leurs propriétaires excitent au combat. Pendant ce temps les paris ont lieu. Enfin le signal est donné, et les deux coqs se précipitent à la rencontre l'un de l'autre. Leurs yeux brillent, les plumes de la tête sont *hérissé* et éprouvent un frémissement que partage une (beau) crête (écarlate). C'est alors que l'animal le mieux dressé oppose l'adresse à la force et au courage aveugle de son ennemi. Ils dédaignent les coups de bec; ils savent combien est dangereux l'acier dont leurs pattes sont *armé*. Aussi les portent-ils toujours en avant, en s'élançant au-dessus du sol.

Il est rare que le combat dure longtemps. Un des champions tombe, le corps ouvert ordinairement par une (large) et (profond) blessure. Il expire sur le sable et devient la proie du maître de son vainqueur. Celui-ci, le plus souvent blessé lui-même, ne chante pas sa victoire. Emporté loin de l'arène, il est comblé de soins, et reparaît au comba quelques jours après plus fier encore qu'auparavant, jusqu'à ce que le fatal coup d'éperon d'un rival heureux vienne terminer sa vie (glorieux).

Si parfois les combattants tiennent la victoire en suspens et s'arrêtent pour reprendre haleine, le vin chaud aromatisé leur est prodigué. Alors avec quelle (avide) et (inquiet) curiosité chaque parti compte leurs blessures ! Après quelques instants de repos, le combat recommence avec une (nouveau) fureur, et ne finit que par la mort d'un des champions.

Il arrive quelquefois qu'un coq, craignant la mort ou la supériorité de son adversaire, abandonne le champ de bataille après une (court) lutte. Si, ramené deux fois au combat, les cris, les encouragements de son maître ne peuvent ranimer son courage, les paris sont perdus, et le coq déshonoré va le plus souvent expier sa (honteux) lâcheté sous le couteau de cuisine d'une maîtresse doublement (irrité).

38. LE PRINTEMPS.

Mettez au pluriel masculin les adjectifs en italique, et au pluriel féminin les adjectifs entre parenthèses.

Dans les *premier* jours d'avril, on voit fleurir les primevères, les violettes et les marguerites, qui disparaissent ensuite en partie pour faire place aux hyacinthes (bleu), aux croisettes (jaune) qui sentent le miel, aux muguets *parfumé*, aux genêts *doré* et aux trèfles *rouge* et *blanc*, si bien *allié* aux graminées.

Bientôt les orties (blanc) et (jaune), les fleurs du fraisier, sont (remplacé) par les coquelicots et les bluets, qui éclosent dans des oppositions (ravissant). Les églantiers épanouissent leurs guirlandes (frais) et (varié), les fraises se colorent et les chèvrefeuilles parfument les airs.

Les agréments des forêts ne le cèdent pas à ceux des champs. D'abord les buissons donnent leurs fleurs; l'aubépine se couronne de *nombreux* bouquets ; les ronces laissent pendre leurs grappes; les mérisiers *sauvage* embaument les airs et semblent *couvert* de neige au milieu du printemps ; les néfliers étalent leurs (large) feuilles aux extrémités d'un rameau cotonneux; les hêtres développent leurs *superbe* feuillages, et enfin les chênes *majestueux* se couvrent de ces feuilles (épais) qui doivent résister à l'hiver.

Mais comment exprimer les (ravissant) harmonies des vents qui agitent le sommet des graminées et changent la prairie en une mer de verdure et de fleurs? et celles des forêts, où les chênes *antique* agitent leurs cimes (vénérable), le bouleau, ses feuilles (pendant), et les *sombre* sapins, leurs (long) flèches toujours (vert)? Du sein de ces forêts s'échappent de *doux* murmures, et s'exhalent mille parfums qui influent sur les qualités de l'air.

Cependant des nuées de papillons *peint* des plus (beau) couleurs volent sans bruit sur les fleurs ; ici l'abeille et le bourdon murmurent ; là les oiseaux font leurs nids. Les notes (monotone) du coucou et de la tourterelle servent de basse aux *ravissant* concerts du rossignol et aux accords *vif* et *gai* de la fauvette.

Oh! qu'il est doux alors de quitter les cités pour errer dans les bois, sur les collines, au fond des vallons, sur de (vert) pelouses, qu'embellissent chaque jour de (nouveau) fleurs et de *nouveau* parfums!

39. JARDINS FLOTTANTS.

Mettez au pluriel masculin les adjectifs en italique, et au pluriel féminin les adjectifs entre parenthèses. (§§ 50-53).

Lorsque, au commencement du quatorzième siècle, les Mexicains furent *vaincu* par les peuples de Colhuan et de Tépanécan, ils ne conservèrent de libre que leur ville et le lac au milieu duquel elle est située. Ils eurent alors l'heureuse idée de se créer des jardins *artificiel*, pour y faire naître quelques plantes (nourricier). Ils tressèrent des saules et des racines de plantes (aquatique), de manière à en faire comme une sorte de radeau, qu'ils fortifièrent avec des broussailles (léger), puis ils les recouvrirent de limon tiré du fond du lac. Ces champs *factice*, *planté* en maïs, en piment, en courges, en légumes, flottaient sur le lac, et fournissaient à la ville quelques (faible) provisions.

Les Mexicains étant *devenu riche* et *puissant*, les champs *flottant*, *inventé* par le besoin, se changèrent quelquefois en des lieux de plaisance et de délices. De ces radeaux, en effet, les uns sont des parterres *orné* de fleurs (éclatant) et (parfumé) ; mais d'autres sont *resté* de *véritable* jardins, ayant au milieu un arbre ou un petit pavillon, pour servir d'abri dans le mauvais temps.

Quelque chose de semblable se retrouve dans la vallée de Cachemire. Là cependant les jardins *flottant* sont peu *poëtique* ; et lorsqu'on aperçoit pour la première fois ces (long) et (étroit) plates-bandes qui partent de *différent* points des bords du lac de Kutawal, on les prend le plus souvent pour des lits de joncs et de roseaux. Leur construction, il est vrai, est des plus (simple). On commence par faucher les (grand) herbes qui croissent dans le lit du lac, à l'endroit où l'on veut établir un jardin, puis on les tresse, et on les consolide avec de la terre et de l'engrais. Sur cette plate-forme on élève de distance en distance de *petit* monticules d'herbes sur le sommet desquels on étend de la terre prise du fond du lac. C'est sur cette dernière couche de terre que l'on dépose les semences de melons et de concombres. Dès lors tout est fini : les plantes poussent, les fruits grossissent, arrivent à une maturité parfaite, et l'on n'a plus que la peine de les cueillir.

II. ADJECTIFS DÉTERMINATIFS.

40. CAPTURE DE L'ÉLÉPHANT.

Soulignez les adjectifs déterminatifs. (§§ 54, 55.)

Les éléphants vont ordinairement par troupe, et alors ils ne sont pas dangereux. Mais à une certaine époque de l'année, il n'est pas rare de rencontrer quelques individus isolés, qui paraissent atteints d'une sorte de rage. Malheur à ceux qui se trouvent sur le passage d'un de ces animaux ! Il y a quelques années, un riche voyageur, traversant en palanquin avec sa femme et ses enfants une plaine de l'île de Ceylan, fut aperçu par un éléphant. Les porteurs effrayés se sauvent ; l'éléphant court sur les palanquins, les écrase sous ses pieds, et, saisissant avec sa trompe les corps mutilés de ses victimes, achève de les mettre en pièces, en les lançant contre des troncs d'arbres.

Pour éviter ces dangereuses rencontres, les habitants recouvrent avec des branches de grandes fosses, où l'éléphant tombe et meurt de faim. Quelquefois ils parviennent à le prendre vivant, par le secours de quelques-uns de sa race.

Des cornacs s'avancent avec précaution vers le fourré d'où partent les rugissements, conduisant deux éléphants apprivoisés qu'ils abandonnent à peu de distance. Ceux-ci continuent tranquillement leur route, comme s'ils étaient, ainsi que lui, des habitants de la forêt. Après quelques façons, ils finissent par se placer à ses deux côtés, en jouant avec lui et en détournant ainsi son attention. Les cornacs alors se glissent doucement à ses pieds et l'amarrent solidement; puis ils donnent un signal, et les deux traîtres se retirent, laissant le pauvre éléphant bien attaché et aux prises avec la faim, qui le rendra bientôt traitable.

Quand il est complètement épuisé, les cornacs reviennent avec leur deux complices, qui l'emmènent à la ville, et sauraient très bien le contenir à grands coups de trompe, s'il s'avisait de faire le mutin. Ordinairement il est fort radouci et s'habitue promptement à sa nouvelle situation.

41. LE CHIEN DU DÉCROTTEUR.

Remplacez les points par l'adjectif déterminatif convenable.

A la porte d'*u* hôtel vivait *u* petit décrotteur, qui n'avait pour *tout* fortune que *s* sellette et *u* chien dont le talent particulier était de procurer de l'ouvrage à *s* maître. Il allait, par exemple, mettre sur les souliers du premier passant *s* grosses pattes, qu'il avait d'abord trempées dans le ruisseau voisin. Empressé à réparer le délit, le décrotteur présentait *s* sellette. Tant que *s* maître était occupé, le chien se tenait assis non loin de là; mais *u* fois l'opération terminée, il recommençait *s* jeu, *quelq* risques qu'il eût déjà courus; car on n'était pas toujours disposé à rire de *c* plaisanterie. L'esprit du chien, qui avait tant de fois amusé les domestiques de l'hôtel, lui donna *u* célébrité qui bientôt, des cuisines, monta jusqu'au salon.

U riche Anglais ayant demandé à voir le petit décrotteur et *s* chien, on les fit monter. L'insulaire se passionna pour l'animal, en offrit cent guinées au propriétaire, et lui en compta même cinq sur-le-champ. *C* arrhes décidèrent le décrotteur, qui n'avait jamais vu tant d'or; et, malgré *s* hésitations et *s* regrets, il succomba à la tentation. Le chien fut donc vendu, mis le lendemain dans *u* chaise de poste, et, le soir du *m* jour, placé sur *u* paquebot, d'où on lui fit prendre la route de Londres.

Cependant le petit décrotteur, la *prem* joie passée, regrettait amèrement *s* chien, qu'il avait sacrifié si facilement. Plus d'*u* fois *s* yeux se mouillèrent de armes. Joie inespérée! le quinzième jour, le chien arrive à la porte de l'hôtel, plus crotté que jamais, et crottant mieux les pratiques. Descendu *plusi* fois dans la route, il avait sans doute observé qu'on s'éloignait en suivant *u certain* direction, qu'on s'était ensuite embarqué, et qu'enfin *u* dernière voiture l'avait transporté de Douvres à Londres. A peine déposé dans la cour de l'Anglais, il était parvenu à s'échapper; il s'était hâté de retourner au bureau du départ, et avait suivi *u* voiture pareille à celle qui l'avait amené. A Douvres, il s'était glissé sur *u* paquebot en partance, et, descendu à Calais, il avait suivi la route de Paris. *C* différentes promenades lui avaient fait comprendre qu'après avoir marché pour aller quelque part, il fallait retourner sur *s* pas pour revenir au gîte; et le gîte était à côté de *s* jeune maître.

42. EXERCICES.

Écrivez en lettres les nombres écrits en chiffres. (§ 58.)

De Paris à Sedan, on compte 260 kilomètres.
— Bruxelles, 370.
— Londres, 379.
— Genève, 492.
— Vannes, 500.
— Amsterdam, 542.
— Brest, 623.
— Dublin, 750.
— Pau, 812.
— Marseille, 872.
— Nice, 880.
— Berlin, 890.
— Vienne, 1220.
— Alger, 1662.
— Constantinople, 2640.

43. LES HARENGS.

Ecrivez en lettres les nombres écrits en chiffres.

Les harengs s'avancent en colonnes serrées et profondes de plusieurs lieues d'étendue. Ils couvrent la surface de la mer, semblables à d'immenses tapis brillant des couleurs du saphir et de l'émeraude. Ces innombrables légions se montrent au printemps dans les mers du Nord, et apparaissent bientôt sur les côtes occidentales de l'Europe. Les femelles sont d'une fécondité prodigieuse: elles pondent par an de 21,000 à 36,000 œufs chacune.

C'est en juin que de nombreux bateaux norwégiens, danois, français, et surtout anglais et hollandais, partent pour la pêche aux harengs. Avec des filets de 5 à 600 mètres de long, on en prend quelquefois plus de 110,000 en moins de 2 heures. Au milieu du 17e siècle, les Hollandais employaient 2,000 bâtiments à cette pêche. Elle occupe actuellement en France 300 à 400 bateaux, montés par 5,000 marins environ, et produit 4,000,000 de francs. En 1782, à la seule embouchure d'une petite rivière près de Gothembourg, on a pris une telle quantité de ces poissons, qu'on en a salé 139,000 tonneaux, enfumé 3,780, et extrait 2,985 barriques d'huile de ceux qui ne pouvaient être conservés.

ACCORD DE L'ADJECTIF.

44. LA MADONE.

Faites accorder les adjectifs avec les noms ou les pronoms auxquels ils se rapportent. (§§ 64-68).

Dans un petit village d'Italie où les roses fleurissent en abondance au printemps, il existait *un ancien* et *charmant* coutume, *inspiré* par la piété des habitants pour la Mère de Dieu. *Tout* les ans, à l'approche du mois de mai, six *jeune* filles, *choisi* parmi les plus *exemplaire* et les plus *pieux*, étaient *désigné* pour orner de fleurs, pendant *tout* la durée du mois, *un petit* chapelle *rustique placé* à l'entrée même du village et *orné* d'*un* Madone, objet d'*un* vénération *particulier* dans *tout* la contrée. Chaque matin, les *jeune* filles apportaient au pied de l'*humble* image *un ample* moisson de fleurs dont elles formaient des guirlandes ou tressaient des couronnes. Il se rattachait à *c* coutume *un gracieux* légende. On racontait qu'*un* année, l'hiver ayant sévi plus longtemps que de coutume, on était arrivé aux *dernier* jours d'avril sans que la campagne offrît *aucun* rose pour couronner la Madone. La veille du premier jour de mai, les *jeune* filles *consternée* et les yeux *plein* de larmes vinrent se jeter aux pieds de Marie : « Mère bien-*aimé*, lui dirent-elles, votre mois va commencer, et la terre nous refuse des fleurs à vous offrir. *N* mains vont rester *vide*, mais nous avons *n* cœurs : eh bien, nous les remplirons des vertus qui vous sont le plus *cher*, et, chaque jour, nous viendrons ici vous en faire l'offrande. »

Elles commencèrent dès le lendemain; mais *quel* ne fut point *leur* surprise, en arrivant devant la statue, de la voir *environné* de rosiers *couvert* de fleurs *éclatant* de blancheur ! La Reine du ciel avait voulu témoigner ainsi combien lui était agréable le naïf hommage de *c* âmes *pur*.

45. LE DINER DU BOURGMESTRE.

Faites accorder les adjectifs avec les noms ou les pronoms auxquels ils se rapportent. (§§ 64-68.)

Un jour de *beau* humeur, le bourgmestre d'Amsterdam invita à dîner les trente-six *principal* personnages de la ville, ainsi que *leur* femmes et *leur* enfants. Les invités, *fidèle* au rendez-vous, arrivèrent au nombre de cent cinquante, *resplendissant* de toilette, d'appétit et de gaîté; ils furent *introduit* dans la salle du festin qui était *magnifique*. Je vous fais grâce des lustres *chargé* de bougies, des vases *rempli* de fleurs, des porcelaines *rare* et des cristaux *étincelant*. Les convives prirent place et préludèrent au plaisir du repas par les rires et les *bon* mots du goût le plus fin.

Le premier service fut apporté. Il obtint un étrange succès. Le silence se fit, les physionomies s'assombrirent, les figures s'allongèrent : le premier service se composait de beurre et de harengs. Les *honorable* invités, *habitué* à *un meilleur* chère, et *étonné* d'un si maigre début au milieu de si *pompeux* apparences, ne savaient s'ils devaient rire ou se fâcher. La *bon* humeur l'emporta : ils firent contre fortune bon estomac et mangèrent du beurre et des harengs. Lorsqu'ils en eurent suffisamment consommé, le premier service, et, après le premier service, la *premier* nappe, furent *enlevé*. A *s grand* surprise, chaque invité trouva devant lui, piqué sur *un* nappe de soie avec *un* épingle de diamant, un billet ainsi conçu : C'est en mangeant du beurre et des harengs que les Hollandais, *n bon vieux* pères, ont acquis *leur* gloire et *leur* fortune.

Le second service, apporté sans retard, arrêta les réflexions qui se présentaient en foule. Il se composait de viandes *solide* mais *ordinaire* : culottes de bœuf, côtelettes de porc et *autre* morceaux de *même* catégorie. Ce second service reçut très bon accueil ; puis, lorsque à son tour il fut enlevé, les invités virent, sur *un* nappe de *fin* toile *damassé*, un second petit billet attaché avec *un* épingle d'argent et contenant *c* mots : C'est en mangeant des viandes *grossier* que *n* ancêtres ont conservé *leur* fortune et *leur* santé.

Les réflexions accouraient encore ; mais le troisième service les mit en fuite. Celui-là, je n'entreprendrai pas de le décrire, convaincu que je resterais au-dessous de ma tâche. Ce n'était que mets *rôti*, plats *sucré*, gâteaux en dôme, châteaux en friandises. A *c* vue, les convives se turent d'abord, s'exclamèrent ensuite et enfin se mirent à l'œuvre.

L'opération fut *long* et *laborieux*. Ils l'achevèrent pourtant, et ils songeaient à la promenade *nécessaire*, lorsque soudain,et comme par enchantement, la *troisième* nappe fut *enlevé*. Sur *un vieux* table de bois, *cassé*, *moisi*, *rongé* des souris et des vers, était cloué, à l'aide d'*un* pointe de fer *rouillé*, un dernier petit billet portant *c* mots : C'est en mangeant du beurre et des harengs que *n* ancêtres ont acquis *leur* gloire et *leur* fortune; c'est en se nourrissant de viandes *grossier*, qu'ils ont conservé *leur* richesses et *leur* santé. Nous et *n* enfants, nous perdrons tout, santé, richesses et gloire, si nous continuons à nous livrer aux abus de la table.

Les invités, *c* fois, ne manquèrent pas de réfléchir, et déclarèrent que le conseil était encore meilleur que le repas. Ils profitèrent du conseil comme ils avaient profité du repas, ce qui est assez dire.

46. L'ABEILLE ET LA CHRYSALIDE.

Même devoir.

Entre les solives de *m vieux* maison, l'intervalle est *rempli* par du moellon et du plâtre. Sur la façade, qui est *exposé* au midi, il y a un trou dans lequel vous ne feriez pas entrer le tuyau d'*un* plume : c'est là un nid qui appartient à *un* sorte d'abeille qui vit *solitaire.* Voyez-la revenir de la provision ; *s* pattes *postérieur* sont *chargé* d'*un* poussière *jaune* qu'elle a prise sur les étamines des fleurs. Elle entre dans ce trou : quand elle sortira, elle n'aura plus de pollen aux pattes ; avec du miel qu'elle sait dégorger, elle en aura fait, au fond de son nid, *un* pâte *savoureux.* Voici peut-être son dixième voyage d'aujourd'hui, et elle n'est pas près de se reposer.

Tout c soins sont pour un œuf qu'elle a pondu, pour un œuf qu'elle ne verra jamais éclore. D'ailleurs, ce qui sortira de *c* œuf, ce n'est pas *un* mouche comme elle, c'est un ver qui ne se métamorphosera en mouche que quelque temps après.

Cependant elle l'a caché dans un trou, et elle sait précisément de combien de nourriture il aura besoin pour arriver à l'état d'accroissement qui précède la transformation en mouche. *C* nourriture, elle va la chercher, elle l'assaisonne et la prépare. — La voilà *parti.*

Mais *quel* est donc *c autre* mouche si *brillant,* qui marche sur la maison ? Son corselet est *vert* et son abdomen est d'un rouge de pourpre ; mais *c* deux couleurs sont si *éclatant,* que je suis fâché de n'avoir pas de mots plus *splendide* pour les exprimer, que les noms d'*un* émeraude et d'un rubis *joint* ensemble. *C jolie* mouche, *c* pierrerie *vivant,* s'appelle chrysalide. J'ose à peine respirer dans la crainte de la faire envoler ; je voudrais la tenir dans *m* main pour être sûr de la voir plus longtemps.

C'est aussi *un* mère de famille ; elle aussi doit pondre un œuf, d'où sortira un ver qui deviendra *un* mouche *semblable* à elle, mais qu'elle ne verra jamais. Elle aussi, elle sait la nourriture qu'il faudra à son enfant ; mais plus richement *vêtu* que l'abeille, elle ne sait pas comme elle ramasser le pollen des fleurs ni en faire *un* pâte avec du miel. Elle n'a qu'*un* ressource, et *c* ressource elle est *déterminé* à l'employer ; elle ne reculera ni devant la fourberie ni devant le vol, pour assurer la subsistance de son enfant. Elle a reconnu l'abeille *solitaire* ; elle va pondre dans son nid. Son œuf à elle doit éclore plus tôt que celui de la *véritable* propriétaire. Alors l'intrus mangera les provisions si péniblement *amassé* pour l'enfant légitime, qui, lorsqu'il naîtra à son tour, n'aura plus qu'à mourir de faim.

La voici au bord du trou... Elle hésite..., elle se décide..., elle entre. Elle m'intéresse ; elle est si *beau* ! L'autre aussi m'intéresse ; elle est si *laborieux* !

Mais la voici qui revient à travers les airs : on dirait un guerrier couvert d'armes *ciselé* et d'*un* cuirasse *doré ;* elle bourdonne. La chrysalide a entendu ce bourdonnement, qui est pour elle le son terrible de la trompette *guerrier*. Elle veut s'enfuir, elle sort ; mais l'autre, justement *irrité,* se précipite sur elle, la frappe de *s* tête. Elle froisse et déchire la gaze *miroitant* de *s* ailes, et la jette sur le sable, où elle tombe *étourdi.*

L'abeille entre alors dans son nid, dépose et prépare *s* provisions ; puis, encore *ému* de son combat et de *s* victoire, elle repart à travers les airs. Longtemps je la suis des yeux ; mais enfin elle disparaît.

La *pauvre* chrysalide n'est cependant pas *mort.* Elle se relève, se secoue, se trémousse, essaye de s'envoler ; mais *s* ailes *lacéré* ne le lui permettent plus. Comment fera-t-elle alors pour échapper à la fureur de *s* ennemie ? Car il ne s'agit pas pour elle de s'enfuir ; il s'agit de déposer son enfant dans le nid de l'abeille et d'en assurer ainsi l'avenir. La *premier* fois, l'abeille est *revenu* trop vite... Elle remonte en gravissant péniblement : par moment les forces lui manquent ; elle est *forcé* de s'arrêter ; mais enfin elle arrive..., elle entre... Elle est *entré*, et *c* fois l'intérêt est pour elle. Tout à l'heure elle n'était que *beau*, maintenant elle est bien *malheureux* ! Je sais qu'on pourrait faire *un long* plaidoirie pour l'autre ; je ne voudrais pas avoir à les juger. Ah ! elle ressort..., elle s'enfuit !... mais elle est *heureux*, elle a réussi !... Maintenant je me sens fort touché pour l'abeille.

La *pauvre* abeille continue à apporter des provisions pour son enfant, qui cependant mourra de faim !

47. LA SOURIS.

Faites accorder les adjectifs avec les noms ou les pronoms auxquels ils se rapportent.

En hiver, lorsqu'on pénètre dans les bois, le nombre et la variété des traces d'animaux qu'on y découvre, contrastent avec l'aspect glacial des objets *environnant*. Des indices de vie se révèlent de *tout* parts dans *c* lieux *désolé*. Les traces du renard y sont beaucoup moins *nombreux* que dans les champs, mais celles du lièvre, du putois, de la perdrix, de l'écureuil et de la souris y abondent. L'empreinte des *petit* pattes de la souris est très *joli*: on dirait *un* broderie *fantastique* sur un blanc tapis. On se demande ce qui peut porter *c* *petit* créatures à sortir de *leur* retraites ; on dirait que c'est moins la faim que *leur* humeur nomade ou l'instinct social. Quoiqu'elles aient toujours l'air de se hâter quand elles voyagent en plein air, elles ont, sous la neige, des passages *secret* et des galeries *tortueux*, qui sont évidemment *leur principal* voies de communication. Çà et là, *c* passages s'élèvent si près de la surface du sol, qu'ils ne sont *couvert* que par *un fragile* couche de neige, et qu'un léger sillon révèle à l'œil la course du petit animal. Je connais bien *c* espèce de souris, *désigné* vulgairement sous le nom de souris *fauve*. C'est *un mignon* créature avec de *large* oreilles et de *grand* et *beau* yeux, au regard timide et inoffensif. Elle sautille comme le lapin ; *s* peau est délicatement *tacheté* ; elle a les pattes et le ventre *blanc.* C'est elle qui entasse, dans quelque arbre creux, *un* provision de faînes pour son hiver. Chaque faîne est soigneusement *dépouillé* de *s* enveloppe, et la cavité qui sert de magasin aux vivres est *tapissé* de feuilles et d'herbes *sec.* La cognée du bûcheron met souvent à découvert *c* *précieux* provision. J'ai vu un demi-setier de faînes *recueilli* ainsi dans un arbre, aussi *propre* et aussi *blanc* que si elles y eussent été *déposé* par les plus *délicat* mains. Combien de temps avait-il fallu à la *petit* créature pour réunir *c* quantité de faînes, les éplucher une à une et les emmagasiner !

C variété de souris n'est pas exclusivement *confiné* dans les bois ; elle est tout aussi *commun,* surtout en automne, dans les champs de blé et de pommes de terre.

18. LE LIVRE D'HEURES.

Même devoir.

Tu sors, après vingt ans, de *c* armoire *obscur,*
O vieux livre sacré, vieux livre qu'autrefois
La mère de mon père, *humble* et *pâle* figure,
Prenait, en commençant par un signe de croix !

Confident de *s* foi toujours *naïf* et *pur,*
Elle te relisait sans cesse à demi voix,
Si bien que le velours de *c* reliure
Garde encore aujourd'hui l'empreinte de *s* doigts.

Ce fut dans *t* feuillets qu'avec un bon sourire,
Aïeule *patient,* elle m'apprit à lire ;
Je répétais par cœur les mots cent fois *relu.*

J'ai, depuis lors, ouvert *tout* les livres des sages ;
Mais *c* livres *fameux, daté* de *tout* les âges,
Sur la vie et la mort ne m'ont rien dit de plus !

49. LA MANGOUSTE.

Faites accorder les adjectifs avec les noms ou les pronoms auxquels ils se rapportent.

La mangouste est un animal de la famille des fouines, mais beaucoup plus élégant dans *s* formes qui sont plus *svelte*, et dans *s* robe qui est plus *fin*, d'*un* couleur *gris* avec mélange de poils *blanc*. Son nez est pointu, mais moins allongé que celui de la fouine; son corps est dégagé, *s* poils sont très *long*, mais parfaitement *peigné* et *appliqué* sur la peau; *s* queue est *long un* fois et demie comme le reste du corps, et *gros* comme le doigt. Mais lorsque la mangouste se fâche, se bat, attaque son ennemi, son poil se hérisse, *s* queue devient *gros* comme le bras, *s* tête resplendit de majesté et son corps double *s* grosseur. Son regard est habituellement plein de grâce et de malice, et prend dans le combat quelque chose de martial et de féroce.

J'en possède une dans ce moment, de la grosseur d'un petit chat d'un an. Elle m'aime, me suit partout, se promène avec moi dans le jardin, me devance de dix pas, là se dresse sur *s* deux pattes, fait *s* cabrioles, me regarde d'un air câlin; et lorsque je suis arrivé près d'elle, elle continue à marcher devant moi, et va bientôt à dix pas recommencer *s* tours. Quand je lui en donne la permission, elle saute sur *m* épaules pour me caresser très délicatement. Pendant la nuit elle va à la chasse, et toujours avec succès. Et voyez où peut se nicher la vanité! Elle se garde bien de manger son gibier. Quand je me lève, de grand matin, je la trouve sur le seuil extérieur de *m* porte avec tout son butin étalé devant elle : un ou plusieurs serpents, d'*autre* reptiles, des scorpions, et quelquefois un rat aussi gros qu'elle; et me regardant avec complaisance, elle semble me dire : « Voyez! » Je lui réponds par un sourire, qui dit : « C'est bien ! je suis content de toi ! » Et aussitôt, *fier* et *joyeux*, elle prend le gibier, et va le cacher dans un buisson pour le régal de la journée.

Mais il faut la voir dans le combat, lorsqu'elle rencontre un adversaire digne de son courage. *C* jours *dernier*, on vint m'avertir qu'il y avait dans le jardin un gros serpent à lunettes de huit pieds de long. Aussitôt j'appelle *m* magouste, et nous allons trouver notre serpent. Il a disparu ; mais un petit trou circulaire, gros comme le bras, nous révèle *s* retraite, et *m* disciples se mettent à piocher autour et avancent dans *s* direction. Bientôt le reptile redoutable sort de son repaire et se pose majestueusement à l'entrée, promenant sur nous *s* regards *inquiet* et *menaçant*. Nous nous retirons sur *un* circonférence de quinze pieds de rayon, la mangouste entre en lice et se pose en face de son ennemi, à six pieds de distance. A *s* vue le serpent s'irrite et se dresse à la hauteur de trois pieds, s'appuyant sur le reste du corps roulé en anneau ; *s* gorge se dilate, s'aplatit sur *un* largeur de quatre ou cinq pouces, et montre, parfaitement *dessiné* sur *s* peau, *s* lunettes, qui ont donné le nom à *s* espèce. Son regard est fixé sur son agresseur, qu'il suit dans *tout* *s* mouvements, en balançant rapidement *s* tête et *tout* la partie *supérieur* de son corps. Alors la mangouste commence *s* cabrioles et *s* tours de force ; elle saute en l'air, elle bondit sur les côtés, à droite, à gauche, à *un* distance de trois et six pieds, et elle exécute *tout* *c* mouvements avec *un* rapidité qui fatigue la vue. C'est par là qu'elle charme et éblouit son adversaire. Dès qu'elle s'en aperçoit, elle se précipite d'un bond sur *s* tête, et le mord avec *s* dents *aigu* comme des aiguilles. Le serpent siffle, s'enfle, entre en fureur, se démène, cherche la mangouste ; mais celle-ci n'a pas plutôt touché et mordu, que d'un bond elle est à dix pieds de distance. Bientôt elle vient se placer de nouveau devant son ennemi, et la scène recommence comme la *premier* fois, si ce n'est que le serpent, rendu plus furieux par la douleur de *s* blessures, s'agite et siffle avec plus de violence et s'éblouit plus promptement. Aussi les assauts deviennent plus *fréquent* et les blessures se multiplient, jusqu'à ce que le serpent épuisé se laisse tomber par terre. Dans *c* état, la mangouste s'en approche, non plus par bonds, mais doucement, avec *un extrême* défiance, et lui applique encore *quelque* blessures plus *profond*, en ayant soin de s'échapper après chacune. Enfin, quand la mort paraît *certain*, elle vient pour la *dernier* fois, le flaire, l'examine attentivement, puis le saisit par la gorge et part au galop, traînant après elle *c* masse six fois plus *grand* qu'elle.

50. LE MARCHAND DE COMPLAINTES.

Faites accorder les adjectifs avec les noms ou les pronoms auxquels ils se rapportent.

Aux jours si *beau* de mon jeune âge,
Souvent, le dimanche venu,
Sur la place de mon village,
Dans un singulier équipage,
Se présentait un inconnu.

J'admirais *s* moustaches *noir*;
Monté sur de *frêle* tréteaux,
Il ouvrait de *large* grimoires
Et contait de *vieux* histoires,
En déroulant de *vieux* tableaux.

Sur *c* toiles, des mains *grossier*
A *grand* traits avaient reproduit
Jacob, *s* angoisses *amer*;
Joseph, qui, vendu par *s* frères,
Aux bords du Nil était conduit;

Judith, au courage indomptable ;
Holopherne, mort sous *s* coups ;
Le Juif-Errant, ce grand coupable,
Qui marche, marche, infatigable,
En proie à l'éternel courroux ;

Geneviève, *innocent*, et *pur*
Autant que le cristal de l'eau ;
La biche, la forêt *obscur* ;
Sifroi pénétrant l'imposture ;
Puis, le supplice de Golo.

De la légende *triste* et *saint*
Quand les récits étaient *complet*,
L'inconnu, d'*un* voix *éteint*,
Entonnait enfin la complainte,
Long de soixante couplets.

Morceau vraiment digne de plaire !
L'auteur pouvait bien hardiment
Outrager la rime *sévère*,
Mais jamais, philosophe austère
La morale et le sentiment.

Tout fier, la complainte *fini*,
De *s poétique* travaux,
Il partait, la bourse *garni*,
En saluant la compagnie,
Qui frappait l'air de *s* bravos.

A l'heure où le jour devient terne,
On parlait encor de Judith,
Et de la tête d'Holopherne,
Et de Joseph dans la citerne,
Et du Juif par Jésus maudit.

Durant l'hiver, dans la masure,
Le soir, près de l'âtre flambant,
A *s jeune* progéniture
La mère contait l'aventure,
De Geneviève de Brabant.

De *n* champs que le soleil dore
Lorsque s'éloignent les frimas,

Au village que j'aime encore,
Près de la fontaine *sonore*,
Je ramène souvent *m* pas.

Mais, chargé de *s lourd* grimoires,
Le dimanche, sur les tréteaux,
L'étranger aux moustaches *noir*
Ne vient plus conter *s* histoires
Et dérouler *s vieux* tableaux.

Adieu, charmes de mon jeune âge,
Légendes et couplets *touchant* !
Maintenant — et c'est bien dommage —
Il faut aux gens de mon village
D'*autre* plaisirs et d'*autre* chants.

51. LE DERNIER JOUR DE L'ANNÉE.

Mettez au féminin singulier les adjectifs en italique, et au masculin pluriel les adjectifs entre parenthèses.

Déjà la *rapide* journée
Fait place aux heures du sommeil,
Et du dernier fils de l'année
S'est couché le dernier soleil.
Près du foyer, *seul*, *inactif*,
Livré aux souvenirs (puissant),
M pensée erre, *fugitif*,
Des jours (passé) aux jours (présent),
M vue, au hasard *arrêté*,
Longtemps de la flamme *agité*
Suit les caprices (éclatant),
Ou s'attache à l'acier mobile
Qui compte sur l'émail fragile
Les pas (silencieux) du temps.
Un pas encore, encore *un* heure,
Et l'année aura sans retour
Atteint *s dernier* demeure;
L'aiguille aura fini son tour.
Pourquoi, de mon regard avide,
La poursuivre ainsi tristement,
Quand je ne puis d'un seul moment

Retarder *s* marche *rapide* ?
Du temps qui vient de s'écouler
Si (quelque) jours pouvaient renaître,
Il n'en serait pas un peut-être
Que *m* voix daignât rappeler.
Mais des ans la fuite m'étonne,
(Leur) adieux oppressent mon cœur ;
Je dis : C'est encore *un* fleur
Que l'âge enlève à *m* couronne
Et livre au torrent destructeur ;
C'est *un* ombre *ajouté* à l'ombre
Qui déjà s'étend sur (m) jours,
Un printemps retranché du nombre
De ceux dont je verrai le cours.
Ecoutons !... Le timbre sonore
Lentement frémit douze fois.
Il se tait !... je l'écoute encore,
Et l'année expire à *s* voix.
C'en est fait, en vain je l'appelle,
Adieu!...Salut, *s* sœur *nouveau*,
Salut ! (Quel) dons chargent *t* main ?
(Quel) biens nous apporte *t* aile ?
(Quel beau) jours dorment dans ton sein ?
Que dis-je ? A mon âme *tremblant*,
Ne révèle point (t) secrets.
D'espoir, de jeunesse, d'attraits,
Aujourd'hui tu parais *brillant* ;
Et *t* course *insensible* et *lent*
Peut-être amène les regrets !
Ainsi chaque soleil se lève
Témoin de (n) vœux (insensé) ;
Ainsi toujours son cours s'achève
En entraînant comme un vain rêve
(N) vœux (déçu) et (dispersé).
Mais l'espérance *fantastique*,
Répandant *s* clarté *magique*
Dans la nuit du sombre avenir,
Nous guide d'année en année
Jusqu'à l'aurore *fortuné*
Du jour qui ne doit point finir.

EMPLOI DE L'ADJECTIF.

52. EXERCICES.

Écrivez en lettres les adjectifs numéraux écrits en chiffres. (§ 69.)

Christophe Colomb découvrit l'Amérique le 11 octobre 1492.

Louis XIV naquit le 5 septembre 1638.

Turenne mourut, frappé d'un boulet, le 27 juillet 1675.

Henri IV fit planter 15,000 mûriers dans le jardin des Tuileries.

Henri II, qui succéda à François 1er sur le trône de France, fut tué dans un tournois par le comte de Mongommery.

Louis XVI fut exécuté sur la place de la Concorde le 21 janvier 1793.

53. EXERCICES.

Remplacez les points par l'adjectif possessif, par l'article seul ou par l'article et le pronom EN. (§§ 70, 71.)

Zopyre se coupa .. nez et ... oreilles, pour faciliter à Darius la prise de Babylone.

Le bain m'a renforcé ... jambes et fortifié ... poitrine.

Pourquoi redouter la mort, si l'on a assez bien vécu pour ne.. pas craindre ... suites ?

Il a la mauvaise habitude de se manger ... ongles.

Le pavot dans les champs lève ... tête altière.

Qui lave ... tête à l'ânon, perd lessive, peine et savon.

L'auteur d'un bienfait est celui qui .... reçoit ... fruit le plus doux.

C'était la belle parole qu'il avait toujours à ... bouche.

Je n'ai pu le voir, il souffrait encore de ... migraine.

Notre pauvre ami est toujours incommodé *d* ... bras.

Les inventeurs, en chaque science, sont les plus dignes de louange, parce qu'ils ... ouvrent ... carrière aux autres hommes.

La résignation allége l'infortune ; la plainte ... aggrave ... poids.

C'est parce que l'or est rare que l'on a inventé la dorure, qui, sans ... avoir ... solidité, ... a tout ... brillant.

54. EXERCICES.

Écrivez CHAQUE ou CHACUN, et mettez AUCUN, NUL, au singulier ou au pluriel, suivant la règle. (§§ 72, 73.)

Cha... condition a ses dégoûts, et à *cha...* état sont attachées des amertumes.

Cha... ici-bas fait son rôle ; *cha...* vend son orviétan.

Il a obtenu sans *aucun frais* ce qu'il demandait.

Cha... soir, le sommeil vient nous ôter notre fardeau pour nous faire voltiger dans le pays des songes ; *cha...* matin, l'impitoyable nécessité nous le recharge sur les épaules.

> Du sort de cet enfant on n'a donc *nulle trace* ? (Rac.)
> *Nul bien* sans mal, *nul plaisir* sans mélange. (La Font.)

Il n'a fait *aucune disposition, aucun préparatif.*

Salomon avait douze mille écuries de dix chevaux *cha...*

On méprise tous ceux qui n'ont *aucune vertu.*

Nous entendîmes passer quatre chariots avec deux bœufs *cha...*

Cha... nuit et *cha...* aurore nous apportent de nouvelles preuves de la sagesse divine.

Nul gage n'était attaché aux fonctions publiques.

RÉCAPITULATION DU NOM ET DE L'ADJECTIF.

55. UNE REDEVANCE.

Mettez au pluriel les noms entre parenthèses, et faites accorder les adjectifs avec les noms ou les pronoms auxquels ils se rapportent.

On était à la veille de la Saint-Jean-Baptiste. *U brûlant* chaleur courbait la tête des (épi), et parfois un vent du midi, lourd et suffocant, soulevait des (nuage) de poussière et semblait apporter sur *s* (aile) les (ardeur) de la zone *torride*. Deux *pauvre* (femme) cheminaient sur la route qui menait au château de Tramecourt. Elles paraissaient *accablé* de fatigue et plus encore de tristesse, car le corps porte mieux le poids du soleil que l'âme le poids des (épreuve). La plus jeune surtout, *un* enfant de douze (an), baissait la tête pour cacher des (larme) qui, d'instant en instant, venaient rouler sur *s* (joue) *halé; s* compagne la regardait avec *un inquiet* sollicitude, et elle jetait aussi un regard d'amitié *triste* sur les deux (poulet) qu'elle portait dans un panier. C'étaient de fort *joli* (bête), l'une *blanc*, l'autre *noir*, avec des (tête) *vif* et *curieux*, qui se dressaient si souvent au bord du panier, que la *bon* femme, craignant *un* évasion, les prit enfin par les (patte) et les porta ainsi, la tête en bas, tout en les regardant avec *un* espèce de pitié. « Tu n'en peux plus, dit-elle enfin à *s* fille; mais prends courage, *m pauvre* Nicole, nous pourrons nous reposer bientôt : nous ne sommes pas loin de la fontaine de Presles; là, nous pourrons nous asseoir et reprendre haleine.

— Oui, *m* mère, dit l'enfant d'*un* voix *soumis*; mais quand je serai bien *reposé*, je n'en penserai pas moins à mon frère Claude, et aussi à *m pauvre* (poulet) !

— Que veux-tu, Nicole ? Il faut vouloir ce que veut le bon Dieu, et il ne faut pas murmurer contre lui, ni contre *n* (seigneur), à qui nous devons *grand* révérence.

— Et redevance aussi, *m* mère, dit naïvement Nicole.

— Oui, *m* fille, redevance; car nous tenons d'eux *n* maison et *n* (terre), à charge de sept (setier) de froment à la Saint-Remi, d'*un* oie *gras* à Noël, de deux (douzaine) d'(œuf) à Pâques et de deux (poulette), une *blanc* et une *noir*, à la Saint-Jean.

— Les voilà, les *pauvre* (petite) ! dit Nicole. Ce soir, on les mettra à la broche, tandis que mon pauvre Claude n'aura que de la bouillie de seigle, lui si faible encore ! »

La *vieux* femme baissa la tête et répondit : « Que veux-tu, *m* fille ? Le pauvre doit se contenter d'*un pauvre* pitance, et encore ne devons-nous pas nous plaindre, car nous avons de *bon* (seigneur), et bien d'*autre* (serf) ne sont pas toujours aussi bien *traité* que nous. »

Tandis qu'elles se parlaient ainsi, elles arrivaient à un détour de la route, où s'élevaient cinq ou six (chêne) *plusieurs* fois *centenaire*. Les (eau) d'*un* source qui sortaient d'*un petit* colline, avaient été *recueilli* dans un bassin de pierre, qui formait un petit monument rustique que la mousse couvrait de *s* (teinte) *bronzé*. Elles s'assirent et respirèrent à l'ombre *impénétrable* des *grand* (chêne) ; puis, quand la sueur se fut *séché* sur *leur* (front), elles prirent *quelque* (gorgée) de l'eau de la source, et Nicole en remplit *s* gourde en disant : « Ce sera pour Claude ! » Puis elle cueillit des (rose) *sauvage*, qui croissaient en abondance sur les (buisson), en disant encore : « Je les mettrai devant *m* Notre-Dame, pour qu'elle guérisse Claude ! »

Elles reprirent leur chemin, et bientôt elles virent devant elles la masse *imposant* du château de Tramecourt. C'était *un* forteresse *ceint* de (fossé), qui ne laissait voir au dehors que *s haut* (rempart), *s* (tour) *percé* de (meurtrière), et la flèche *aérien* de *s* chapelle, qui s'élançait au ciel comme *un* pensée *pieux* surgissant parmi des (pensée) de méfiance et de guerre. Le pont-levis était baissé, et la cour *rempli* d'*un* multitude de (gent), (bourgeois) ou (serf), qui venaient, comme les deux (femme), acquitter la redevance *féodal.* Le pavé de la *grand* salle où on les introduisait, était jonché de blé, de (volaille), de beurre, de (jambon), de (gâteau) de cire, de (rayon) de miel, de (peau) de (bœuf) ou de (veau); et le bailli, assis à son pupitre, enregistrait *chaque* redevance et en donnait quittance au tenancier. Au fond de la salle, sous un dais armorié, se tenait *un* personne que (bourgeois) et (homme-lige) saluaient profondément : ce puissant châtelain, ce redouté seigneur, était *un petit* fille de dix ans !

La *petit* dame de Tramecourt était toute *beau* et toute *gracieux.* Elle portait encore le deuil de son père, tué à la bataille de Courtray, et *s délicat* personne semblait plus *mignon* encore sous le long voile blanc qui descendait de *s* coiffure, et sous l'*ample* robe de drap noir, *garni* d'hermine, qui laissait traîner *s* (pli) sur les (dalle). Aloyse de Tramecourt avait un charmant visage qui annonçait la modestie et la douceur, et elle remplissait avec *un* dignité *enfantin* son rôle de dame *châtelain.* Aux (salut) des (bourgeois), elle répondait par *un* révérence *courtois* ; aux *gauche* (salutation) des *pauvre* (serf), par des (parole) et des (geste) *rempli* d'amitié ; et quand l'un d'eux adressait *quelque* pétition au bailli, elle s'empressait d'intervenir et d'appuyer la supplique, disant d'*un* façon toute *gentil* : « Tout ce que je pourrai faire pour vous, je le ferai. Parlez-moi comme à *feu* madame *m* mère. Ne vous disait-elle pas que tout ce que vous ne trouveriez pas à la chaumière, vous le trouveriez au château ? Je vous dis de même. »

En voyant approcher Nicole et *s* mère, elle les regarda avec intérêt, et dit à sa *gouverneur* : « *Quel* sont celles-ci ? — Ce sont des (femme) *serf* qui tiennent la cense de l'Homme-Armé; la mère est *veuf* avec deux (enfant). — Elles ont l'air triste, *m cher* mie ; je veux leur parler. »

Et la *petit* dame fit signe à Nicole, qui s'avança toute *tremblant* et se mit à (genou) sur les (degré) qui menaient au siége de la *châtelain*. « Lève-toi, dit celle-ci avec empressement, et dis-moi pourquoi tu as pleuré. — *Noble* dame... » Nicole n'osa rien dire de plus. L'appareil qui environnait l'*orphelin* de Tramecourt la remplissait de crainte ; elle tremblait sous les regards de la *gouverneur*, des (demoiselle) d'honneur, des (page) et des (varlet), qui étaient *groupé* autour du fauteuil seigneurial. « Tu as peur ? reprit Aloyse très doucement ; il ne faut pas avoir peur, mais il faut me répondre. Tu as pleuré ?...—Il est vrai, *m redouté* dame, j'ai pleuré, car Claude est bien malade. — Qui est Claude ? — C'est mon frère. — Ah ! ton frère... Il se rétablira... ; j'irai le voir avec ma *gouverneur* et *m* (demoiselle) : nous lui porterons des (conserve) que je fais moi-même. — *Quel* bonté, *noble* dame ? Mon pauvre frère guérira, je l'espère de la clémence de la Sainte-Vierge ; mais il est si faible... Nous n'avons pas d'argent pour lui acheter de la viande, et les deux *dernier* (poulet) de notre basse-cour, nous vous les apportons en redevance. Tenez, les voilà là-bas : ce blanc et ce noir qui se débattent sur le pavé... — O mon Dieu ! dit la *petit châtelain*, et il ne vous reste rien à donner à votre frère ! — Rien, dame, rien ; car les (gent) de guerre ont pris *n* (bétail), et *tout n* (poule) sont *mort* de froid l'hiver dernier. Il ne nous reste que celles-là. »

Aloyse pleurait ; elle prit dans *s* (main) *blanc* les *petit* (main) *bruni* et *durci* de la *paysan* : « Console-toi, dit-elle, je change *t* redevance. Désormais, au lieu de (poulet), tu n'apporteras, vienne la

Saint-Jean-Baptiste, qu'un chapel de (fleur), de *c* (églantine) que tu as dans ton panier. Où les as-tu cueillies? — Près de la fontaine de Presles, *noble* dame. — Eh bien, un chapel de (rose) des (buisson) de Presles et un vase de l'eau de la fontaine acquitteront *t* redevance. Ecrivez cela, bailli! Et de plus, je veux que tu remportes pour ton frère *t* (poulet). J'y joins deux (setier) de blé, que tu prendras là, et dix (écu) pour acheter *un* vache. Va, et prie pour l'âme de monseigneur mon père et de *m bon* mère. — « Vive la dame de Tramecourt! Noel! Noël! » dirent les (serf) qui avaient entendu les (parole) de la *noble* enfant. Nicole était *retombé* à (genou), et elle couvrait de (larme) et de (baiser) le bas de la robe de l'*orphelin.*

Dix (an) s'étaient écoulés, et la Saint-Jean-Baptiste revoyait encore *un* fois sur la route de Tramecourt Nicole, non plus *petit* enfant, mais *devenu un beau* et *grand jeune* fille, qui marchait d'un pas léger, en portant avec précaution un chapel de (rose) *sauvage* et un vase plein d'eau, tribut annuel qu'elle payait à sa *châtelain*. Comme autrefois, la cour du manoir était *rempli* par les (tenancier), le bailli écrivait les (quittance); mais le siége de la *petit* dame était vide, et Nicole eut le cœur serré en cherchant vainement sa *bienfaiteur*. « C'est vous, Nicole, lui dit le bailli; soyez la bienvenue céans, car damoiselle Aloyse veut vous voir : elle est *malade*. — Bon Jésus! *malade*! — Conduisez Nicole auprès de damoiselle Aloyse, dit le bailli à un page; elle l'attend. »

Nicole entra tout *intimidé* dans la *vaste* et *somptueux* chambre de la dame de Tramecourt, et elle s'avança jusqu'au pied du lit où Aloyse reposait sous des (rideau) *brodé* à *s* (arme). Elle ne dormait pas, et elle semblait *accablé* et *malade*; mais *s* (œil) *languissant* eurent *un* expression de joie en s'arrêtant sur la *petit paysan* : « Voilà Nicole et *s* (fleur), dit-elle ; oh ! comme elles sont *frais* et *beau* ! *T* (joue) aussi sont couleur de rose, Nicole, mais les miennes sont plus *blanc* que cire, car je suis bien *malade*.

— Prenez confiance, *noble* dame, dit Nicole ; le bon Dieu qui a guéri Claude, vous guérira aussi. Je vous apporte de l'eau de la fontaine de Presles ; Claude en buvait *tout* les (matins), et cela l'a guéri.

— Vraiment ! dit la *jeune châtelain* en se soulevant sur *s* (oreiller), l'eau de *c* fontaine guérit ?

— Elle est *bon* contre les (fièvre), répondit Nicole avec conviction, en versant dans un hanap l'eau qu'elle avait apportée. »

Elle l'offrit à Aloyse, qui fit le signe de la croix et but avec confiance. « *Tout* les (matin), je vous en apporterai, damoiselle, jusqu'à ce que vous soyez *guéri*.

— Mais ce ne sera pas *un* redevance, reprit Aloyse en souriant. »

Puis elle réfléchit un instant et ajouta d'un ton plus sérieux : « Ecoute, Nicole, et sois témoin de *m* promesse : si je guéris de *c* fièvre qui me consume, j'élèverai, à la fontaine de Presles, qui est sur *m* (terre), un petit hospice pour les (voyageur) ; il sera desservi par six (religieuse). Je donnerai à *c* hospice la cense de l'Homme-Armé et *t propre* redevance ; je consacrerai le chapel de (rose) à la Sainte-Vierge, et je dédierai ce lieu à Notre-Dame de Guérison. Tu es témoin de mon vœu.

— Vous guérirez, *noble* dame, et les (rose) seront dorénavant pour la *saint* Mère de Dieu ; vous verrez ! »

Ce vœu fut exaucé en effet ; la fontaine de Presles fut *changé* en un hospice où (pélerin), (voyageur), (malade), reçurent les (soin) et les (consolation) de la charité *chrétien*. Nicole s'y fit *religieux* ; et c'était elle qui, *tout* les (jours) pendant la *beau* saison, renouvelait les (chapeau) de (rose) *sauvage suspendu* à l'image de Notre-Dame de Guérison. Ce fut elle aussi, déjà *parvenu* à un âge avancé, qui accueillit la dame de Tramecourt, *veuf* alors d'un vaillant chevalier tué à Crécy, et qui venait demander un asile pour *s* vieillesse *désolé* au petit monastère qu'elle avait fondé. Elle eut un dernier moment de joie en revoyant celle qu'elle avait protégée autrefois, en s'agenouillant à l'autel de la Vierge qui les avait protégées *tout* deux, en respirant le parfum des (fleurs) *cher* à *s* jeunesse, en entendant le murmure de la fontaine. Mais *s* vie *brillant* et *agité* se termina bientôt, et la *pauvre paysan, devenu* l'*humble religieux*, arrosa de pleurs les (églantine) dont elle couvrit le cercueil de sa *bienfaiteur*, *dernier* redevance de *s* piété *reconnaissant*. Et quelquefois, songeant au passé, se revoyant *petit serf* aux (pied) *nu*, *tremblant* devant la *noble orphelin*; comparant *s* vie de labeur paisible à la vie d'Aloyse, *riche* en honneur, *riche* en douleur, elle se disait: « Les (riche) ne sont pas les plus *heureux* ! Oh ! prions pour elle et pour *tout* ceux qui sont *exposé* sur la mer du monde. Prions, nous sommes au port ! »

56. LE CHAPELET DE MA TANTE.

Mettez au pluriel les noms entre parenthèses, et faites accorder les adjectifs avec les noms ou les pronoms auxquels ils se rapportent.

Il en est peu d'entre nous qui ne voient sourire, dans le vieux cadre de leur passé, *un* figure *ami* qui leur rappelle des (jour) d'innocence *naïf*, de (plaisir) *céleste* toujours *regretté*. La réminiscence de *m* jeunesse qui résonne avec le plus d'harmonie dans mon cœur, c'est le souvenir d'*un aimable* tante. Son nom était sans prétention, comme son caractère sans humeur; elle s'appelait Catherine. *Pauvre* femme ! je la vois encore, bien qu'un épais gazon la couvre au cimetière. *Gros, réjoui,* l'œil éveillé, la bouche *rieur*, elle allait clopin-clopant sur son bâton dans le voisinage, offrant *s* tabatière à l'un, *s* (réflexion) à l'autre, *s* gaieté *communicatif* à tous.

S'il était permis à son neveu de séjourner auprès d'elle, tante Catherine renonçait volontiers à *s vieux* (habitude). Alors, adieu les (causerie) *bruyant* sur les *menu* (propos) de la ville; adieu *s ancien* (amie). Elle était *tout* à *c* enfant qu'elle adorait. Pour lui, elle oubliait jusqu'à son rouet, son chat, *s* (rosier). Un mot gracieux, *un* caresse *inespéré* de l'enfant, noyaient *s* (œil) de *gros* (larme). C'était pour elle *un* fête de se promener doucement au bras du grand garçon, qui, fier lui aussi de *s bon* tante, marchait la tête *haut* sous les (tilleul) du village.

La promenade *terminé*, on lisait sur un perron moussu, à l'ombre des (orme), *quelque* (page) d'un bon livre. L'esprit inculte de Catherine recevait de la *poétique* imagination du neveu lettré un reflet qui mettait à jour, chez la *pauvre* femme, des (trésor) de foi, d'espérance et d'amour. Elle partageait l'émotion de son chéri en sortant, pour *s* part, un chapelet de verre bleu, qu'elle égrenait comme pour remercier Dieu de ce beau livre.

Ce chapelet, j'aimais à le voir lentement glisser entre les (doigt) de tante Catherine. Chaque grain me semblait *un* note *visible* de *c* (hymne) *mystérieux* qu'elle murmurait au fond du cœur. Souvent des (groupe) *épars* de *joyeux* (enfant) jouaient près de nous sur la pelouse. *Fatigué* de *leur* (ébat), ils cueillaient des (bouton) d'or, des (menthe), des (pâquerette). Ils offraient timidement *c* (fleur) *agreste* à Catherine, demandant en échange à baiser son chapelet bleu.

Tante Catherine possédait là *un* relique de famille. Ce chapelet de verre lui venait de *feu s* sœur, qui le tenait de *leur* mère. De *pieux* (femme) avaient prié plus d'un siècle sur ce rosaire béni. Quelque temps avant *s* mort, la *pauvre* tante parlait du regret qu'elle aurait de laisser un jour son chapelet. Elle voulait, disait-elle, l'emporter dans *s* bière. Puis, voyant près d'elle son neveu : « Il sera pour toi, pour toi seul, mon enfant. »

Un soir, hélas ! quatre (flambeau) brûlaient dans *un* chambre *blanc*, sur *un* table, autour d'un crucifix. Un prêtre administrait les (sacrements) à la *pauvre* Catherine. La mourante, sans voix, souriait seulement au Dieu des *grand* (miséricorde) que le ministre représentait. Nous étions *tout* en (larme), (parent), (ami). Le neveu à (genou) sanglotait, les (œil) *tourné* vers *s* tante. Elle le regarda, versa *un* larme, et, comme pour le consoler de *s* douleur, lui donna son chapelet, et mourut.

L'enfant perdit beaucoup. Il se fit un vide immense autour de lui. Il partit pour ne plus revoir la maison, les (tilleul), le banc moussu, tout ce qui lui rappelait *s* tante. Il n'a conservé que le chapelet bleu, sur lequel il prie, quoique homme du monde, dans les (heure) de défaillance, sur lequel il pleure dans les (heure) d'affliction.

57. LA FOIRE DE BEAUCAIRE.

Mettez au pluriel les noms entre parenthèses, et faites accorder les adjectifs avec les noms ou les pronoms auxquels ils se rapportent.

Au moyen âge, quand il n'y avait ni (route) ni (canal) ; quand au détour des (chemin) mal *tracé* qui traversaient la France, et tout le long des (voie) *navigable*, se dressaient des (château) *crénelé* devant lesquels chaque voyageur et chaque commerçant étaient *forcé*, le coutelas sur la gorge, d'acquitter un droit de péage toujours variable, au gré des (exigence) du seigneur et suivant les (besoin) de *s* escarcelle, c'était s'exposer à mille (péril) que de s'aventurer au milieu des (province), même *réputé* les plus *hospitalier* de notre pays, avec des (marchandise) représentant *un* valeur *considérable*. Mais ce n'était pas tout encore. Outre les (vexation) et les (rapine) des (seigneur) du fleuve et des (chemin), sans compter les (embuscade) des (routier), des (malandrin) et *autre* (bandit) de *c* (époque) *lamentable*, le commerce avait mille *autre* (droit) à acquitter, suivant les (localité) que *s* (produit) traversaient, celles où il les achetait et celles où il les voulait vendre : (droit) des (seigneur), (droit) des (ville), des (province), des (Etat), etc.

Pourtant, comme il fallait que la France de *c* époque, comme celle d'aujourd'hui, se procurât des (vivre), des (habit), des (arme) et même des (objet) de luxe, les (puissant) d'alors accordaient au négoce, dans *certain* (pays) et à *certain* (époque) de l'année, une sorte de trêve : en d'*autre* (terme), ils instituaient des (foire). Elles furent un puissant moyen de civilisation, par le développement de l'industrie et par les (communication) qu'elles établirent entre les (peuple). Aujourd'hui, elles ont beaucoup perdu de leur importance. Il n'est pas besoin de démontrer comment cela s'est fait ; maintenant qu'un négociant de Londres peut donner *s* (ordre) à un fabricant de Lyon et recevoir *s* réponse dans la *même* journée, il n'ira plus quitter *s* (affaire) et *s* famille, entreprendre un long voyage, pour traiter deux ou trois (fois) l'an avec les (industriel) et les (commerçant) des *autre* (pays) Il y a bien d'*autre* (cause) encore de la décadence des (foire), mais elles sautent aux (œil).

Il n'y a plus que cinq *grand* (foire) au monde : celles de Leipzig, de Francfort, de Novogorod, de Sinigaglia et de Beaucaire. C'est de celle de Beaucaire seulement que nous voulons dire *quelque* (mot). La date de *s* origine est *inconnu*. Bien qu'elle remonte certainement à *un haut* antiquité, la *premier* mention qu'on trouve de *c* foire est dans *un* charte de treize *cent* quinze, supprimant les (droit) de péage pendant *tout* *s* durée.

On n'évalue pas à moins de trois *cent mille* (personne) le nombre des (voyageur) et des (commerçant) qui viennent à la foire de Beaucaire. On y vend de tout ; mais les *principal* (affaire) se font sur les (soie), les (laine), les (fer) et les (bois). Le chiffre de *c* (affaire) a souvent dépassé, selon *quelque* (statisticien), la somme *énorme* de cent (million) de (franc). Mais j'ignore comment ils ont pu le savoir.

Quiconque aurait vu Beaucaire pendant les (mois) qui précèdent ou qui suivent la foire, ne reconnaîtrait plus la ville à *c* époque. En effet, pendant onze (mois), les (rue) de *c petit* ville, qui ressemble plutôt à *un* ville *espagnol* qu'à *un* cité *français*, sont à peu près *désert*. Les (maison), trop *vaste* pour la localité, les (café), où apparaissent à peine *quelque* (habitué), les (hôtel) *veuf* de (voyageur), les (magasin) *vide*, feraient croire que la population en masse vient de déménager. Quand arrive le mois de juillet, ce désert de (maison) se peuple et s'anime; les (magasin) s'encombrent de (marchandise), les (hôtellerie) et les (café) regorgent de (consommateur), les (rue) *étroit* et d'ordinaire *silencieux* ne peuvent plus contenir la foule *bruyant* et *bigarré* qui s'y entasse.

Mais c'est le Pré qu'il faut voir. Le Pré est *un vaste* plaine *planté* d'(arbre), qui s'étend au sud de la ville, devant le vieux château de Beaucaire qui étale orgueilleusement *s* (muraille) et *s* tour *ébréché*. Là est le véritable spectacle animé et pittoresque, unique en France. Là sont *dressé* les (tente) *bariolé* où les (hercule) du Nord disputent aux (hercule) du Midi la palme de la lutte et des (pose) *académique* ; là se déroulent au son du galoubet et du tambourin les *inextricable* (anneau) des (danse) *provençal*, héritage poétique de la Grèce ; là sont les (jeu) de bague, les (chanteur) de (complainte), les (groupe) de (bohémien), *vêtu* de (haillon) *sale* et *bariolé*, et qui semblent assister à la foire pour mieux montrer l'antiquité de *s* origine.

On y parle *tout* les (langue), mais surtout le provençal ; et, après le provençal, l'accent qui s'y entend le plus souvent est le rude accent lyonnais. Toutefois il y a des (députation) de *tout* les (peuple) *commerçant* et *industriel* à *c* fête du commerce et de l'industrie ; et, bien que les (paletot) et les (redingote) y dominent, comme partout à *c* heure, on y voit assez de (cafetan), de (fez) *oriental*, de (sombrero) et de (manteau) *espagnol*, pour contenter les (amateur) les plus *passionné* des (spectacle) *pittoresque*.

58. LES INFINIMENT PETITS.

Mettez au pluriel les noms entre parenthèses, et faites accorder les adjectifs avec les noms ou les pronoms auxquels ils se rapportent.

Un jour d'été, j'aperçus par hasard sur un fraisier de *petit* (mouche) si *joli*, que l'envie me prit de les décrire. Le lendemain, j'en vis d'*un autre* sorte, que je décrivis encore. J'en observai ainsi, pendant trois (semaine), trente-sept (espèce) toutes *différent*. Mais il en vint à la fin en si grand nombre et d'*un* si *grand* variété, que je laissai là *c* étude, quoique très *amusant*, parce que je manquais de loisir, et, pour dire la vérité, d'expression.

Les (mouche) que j'avais observées étaient *tout distingué* les unes des autres par *leur* (couleur), *leur* (forme) et *leur* (allure). Il y en avait de *doré*, d'*argenté*, de *bronzé*, de *tigré*, de *rayé*, de *bleu*, de *vert*, de *rembruni*, de *chatoyant*. Les unes avaient la tête *arrondi* comme un turban ; d'autres, *allongé* en pointe de clou. Chez quelques-unes, elle paraissait *obscur* comme un point de velours noir; elle étincelait chez d'autres comme un rubis. Il n'y avait pas moins de variété dans *leur* (aile) : quelques-unes en avaient de *long* et de *brillant* comme des (lame) de nacre; d'autres, de *court* et de *large*, qui ressemblaient à des (réseau) de la plus *fin* gaze. Les unes les portaient perpendiculairement, les autres horizontalement, et semblaient prendre plaisir à les étendre. Celles-ci volaient en tourbillonnant, à la manière des (papillon); celles-là s'élevaient en l'air, en se dirigeant contre le vent, par un mécanisme à peu près semblable à celui des cerfs-volants de papier, qui s'élèvent en formant, avec l'axe du vent, un angle, je crois, de vingt-deux (degré) et demi. Les unes abordaient sur *c* plante pour y déposer *leur* (œuf); d'autres, simplement pour s'y mettre à l'abri du soleil. Mais la plupart y venaient pour des (raison) qui m'étaient tout à fait *inconnu;* car les unes allaient et venaient dans un mouvement perpétuel, tandis que d'autres ne remuaient que la partie *postérieur* de leur corps. Il y en avait beaucoup d'*immobile*, et qui étaient peut-être *occupé*, comme moi, à observer. Je dédaignai, comme suffisamment *connu*, *tout* les (tribu) des *autre* (insecte) qui étaient *attiré* sur mon fraisier : *tel* que les (limaçon) qui se nichaient sous *s* (feuille), les (papillon) qui voltigeaient alentour, les (scarabée) qui en labouraient les (racine), les *petit* (ver) qui trouvaient le moyen de vivre dans la *seul* épaisseur d'*un* feuille, les (guêpe) et les (mouche) à miel qui bourdonnaient autour de *s* (fleur), les (puceron) qui en suçaient les (tige), les (fourmi) qui léchaient les (puceron); enfin, les (araignée) qui, pour attraper *c* *différent* (proie), tendaient *leur* (filet) dans le voisinage.

En examinant les (feuille) de mon fraisier, au moyen d'*un* lentille de verre qui grossissait médiocrement, je les ai trouvées *divisé* par (compartiment) *hérissé* de (poil), *séparé* par des (canal) et *parsemé* de (glande). *C* (compartiment) m'ont paru *semblable* à de *grand* (tapis) de verdure *leur* (poil), à des (végétal) d'un ordre particulier, parmi lesquels il y en avait de *droit*, d'*incliné*, de *fourchu*, de *creusé* en (tuyau), de l'extrémité desquels sortaient des (goutte) de liqueur; et *leur* (canal), ainsi que *leur* (glande), me paraissaient *rempli* d'un fluide brillant. Sur d'*autre* (espèce) de (plante), *c* (poil) et *c* (canal) se présentent avec des (forme), des (couleur) et des (fluide) *différent.* Il y a même des (glande) qui ressemblent à des (bassin) *rond*, *carré* ou *rayonnant.* Or, la nature n'a rien fait en vain. Quand elle dispose un lieu propre à être habité, elle y met des (animal); elle n'est pas *borné* par la petitesse de l'espace. On peut donc croire qu'il y a des (animal) qui paissent sur les (feuille) des (plante), comme les (bétail) dans *n* (prairie); qui se couchent à l'ombre de *leur* (poil) *imperceptible*, et qui boivent dans *leur* (glande), *façonné* en (soleil), des (liqueur) d'or et d'argent. Chaque partie des (fleur) doit leur offrir des (spectacle) dont nous n'avons point d'(idée). Les (anthère) *jaune* des (fleur), *suspendu* sur des (filet) *blanc*, leur présentent de *double* (solive) d'or en équilibre sur des (colonne) plus *beau* que l'ivoire; les (corolle), des (voûte) de rubis et de topaze d'une grandeur *incommensurable;* les (nectaire), des (fleuve) de sucre; les *autre* (partie) de la floraison, des (coupe), des (urne), des (pavillon), des (dôme), que l'architecture et l'orfèvrerie des (homme) n'ont pas encore imités.

Je ne dis point ceci par conjecture; car, un jour, ayant examiné au microscope des (fleur) de thym, j'y distinguai, avec la plus *grand* surprise, de *superbe* (amphore) à long col, d'une matière *semblable* à l'améthyste, du goulot desquelles semblaient sortir des (lingot) d'or fondu. Je n'ai jamais observé la simple corolle de la plus *petit* fleur, sans que je l'aie vue *composé* d'une matière *admirable,* demi-*transparent, parsemé* de (brillant), et *teint* des plus *vif* (couleur). Les (être) qui vivent sous *leur riche* (reflet), doivent avoir d'*autre* (idée) que nous de la lumière et des *autre* (phénomène) de la nature. Une goutte de rosée, qui filtre dans les (tuyau) *capillaire* et *diaphane* d'une plante, leur présente des (millier) de (jet) d'eau ; *fixé* en boule à l'extrémité d'un de *s* (poil), un océan sans (rivage) ; *évaporé* dans l'air, une mer *aérien*. Parmi *c* (être) *éphémère*, se doivent voir des (jeunesse) d'un matin et des (décrépitude) d'un jour. S'ils ont des (histoire), ils ont des (mois), des (année), des (siècle), des (époque), *proportionné* à la durée d'une fleur.

LE PRONOM.

59. LES BONNES SŒURS.

Remplacez les pronoms *me, te, se, le, la, les, lui, leur, en, y*, par leurs équivalents *moi à moi, toi, à toi*, etc. (§§ 84, 85.)

Jean apprenait difficilement ses leçons, et *les* savait mal; le maître *le* grondait et *le* punissait souvent, ce qui décourageait le pauvre garçon. Ses sœurs, qui *l*'aimaient beaucoup, *se* mirent à *les lui* faire apprendre en *les lui* répétant tout haut, jusqu'à ce qu'il *les* sût parfaitement; puis elles *l*'aidèrent à faire ses devoirs. Jean prit alors goût au travail, qu'il n'aimait guère auparavant, et, à la fin de l'année, il eut deux prix. Il donna une couronne à chacune de ses sœurs en *leur* disant qu'elles étaient bien à elles, puisque, sans leur secours, il n'aurait pu *les* mériter.

60. LE VIEUX GRAND-PÈRE ET LE PETIT-FILS.

Même devoir.

Il était une fois un pauvre homme bien vieux, qui avait les yeux troubles, l'oreille dure et les genoux tremblants. Quand il était à table, il pouvait à peine tenir sa cuillère; il répandait de la soupe sur la nappe, et quelquefois même *en* laissait échapper de sa bouche. La femme de son fils et son fils lui-même *en* avaient pris un grand dégoût, et à la fin ils *le* reléguèrent dans un coin derrière le poêle, où ils *lui* donnaient à manger une chétive pitance dans une vieille écuelle de terre. Le vieillard avait souvent les larmes aux yeux et regardait tristement du côté de la table où étaient assis ses enfants. Un jour, l'écuelle, que tenaient mal ses mains tremblantes, tomba à terre et *se* brisa. La jeune femme *le* gronda durement : il n'osa rien répondre et baissa la tête en soupirant. On *lui* acheta pour deux sous une écuelle de bois dans laquelle désormais on *lui* donnait à manger.

Quelques jours après, son fils et sa belle-fille virent leur enfant, âgé de quatre ans, qui *s'*occupait à assembler par terre de petites planchettes. « Que fais-tu là ? *lui* demanda son père. — C'est une petite auge, répondit-il, pour donner à manger à papa et à maman quand ils seront vieux. »

Le mari et la femme *se* regardèrent un instant sans rien dire, puis, ils *se* mirent à pleurer, reprirent le vieux grand-père à table, et désormais *le* firent toujours manger avec eux, sans plus jamais *le* rudoyer.

61. LE FERMIER ET SON FILS.

Remplacez les pronoms *me*, *te*, *se*, *le*, *la*, *les*, *lui*, *leur*, *en*, *y*, par leurs équivalents *moi*, *à moi*, *toi*, *à toi*, etc. (§§ 84, 85.)

Un fermier avait un fils, et ce fils, un vilain défaut : il mentait à tout propos. Or, un jour que le père *se* rendait à la ville, il *lui* prit fantaisie d'emmener l'enfant ; celui-ci n'était jamais sorti de son village. Chemin faisant, nos voyageurs rencontrèrent un chien énorme. Le père *en* admirait hautement la taille. « Il n'est pas déjà si gros, repartit l'enfant ; j'en ai vu un hier qui était aussi gros que ton cheval.— Cela pourrait bien être, répliqua le père; on voit des choses si extraordinaires. Imagine-toi qu'avant d'entrer dans la ville, on passe sur un pont, et que sur ce pont il y a une grande femme de pierre représentant la Vérité. On *se* garde bien de traverser ce pont quand on a menti dans la journée; car la statue attire à elle le menteur, et *lui* brise la tête de sa lourde main. » L'enfant ne répondit pas, mais il commença à trembler de tous ses membres. Après quelques moments de silence, il reprit pourtant : « Oh ! quel chien !... Haut comme ton cheval, c'est peut-être un peu dire ; mais il était bien gros comme un âne... oui, oui, un petit âne, ajouta-t-il après quelques pas. — C'est encore assez raisonnable, dit le fermier; mais tu vas voir la femme de pierre. — Dis-moi, père, repartit l'enfant d'un ton inquiet, le pont est-il encore bien loin ? — Derrière ces arbres qui nous *le* cachent » A ces mots, l'enfant *s*'arrête tout court. « Eh bien, *lui* dit le fermier, est-ce que tu as peur ? — Oui, père. — Et pourquoi cela? — C'est que tout à l'heure j'ai menti ; maintenant que je réfléchis, il *me* semble que le chien n'était pas plus gros qu'un autre. — Que cette leçon *te* soit profitable, mon fils, dit le fermier en *le* rassurant; tu ne *m*'en avais pas fait accroire. Il n'y a pas de femme de pierre sur le pont ; mais sache que la Vérité, c'est le bon Dieu, et qu'il punit tôt ou tard celui qui *l*'outrage par le mensonge.

62. LA FEUILLE DE CHÊNE ET LA FEUILLE DE TREMBLE.

Même devoir.

Un jour la feuille de chêne disait à la feuille de tremble : « Que *vous* semble, ma sœur, de la vie que nous menons ? N'est-il pas bien dur d'être comme nous *le* sommes, toujours attachées à la même branche sans *la* quitter jamais que pour mourir ? Tout ce qui a vie autour de nous est libre ; le nuage va porter où il veut sa rosée bienfaisante ; l'oiseau bâtit son nid où il *lui* plaît et parcourt les airs à sa guise ; les animaux des bois vont librement où la fantaisie *les* mène. Pourquoi donc sommes-nous captives, comme si nous n'étions pas, nous aussi, des créatures de Dieu ?

— Et où irions-nous, ma sœur ? répondit la feuille de tremble. Que ferions-nous de la liberté si un souffle ennemi *nous la* donnait ? Attachées à notre branche, nous y trouvons la vie; l'air nous berce doucement; le soleil couchant nous visite de ses plus beaux rayons; que *nous* faut-il de plus ?

Oh ! beaucoup de choses qui *me* manquent, et vous vous contentez à bon marché, pauvre feuille de tremble que vous êtes. Dans ce canton, j'*en* conviens, il n'y a guère de feuilles qui *me* vaillent ; je suis verte et de belle apparence; à quoi, dans notre solitude, *me* servent ces avantages ? Grâce à Dieu, je dois *le* dire, je trouve ici le nécessaire. La rosée du ciel, les sucs nourriciers de la terre, ne *me* manquent pas; mais que c'est peu de chose, quand on songe aux parfums qui là-bas *s*'exhalent des fleurs embaumées pour nourrir les abeilles ! L'air vous berce doucement, dites-vous; moi j'étouffe dans cette forêt, au milieu de tant de feuilles de mon espèce qui *me* cachent le monde. Le monde doit être si beau ! Il fait sombre sous ces grands arbres, tandis que le jour est brillant dans la plaine. Le soleil couchant visite notre feuillée, cela est vrai ; mais c'est le soleil levant qu'il *me* faut ; enfin notre vie tranquille *me* déplaît et je *m*'ennuie. Si haut que je sois placée sur mon arbre, c'est toujours ce vieux hêtre que je vois devant moi ! Et la saison *s*'avance... et l'hiver va venir... et avec lui la mort. Hâtons-nous donc, ma sœur, détachons-nous, fuyons ! Abandonnée sur l'aile du zéphir ou emportée par la tempête, je veux aller comme l'oiseau vers la nue, je veux courir en liberté sur la montagne, je veux contempler la nature au bord des frais ruisseaux...

— Vous *m*'effrayez, ma sœur; nous détacher !... fuir !... *y* pensez-vous ? Qui donnera l'ombre à nos bois quand nous n'y serons plus? Qui recevra la rosée pour abreuver la terre, et qui pompera les sucs aériens pour l'arbre séculaire qui nous porte ?

— Cela *m*'inquiète peu, je vous assure. Assez d'autres resteront quand je serai partie.

— Vous n'irez pas loin, croyez-moi, sans trouver un sort pire que le nôtre. Voyez toutes nos pauvres sœurs mortes qui jonchent le sol à nos pieds ; à peine détachées par le vent, elles sont tombées sur la terre pour s'y flétrir... Tant d'ennemis, de dangers seront sur votre route !

— Je suis feuille de chêne, ma sœur, et je ne connais pas la crainte. Le vent *se* lève ; adieu, j'*en* profite, et je pars... »

Elle partit, en effet, l'imprudente feuille de chêne. Dédaignant l'arbre qui *l'*avait fait naître, elle quitta pour ses chimères la branche qui *la* nourrissait. Qu'*en* arriva-t-il ? Elle n'alla point jusqu'à la montagne, et le frais ruisseau ne *la* vit jamais sur son bord. Le soir n'était pas venu, que flétrie, desséchée, gisante sur la terre, foulée aux pieds des troupeaux, il ne restait plus d'elle que de tristes débris.

Plus sage, la feuille de tremble vécut encore de longs jours et ne tomba qu'à l'heure où les autans dépouillent la nature.

Si petite qu'elle soit, conservez la position que Dieu *vous* à faite, car l'homme qui, sans *y* être contraint, abandonne son pays ou son état, court le plus souvent à sa ruine.

63. LA DILIGENCE.

Remplacez les points par *se* ou par *ce*, selon le sens.

Clic ! clac ! clic ! holà ! gare ! gare !
La foule ... rangeait,
Et chacun ...écriait :
Peste ! quel tintamarre !
Quelle poussière ! Ah ! ...est un grand seigneur ! —
...est un prince du sang ! — ...est un ambassadeur !
La voiture ...arrête ; on accourt, on ...avance :
...était... la diligence !
Et... personne dedans :
Du bruit, du vide. Amis, voilà, je pense,
Le portrait de beaucoup de gens.

64. L'ANE.

Remplacez les points par *se* ou par *ce*, selon le sens.

L'âne est de son naturel aussi humble, aussi patient, aussi tranquille, que le cheval est fier, ardent, impétueux; il souffre avec constance, et peut-être avec courage, les châtiments et les coups. Il est sobre et sur la quantité et sur la qualité de la nourriture : il ... contente des herbes les plus dures, les plus désagréables, que le cheval et les autres animaux lui laissent et dédaignent. Il est fort délicat sur l'eau, il ne veut boire que de la plus claire et aux ruisseaux qui lui sont connus. Il boit aussi sobrement qu'il mange, et n'enfonce point du tout son nez dans l'eau. Comme on ne prend pas la peine de l'étriller, il ... roule souvent sur le gazon, sur les chardons, sur la fougère; et, sans ... soucier beaucoup de ... qu'on lui fait porter, il ... couche pour ... rouler toutes les fois qu'il le peut, et semble par là reprocher à son maître le peu de soin qu'on prend de lui. Il ne ... vautre pas, comme le cheval, dans la fange et dans l'eau; il craint même de ... mouiller les pieds, et ... détourne pour éviter la boue; aussi a-t-il la jambe plus sèche que le cheval.

65. L'INDISCRÉTION.

Même devoir.

Quand vous méditez un projet,
Ne publiez point votre affaire.
Toujours au fond du cœur gardez votre secret :
On ... repent toujours d'un langage indiscret,
Et presque jamais du mystère.
Certain auteur sur ... sujet
...explique de cette manière :
Le causeur dit tout ... qu'il sait,
L'étourdi ... qu'il ne sait guère ;
Les jeunes ... qu'ils font, les vieux ... qu'ils ont fait,
Et les sots ... qu'ils veulent faire.

66. L'AVARICE PUNIE.

Même devoir.

Un tailleur et un forgeron voyageaient ensemble. Un soir, comme le soleil venait de ... coucher derrière les montagnes, ils entendirent de loin le bruit d'une musique qui devenait plus claire à mesure qu'ils approchaient. ...était un son extraordinaire, mais si charmant qu'ils oublièrent toute leur fatigue pour ... diriger à grands pas de ... côté. La lune était déjà levée, quand ils arrivèrent à une colline sur laquelle ils virent une foule de nains qui dansaient en rond d'un air joyeux, en ... tenant par la main ; ils chantaient en même temps d'une façon ravissante, et ...était cette musique que les voyageurs avaient entendue. Au milieu, ... tenait un vieillard un peu plus grand que les autres, vêtu d'une robe de couleurs bariolées, et portant une barbe blanche qui lui descendait sur la poitrine. Le vieillard leur fit signe d'entrer, et les petits danseurs ouvrirent leur cercle. Le forgeron entra sans hésiter : il avait le dos un peu rond, et il était hardi comme tous les bossus. Le tailleur eut d'abord un peu de peur et ... tint en arrière; mais quand il vit que tout ... passait si gaiement, il prit courage et entra aussi. Aussitôt le cercle ... referma, et les petits êtres ... remirent à chanter et à danser en faisant des bonds prodigieux; mais le vieillard saisit un couteau qui était pendu à sa ceinture, ... mit à le repasser, et quand il l'eut assez affilé, ... tourna du côté des étrangers. Ils étaient glacés d'effroi; mais leur anxiété ne fut pas longue : le vieillard ...empara du forgeron, et en un tour de main il lui eut rasé entièrement les cheveux et la barbe; puis il en fit autant au tailleur. Quand il eut fini, il leur frappa amicalement sur l'épaule, comme pour leur dire qu'ils avaient bien fait de ... laisser raser sans résistance, et leur peur ... dissipa. Alors il leur montra un tas de char-

4.

bons qui étaient tout près de là, et leur fit signe d'en remplir leurs poches. Tous deux obéirent sans savoir à quoi ces charbons leur serviraient, et ils continuèrent leur route afin de chercher un gîte pour la nuit. Comme ils arrivaient dans la vallée, la cloche d'un monastère voisin sonna minuit : à l'instant même le chant ... éteignit, et ils ne virent plus que la colline déserte éclairée par la lune.

Les deux voyageurs trouvèrent une auberge et ... couchèrent sur la paille tout habillés, mais la fatigue leur fit oublier de ... débarrasser de leurs charbons. Un fardeau inaccoutumé qui pesait sur eux les réveilla plus tôt qu'à l'ordinaire. Ils portèrent la main à leurs poches, et ils n'en voulaient pas croire leurs yeux quand ils virent qu'elles étaient pleines, non pas de charbons, mais de lingots d'or pur. Leur barbe et leurs cheveux avaient aussi repoussé merveilleusement. Désormais ils étaient riches; seulement le forgeron, qui, par suite de sa nature avide, avait mieux rempli ses poches, possédait le double de ... qu'avait le tailleur.

Mais un homme cupide veut toujours avoir plus que ... qu'il a. Le forgeron proposa au tailleur d'attendre encore un jour et de retourner le soir près du vieillard pour gagner de nouveaux trésors. Le tailleur refusa, disant qu'il en avait assez. Cependant pour faire plaisir à l'autre, il consentit à rester un jour encore.

Le soir, le forgeron prit deux sacs sur ses épaules pour emporter bonne charge, et il ... mit en route vers la colline. Comme la nuit précédente, il trouva les petites gens chantant et dansant ; le vieillard le rasa et lui fit signe de prendre des charbons. Il n'hésita pas à emplir ses poches et ses sacs, tant qu'il en put entrer, ... en retourna joyeux à l'auberge et ... coucha tout habillé. « Quand mon or commencera à peser, ... dit-il, je le sentirai bien; » et il ... endormit enfin dans l'espérance de ... éveiller le lendemain matin riche comme un Crésus.

Dès qu'il eut les yeux ouverts, son premier soin fut de visiter ses poches ; mais il eut beau fouiller dedans, il n'y trouva que des charbons tout noirs. « Au moins, pensait-il, il me reste l'or que j'ai gagné l'autre nuit. » Il y alla voir ; hélas ! cet or aussi était redevenu charbon. Il porta à son front sa main noircie, et il sentit que sa tête était chauve et rase ainsi que son menton. Pourtant il ne connaissait pas encore tout son malheur : il vit bientôt qu'à la bosse qu'il portait par derrière ... en était jointe une autre par devant.

Il sentit alors qu'il recevait le châtiment de sa cupidité et ... mit à pousser des gémissements. Le bon tailleur, éveillé par ses lamentations, le consola de son mieux et lui dit : « Nous sommes compagnons, nous avons fait notre tournée ensemble ; reste avec moi, mon trésor nous nourrira tous deux. »

Il tint parole, mais le forgeron fut obligé de porter toute sa vie ses deux bosses et de cacher sous un bonnet sa tête dépouillée de cheveux.

67. HISTOIRE D'UN MORCEAU DE PAIN.

Soulignez les antécédents des pronoms relatifs.

Le père Antoine, laboureur honnête et diligent, se lève; tout dort encore, même les petits oiseaux; car il fait nuit, et c'est avec le jour que se réveille le rouge-gorge, le plus matinal de tous.

Le père Antoine allume sa lanterne, entre dans l'écurie, et, pendant que les chevaux mangent, va réveiller Lambinet, un pauvre petit garçon *qui* n'a plus ni père ni mère, et *qui* est obligé de gagner son pain au service d'un maître. Lambinet voudrait bien dormir et se retourne sur sa modeste couche, mais « qui veut manger doit travailler, » lui dit Antoine en le faisant sortir des quatre planches *qui* lui servent de lit ; et Lambinet, *qui* a très bon appétit, aime encore mieux travailler que jeûner. Quand il va rejoindre le père Antoine, la Blanche et la Grise sont déjà attelées à la charrue. La terre est quelquefois si difficile à labourer qu'il faut quatre chevaux, dans certains pays, pour que la charrue puisse marcher, et Lambinet conduira toute la journée Roussette et Cendrinette, les deux juments *qu'*on attellera devant la Blanche et la Grise. Il monte sur la grosse pierre *qui* est à côté de la porte et s'assied sur le dos de Cendrinette. On commence à distinguer une lueur indécise à l'Orient. « Tiens, lui dit le bon laboureur en donnant un morceau de pain à son petit compagnon, mange, et si tu en as un peu de trop, ne le laisse pas perdre, remets-le dans le carnier ; tu viens de la ville, et tu ne sais pas tout le mal *qu'*on a pour le faire venir ; tu l'apprendras bientôt. »

L'air est glacé, le brouillard pénétrant; Lambinet a bien froid. On est au premier avril, et c'est le premier labour *que* reçoit la terre *où* l'on mettra du blé. Le père Antoine arrive dans son champ avec son jeune domestique et son attelage; il tient les mancherons de la charrue, et commence son travail. Lambinet guide Roussette.

Il est jour ; les poules ne tardent pas à venir manger les vers *que* la charrue découvre. Quand on a fait quelques sillons, les pies du voisinage, *qui*, perchées sur les grands peupliers, aperçoivent tout ce *qui* se passe, jugent qu'elles peuvent venir à leur tour prendre leur part du festin. Plus tard, les étourneaux viendront aussi aider à nettoyer la terre de la vermine *qu'*elle renferme, surtout des gros vers blancs *qui* deviendraient un jour des hannetons.

Le père Antoine et Lambinet donneront encore deux labours au même champ; ils le herseront, ils y mèneront du fumier, *qu'*ils disposeront par petits tas espacés régulièrement, et *qu'*on étendra ensuite sur la terre. Un jour d'automne, le père Antoine mettra un grand tablier *qu'*il s'attachera aux épaules et *qu'*il relèvera sur le bras gauche, pour en former une espèce de grande poche ; il la remplira d'un blé *qu'*on aura préparé avec soin et *qu'*il sèmera dans son champ, tandis que Lambinet, conduisant Roussette par la bride, recouvrira le blé d'un peu de terre au moyen d'une herse, *qui* est un grand râteau à plusieurs rangées de dents. Ce grain de blé renferme une toute petite plante *que* personne ne peut voir avec ses yeux, mais *qui*, une fois dans la terre, sort de l'enveloppe *qui* la contient ; et, si le temps n'a pas été trop sec, le père Antoine ira bientôt regarder le blé *qu'*il a semé et *dont* la fine pointe verdira la terre brune.

Il y retournera chaque dimanche, car c'est pour lui un grand sujet d'inquiétude : il y a si loin du jour *où* l'on sème à celui *où* l'on moissonne, et tant de périls à craindre ! Les corbeaux s'abattent dans le champ et déterrent le grain nouvellement semé ; il n'y a pas grand mal s'ils ne sont pas trop nombreux. Mais l'hiver est arrivé ; il gèle pendant la nuit et il dégèle à midi ; la terre, resserrée par le froid, se soulève au soleil, et la jeune plante du blé se déracine. Tout s'est rétabli sous la neige ; un beau temps est venu, et les blés sont d'un vert magnifique. Lambinet est content, père Antoine hoche la tête ; vienne de l'eau *qui* séjourne sur le sol, et cette verdure jaunira : d'ailleurs, c'est le printemps *qui* décide. Lambinet est obligé d'aller régulièrement arracher les mauvaises herbes *qui* ont poussé dans les blés, surtout les chardons, *qui* lui piquent les doigts quand, impatienté de ne pouvoir les enlever avec son sarcloir, il les prend dans sa main.

Mai arrive ; il y a un an passé que Lambinet a mangé son morceau de pain en travaillant à la récolte *qui* n'est pas encore poussée. « L'épi sera beau, » dit-il en écartant la feuille repliée *qui* sert de gaîne au blé et en comptant les petits bouquets attachés alternativement à l'extrémité de la tige *où* ils se dressent les uns au-dessus des autres. « Nous ne saurons cela que dans quinze jours, » dit encore Antoine. C'est que le blé va fleurir, non pas donner une belle fleur, comme les œillets et les roses, mais, entre deux petites écailles bien minces et faites comme un berceau, trois fils soyeux au bout *desquels* tremblent de petites bourses remplies d'une poudre jaune *qu'*elles répandent sur un petit plumet à deux branches ; et c'est là tout l'espoir du père Antoine. Qu'il pleuve sur cette merveille si fragile ou que le vent la secoue trop rudement, et les épis seront vides; mais il fait beau, et le grain se développe de jour en jour. Les insectes ne l'ont pas détruit, grâce aux petits oiseaux *qui* les ont dévorés, et l'épi se penche sur sa tige *qui* maintenant est de la paille.

Le bon vieil Antoine espère enfin que la récolte sera bonne, et c'est la semaine prochaine qu'on fera la moisson. L'orage peut encore éclater d'ici là et courber ces beaux épis, *qui*, trop lourds, ne pourraient pas se relever. La grêle peut les hacher et les détruire. Père Antoine regarde avec inquiétude un gros nuage *qui* menace de crever dans la nuit ; mais le nuage passe, et le jour de la moisson arrive.

Lambinet est debout le premier, tout fier d'avoir une faucille neuve. Il avait froid lors du premier labour; mais on est au mois d'août, et le pauvre enfant, malgré tout son courage, a bien de la peine à suivre les autres moissonneurs. Il fait si chaud dans les blés, lorsqu'on est courbé sous un soleil brûlant et qu'on a le visage près de la terre, *qui* renvoie la chaleur ! Mais, malgré la fatigue, on s'arrête à peine pour manger et dormir.

Le blé est dans la grange; père Antoine fait sortir le grain de l'épi en le battant du fléau; puis, aidé de Lambinet, il le nettoie en le faisant passer dans une espèce de moulinet. On en remplit un sac, *que* l'on place sur le dos de la Grise ; Lambinet le conduit au moulin : là, le blé est broyé et changé en farine et en son, et Lambinet, monté sur la Grise, le rapporte gravement à la ferme.

La fermière pétrit cette farine avec de l'eau, et y met un peu de levain pour y faire fermenter sa pâte. Lambinet chauffe le four et, le soir, se régale de pain tendre en pensant avec joie qu'il a contribué à le produire.

« La récolte a été bonne, dit le père Antoine, et par bonheur le pain ne sera pas trop cher. » En disant cela, il se lève pour voir qui frappe à la porte : c'est une petite fille *qui* tient son petit frère par la main; elle a sur l'épaule un bissac et demande un morceau de pain. Lambinet lui donne la moitié du sien, et père Antoine coupe au pain rond une grosse tranche *qu'*il enfonce dans le bissac.

« Tu vois maintenant, dit-il à Lambinet, qu'il ne faut pas perdre le pain, par reconnaissance pour Dieu, *qui* le fait venir, par pitié pour les malheureux, *qui* en manquent. Ramasse tes miettes et porte-les sur la pierre *qui* est abritée par l'auvent : le temps est mauvais, et les petits oiseaux seront contents de les y trouver ; c'est justice, d'ailleurs, car ils nous sont venus en aide. Et demain, alerte à la besogne ! Ce n'est pas tout que de récolter, il faut conserver. Dès demain, bouche les trous du grenier, pour que les souris n'y viennent pas ; mets-y Noireau, le vieux chat, et remue le blé soigneusement de peur qu'il ne s'échauffe ; regarde bien si la toiture a des fentes, pour le cas *où* il viendrait de la neige, et avertis-moi, si tu trouves des charançons.

ACCORD DU PRONOM

68. LE SAVANT ET L'ANE.

Remplacez les points par le pronom personnel convenable. (§ 82.)

Avez ... connu A..., ce fameux académicien, dont la science était si profonde, l'esprit si brillant et les distractions si bizarres? Moi qui ... parle, je ...ai bien souvent rencontré, et je ... vois encore d'ici marchant dans les rues, grave, et toujours les yeux plongés dans un livre. Il était si absorbé dans sa lecture qu... ne levait jamais la tête; ... se contentait d'incliner un peu le front, en forme de salut, quand ... entendait passer quelqu'un auprès de ....

Il était un jour avec sa sœur, et tous deux ... promenaient sur une route, du côté de Vaugirard, quand un âne chargé de paniers vint tout en ... balançant au-devant d'.... Quand l'âne et le savant ... croisèrent, celui-ci, en voyant un ombre ...allonger sur le chemin devant ..., salua de la tête sans regarder, suivant sa coutume. Sa sœur n'y tint plus : « Mon frère, dit ... en riant à gorge déployée, ... ne savez pas qui ... venez de saluer ? — Vraiment non. — C'était un âne ! — Ah ! ...ai salué tant d'hommes qui ... ressemblaient ! »

69. LE PETIT ESPIÈGLE.

Même devoir.

Un grave magistrat réunit un jour à sa table quelques amis. Son fils, jeune enfant de six ans, ...apprêtait à ...asseoir près de ... : « Que fais ... là ? ... dit le père, ... n'as pas encore la barbe assez longue pour dîner avec ... ; retire ... bien vite. » L'enfant ... retira tout confus et ...en alla conter sa peine à sa mère. Celle-ci, pour ... consoler, ... fit dresser une petite table sur laquelle ... eut soin de faire servir force gâteaux et confitures. Pendant que l'enfant mangeait, un vieux chat, commensal habituel du logis, osa porter sur le petit dîner une patte audacieuse. Indigné d'une telle familarité, l'enfant frappa avec sa fourchette la tête de l'insolent, et ... dit : « Va-t'en, va-t'en manger avec papa ; ta barbe est assez longue. »

70. LE PAYSAN ET LE FINANCIER.

Même devoir.

Autrefois les députés des trois Ordres ... rendaient à Pau, lorsque les États du Béarn étaient convoqués pour le règlement des impôts. Un jour, M. de Lons, qui ... présidait, ... avait invités à sa table.

Un berger, député de la vallée d'Ossau, ... trouva placé à côté d'un financier anobli, qui voulut ... moquer de ... et ... dit : « Quand ... voulez, le soir, faire descendre de la montagne dans la plaine votre troupeau, comment ... rassemblez-... ? — En sifflant. — Mais de quelle manière ? Allons, n'ayez point de honte, montrez-le ... ; faites ici comme à la campagne. »

Le berger ... fit prier quelque temps ; enfin ... cède et siffle tout doucement. « Très bien, ... dit l'autre ; mais ... sifflez plus fort que cela ordinairement ? — Oh ! oui, monsieur, répond le berger, quand le troupeau est au fond de quelque ravin, ou qu'... est très loin ; mais ... ne sifflons pas plus fort que cela quand les bêtes sont auprès de ... »

71. LE LOUP ET SON FILS.

Même devoir.

Un loup, sur le déclin de l'âge,
Remplissant les devoirs de la paternité,
Grondait son louveteau d'être un peu trop sauvage,
Et ... prêchait l'humanité.

Mon fils ... dit..., jusqu'ici, dans le monde,
Les loups ont un mauvais renom.
On ... craint, on ... fuit une lieue à la ronde.
Pouvons ... ... en plaindre? Non.
La nation des loups est un peu sanguinaire :
... immole à sa faim d'innocents animaux,
De timides brebis, des moutons, des agneaux,
Des agneaux qui souvent tettent encore leur mère !
Faut-il ensuite être surpris
Si de tous nos pareils on met la tête à prix ?
En examinant bien tous nos forfaits, j'estime
Que cet arrêt est légitime ;
Et je ...approuve même, au lieu de ... blâmer.
Mon fils, osons ... réformer ;
Cessons de vivre de carnage,
Aspirons à ... faire aimer ;
Et qu'un jour, dans le voisinage,
On entende dire de ... :
... ont humanisé les loups !
Le louveteau, muet, écoutait la harangue,
Et paraissait goûter les paternels avis,
Quand, par hasard, de loin voyant une brebis,
... regarde son père en ... léchant la langue.
Allons, suis ..., dit celui-ci ;
Prenons l'occasion tandis qu'... est offerte.
Le ciel, qui nous ...envoie ici,
De cette malheureuse a résolu la perte.
Là-dessus, au milieu des bois,
La pauvre brebis égarée
Par nos deux sages à la fois
Est incontinent dévorée.

Pères, à vos enfants votre exemple est fatal:
Vous ... prêchez le bien, et ... montrez le mal.

RÉCAPITULATION DU NOM, DE L'ADJECTIF ET DU PRONOM.

72. LES MARTIGAUS.

Corrigez les fautes et remplacez les points par l'adjectif ou le pronom convenable.

Les Martigaus sont, au dire des *gent* d'Aix et de Marseille, les *Béotien* de la Provence.

Or, un Martigau vit un jour à Aix une pompe qui fonctionnait et fournissait une quantité d'eau considérable. ... contempla longuement *c* instrument nouveau pour ..., et soudain ... frappa le front. Les *Martigue*, situées au bord de l'étang de Berre, dans une plaine de poussière et de craie, manquent souvent d'eau potable. Notre homme goûta ... qui jaillissait à profusion devant ... et ... trouva *délicieux. Frais!* limpide ! *doux!* quel bonheur d'en boire toujours de *pareil*, et d'en donner libéralement à *s bon voisin* !

Le Martigau va donc au logis d'un fondeur, et on ... montre là des *pompe superbe*. Il en achète une au prix de six *cent franc*, et le fondeur ...'engage à ... reprendre, si ... ne fournit pas cent *litre* d'eau par minute. Le marché est conclu, et, au jour indiqué, le fondeur ...achemine avec *s* pompe vers les *Martigue*. *Tout* la ville l'attendait. On ... conduit sur une place *balayé* et bien propre, et on ... dit : « Placez là votre pompe.

— Oui, mais où est le puits ?

— Un puits ? et pourquoi faire ?

— Mais pour fournir de l'eau à *m* pompe.

— Quoi ! ...écrie le Martigau, je ... achète une pompe pour avoir de l'eau, et il faut que je fournisse de l'eau à votre pompe ! ...'est trop fort ! ... êtes un fripon, et je vais ... faire un procès ! »

Et ... fit le procès, et le tribunal d'Aix jugea la cause, et je connais l'avocat ... a plaidé pour le Martigau.

73. DIEU VOIT TOUT.

Corrigez les fautes et remplacez les points par l'adjectif ou le pronom convenable.

Nous avions deux *voisin*, l'un à droite, l'autre à gauche de notre maison. Le premier ...appelait Dubois, et le second Verneuil. M. Dubois avait un fils nommé Silvestre, et M. Verneuil en avait aussi un nommé Gaspard. Derrière notre maison et ... de nos *voisin*, étaient de *petit jardin séparé* les ... des ... par des *haie vif*.

Silvestre, lorsqu'... était seul dans le jardin de son père, ...amusait à jeter des *pierre* dans *tout* les *jardin* d'alentour, sans faire réflexion qu'... pouvait blesser quelqu'un. M. Dubois ... en avait fait de *vif réprimande*; mais Silvestre n'avait jamais voulu comprendre qu'... ne faut pas faire le mal, même lorsqu'... est seul, parce que Dieu est toujours auprès de nous, et qu'... voit tout ... que ... faisons.

Un jour que son père était sorti, Silvestre croyant n'avoir point de témoins, remplit ... poches de *caillou*, et *se* mit à ... lancer de *tout* les côtés. En ... moment, M. Verneuil était dans son jardin avec Gaspard son fils. Gaspard avait le défaut de croire, comme Silvestre, que ...était assez de ne pas faire le mal devant les *autre*, et que, lorsqu'on était seul, ... pouvait faire tout ... qu'... voulait.

M. Verneuil avait un fusil chargé, pour tirer sur les *moineau* qui venaient manger ... *cerise*, et il ... tenait sous un berceau pour ... guetter. Mais un domestique ... étant venu dire qu'un étranger ...attendait dans le salon, ... laissa le fusil sous le berceau, après avoir défendu expressément à Gaspard d'... toucher. Gaspard, ... voyant seul, ... dit à lui-même : « Je ne vois pas le mal qu'... y aurait à jouer un moment avec ... fusil. » En disant ... mots, ... prit le fusil et ... mit à faire l'exercice comme un soldat. ... voulut essayer aussi s'... saurait coucher en joue et ajuster.

Le bout de son fusil était tourné par hasard vers le jardin de M. Dubois. Au moment où Gaspard fermait l'œil gauche pour viser, un caillou lancé par Silvestre vint ... frapper à l'œil droit. Le fusil tombe, le coup part, et des *cri douloureux* ... font entendre dans les deux *jardin.* Gaspard avait reçu une pierre dans l'œil; Silvestre reçut *tout* la charge du fusil dans les *jambe.* L'un devint borgne, et l'... boiteux, et ... restèrent dans ... état ... leur vie.

74. DIGNITÉ DU LABOUREUR.

Même devoir.

A la campagne, tout porte aux *réflexion* les plus *douce* et les plus *salutaire*; on ... rapproche de Dieu en contemplant ... œuvres. Dans presque *t*... les *manufacture* des *grand ville*, ... ne voit que des *ouvriers* condamnés à consacrer *tout* les *instant* d'une existence si *court* à ne fabriquer que des *superfluité*, de *brillant bagatelle*; mais dans les *champ*, dans les *atelier* de la nature, ... voit une classe d'*homme simple* et *laborieux* ... chargeant seuls d'exécuter la sentence *porté* contre la race *humain*, sentence à la fois équitable et *paternel*: car ... ne prescrit que des *travail utile, bienfaisant*, et qui, loin d'affaiblir la santé, ... rendent plus *florissant*, et prolongent la vie. Ici, le cultivateur travaille sans relâche, mais à l'air libre, à la face du ciel; environné de *tout* les *richesse* qu... a fait produire à la terre, ... peut contempler comme des *conquête* ... *heureux* fruits de ... industrie, et ... *nombreux* troupeaux, et *tout* ... *animal* soumis à son joug. L'homme actif et laborieux n'est plus l'homme déchu; du moins tout retrace autour de ... sa noble origine; ... ressaisit son empire sur la création, ... retrace dans les *lieu* qu'... habite l'image *enchanteur* des *jardin délicieux* de l'Eden.

75. L'ÉCOLIER STUDIEUX.

Corrigez les fautes et remplacez les points par l'adjectif ou le pronom convenable.

Vers le milieu du quinzième siècle, ... distinguait parmi les *étudiant* de l'université de Louvain le jeune Adrien, fils d'un tisserand d'Utrecht.

Adrien travaillait avec une infatigable persévérance. Souvent ... yeux *appesanti* et son corps épuisé de fatigue ... forçaient d'interrompre son travail ; mais l'amour de l'étude raminait bientôt ... forces. Avide d'instruction, ... puisait incessamment aux *source* de *tout* les *science*.

Les *merveilleux progrès* du jeune Adrien ne tardèrent pas à exciter la jalousie de plusieurs *étudiant*, surtout de ... qui étaient les plus *riche* et les moins *studieux*.

... découvrirent bientôt que *tout* les *soir*, à la nuit *tombant*, Adrien quittait furtivement l'université, qu'... prenait constamment la même direction et ne rentrait jamais que longtemps après minuit. ... remarquaient aussi qu'... trouvait toujours *différent prétexte* pour empêcher ... *condisciple* de ...accompagner dans ... excursions.

Un soir, quelques-uns d'entre ... l'épièrent dans l'espérance de ... trouver en faute ; il ...aperçut qu'... était suivi et ... déroba facilement à *leur* regards. ... continuèrent de ... promener dans la ville, comptant bien retrouver ... traces. Cependant ... était déjà près de minuit. L'idée ... vint de visiter, avant de ... retirer, l'église Saint-Pierre, un des plus *beau édifice* des Pays-Bas.

Comme ... arrivaient près de c... église, l'un d'... s'écria tout à coup : « Arrêtez ! j'aperçois quelqu'un ! » Il ...avança doucement, suivi de ... *compagnon.* A la faible lueur d'une lampe qui brûlait dans le porche de l'église, ... aperçoivent un jeune homme courbé sur un livre ; son visage était pâle et ... *trait fatigué.* « ...est Adrien ! » ...écrièrent .... Adrien, car ...était ..., leva la tête, et son front ... couvrit d'une *vif* rougeur. Mais il

... remit bientôt et ... avança vers les *jeune gent.* « Le mystère est enfin éclairci, ... dit-il. Je suis trop pauvre pour acheter de la chandelle, et depuis quatre *mois* je continue mes *étude* partout où je trouve une lampe. — Mais le froid, dit un de ... *camarade*, peux-tu ... supporter ? Il y a de quoi mourir ! » Adrien sourit, et mettant sa main *brûlant* dans ... de son interlocuteur : « Ai... froid? ... demanda...; ... j'ai là, ajouta ... en plaçant sa main sur son cœur, j'ai là quelque chose ... défie le froid aussi bien que vos *raillerie.* »

Dès ce moment, ... envieux conçurent pour ... la plus *profond* estime.

Grâce à ... talents, Adrien ... éleva au poste de vice-chancelier de ... même université de Louvain où ... était entré pauvre et obscur écolier. Plus tard, ... devint précepteur de Charles-Quint, premier ministre en Espagne et enfin pape sous le nom d'Adrien VI.

76. L'ACADÉMIE SILENCIEUSE.

Même devoir.

... y avait à Hamadan une célèbre Académie dont le premier statut était conçu en ... *terme :* « Les *académicien* penseront beaucoup, écriront peu, et ne parleront que le moins qu'... sera possible.» On ... appelait l'Académie *silencieux ;* et ... n'était point en Perse de vrai savant ... n'eût l'ambition d'y être admis. Le docteur Zeb, auteur d'un petit livre excellent, *le Bâillon,* apprit, au fond de ... province, qu ... vaquait une place dans l'Académie *silencieux.* ... part aussitôt, arrive à Hamadan, et, ... présentant à la porte de la salle où les *académicien* sont *assemblé,* ... prie l'huissier de remettre ... billet : « Le docteur Zeb demande humblement la place *vacant.* » L'huissier ... acquitta sur-le-champ de la commission ; mais le docteur et son billet arrivaient trop tard : la place était déjà *rempli.*

L'Académie fut *désolé* de ... contre-temps. ... avait reçu, un peu malgré ..., un *beau* esprit de la cour, dont l'éloquence *vif* et *léger* faisait l'admiration de *tout* les *ruelle*, et elle ... voyait *réduit* à refuser le docteur Zeb, le fléau des *bavard*, une tête si bien *fait*, si bien *meublé*. Le président, chargé d'annoncer au docteur ... nouvelle désagréable, ne pouvait presque ...y résoudre, et ne savait comment ...y prendre. Après avoir un peu rêvé, ... fit remplir d'eau une *grand* coupe, mais si bien *rempli*, qu'une goutte de plus eût fait déborder la liqueur ; puis, ... fit signe qu'... introduisît le candidat. ... parut avec ... air simple et modeste ... annonce presque toujours le vrai mérite. Le président ... leva, et, sans proférer une parole, il ... montra d'un air affligé la coupe emblématique, cette coupe si exactement *plein*. Le docteur comprit de reste qu'... n'y avait plus de place à l'Académie ; mais, sans perdre courage, ... songeait à faire comprendre qu'un académicien surnuméraire n'y dérangerait rien. ... voit à ... pieds une feuille de rose; il ... ramasse, il ... pose délicatement sur l'eau, et fait si bien qu'... n'... échappe pas une *seul* goutte.

A ... réponse *ingénieux*, tout le monde battit des *main;* ... laissa dormir les *règle* pour ... jour-là, et le docteur Zeb fut reçu par acclamation. On ... présenta sur-le-champ le registre de l'Académie, où les *récipiendaire* devaient ...inscrire eux-*même*. Il ... y inscrivit donc, et ... ne ... restait plus qu'à prononcer, selon l'usage, une phrase de remerciement ; mais, en académicien vraiment silencieux, le docteur Zeb remercia sans dire mot. ... écrivit en marge le nombre cent, ...était ... de ... *nouveau confrère;* puis, en mettant un zéro devant le chiffre (0100), ... écrivit au-dessous : « ... n'en vaudront ni moins ni plus. » Le président répondit au modeste docteur avec autant de politesse que de présence d'esprit ; ... mit le chiffre un devant le nombre cent (1100) et ... écrivit : « ... en vaudront dix fois davantage. »

77. LES DEUX JEUNES BUCHERONS.

Corrigez les fautes et remplacez les points par l'adjectif ou le pronom convenable.

Deux *jeune garçon* allaient un jour d'automne à la forêt, pour y faire provision de ramilles *sec*. L'un, qui était fils d'une pauvre veuve, ...appelait Erhard; ... était sensible et aimant. L'autre, qui ...appelait Mathias, avait encore son père et ... mère, mais ... était froid et indifférent pour ...

Arrivé à la forêt, les deux *enfant* conviennent qu'ils ... rejoindront pour retourner ensemble au village, et ... ... séparent pour aller à la recherche des *ramille*. Erhard ... mit au travail avec ardeur : aussitôt qu'... apercevait quelque branche *sec* sur un arbre, ... y grimpait et abattait la branche. En peu de temps ... eut préparé un assez lourd fagot, et il ... lia fortement.

Ensuite ... ... hâta d'aller du côté où était son camarade, et il ...appela. Mathias ... répondit de l'intérieur de la forêt ; et lorsque Erhard fut accouru vers ..., il ... trouva entre deux *touffe* de noisetiers. « Nous mettons-... en route pour le village? ... dit Erhard en ...apercevant. Où as-... porté ton fagot? » Mathias ... répondit : « Es-... déjà prêt? Moi, ... n'ai rien trouvé encore. »

Erhard fut bien surpris; et comprenant que Mathias avait passé tout son temps à chercher des *noisette*, il ... dit : « Viens, je vais ...aider à ramasser de quoi faire ton fagot, car ... veux ...'en retourner au plus vite : ... mère ...attend. »

Alors Mathias, tirant une *petit* serpe de ... poche, ... retourne pour voir s'il aperçoit quelqu'un. « Que veux-... faire? ... demanda son camarade. — Ramasse-... seulement *quelque* branches *sec* pour mettre autour de mon fagot, répondit Mathias; car, pour le dedans, je me ... serai bientôt procuré. » Et il ... préparait à abattre avec sa serpe un jeune chêne.

A ... vue, Erhard frémit et ...écria : « Dieu ... préserve de faire une aussi *mauvais* action! Couper ... jeune arbre et ...emporter,... serait un vol; et si le garde de la forêt venait à ...en apercevoir, on ferait peut-être une défense *général* de venir ramasser du bois mort, et ... serais cause que, pendant ... hiver, les *pauvre gens* n'auraient point de bois. Attends un peu, et ... saurai bien faire autrement ... provision. »

Alors Erhard, portant ... regards autour de ..., aperçoit un vieux chêne qui avait une *grand* quantité de *branche mort*. ... y monte, agile comme un écureuil, et abat les *rameau sec*. Mathias, tout surpris, ... regardait.

En moins d'une demi-heure, il y eut assez de bois. Erhard en fit un fagot, qu'... porta à l'endroit où était le sien, et là, ...ayant déposé, ... dit à Mathias : « Allons, prends-... maintenant sur ... épaules. »

— Donne-... plutôt le tien, ... dit Mathias, car ... est plus petit et plus léger. »

Erhard ... répondit en souriant : « ... es pourtant plus grand et plus fort que ... ; mais comme ... voudras. »

Ils ... chargèrent donc de *leur* fagots, et ... partirent. Bientôt Mathias fut hors d'haleine, et il ... plaignait. Il n'était pas encore sorti de la forêt qu'... demandait à ... reposer parce qu'... était très fatigué ; et s'il apercevait un noisetier,... voulait y courir pour voir s'il y avait encore des *noisette*. Mais Erhard ...en empêchait en ... disant : « Ma mère ...'attend, hâtons-... »

Quand, après être *sorti* de la forêt, ... eurent fait *quelque* pas sur le chemin, Mathias, fatigué et mécontent, jeta son fagot à terre en ...écriant : « ... l'as fait trop lourd, » et *il* en arracha quelques gros *morceau* pour ...en débarrasser; et ... disait : « Emporte ceux-ci qui voudra! » Mais Erhard ... prit et ... ajouta à son fagot. « Je te ... porterai jusqu'auprès du village, » disait-... à son camarade.

Mathias ne pouvait assez admirer la complaisance d'Erhard, ainsi que ... adresse et ... force; il ... disait : « Qu'est-... donc qui ... donne tant de courage ?

— ...est l'amour que ma mère a pour moi, et l'amour que j'ai pour ....

— Ah! ...écria Mathias ému, je veux devenir aimant comme ...; et comme toi, j'espère, Dieu ... rendra bon et courageux. »

78. LE CARCAJOU.

Corrigez les fautes et remplacez les points par l'adjectif ou le pronom convenable.

Un bruit étrange retentit soudain à nos *oreille;* ... venait du côté de la forêt. D'abord ... nous parut éloigné; mais il ... rapprocha peu à peu: ...'était comme le cri d'un animal fuyant sous l'empire de la crainte et de la douleur. Je cherchai notre bœuf du regard; le cheval était dans la clairière, mais on ne voyait plus son compagnon. Le cri ... venait du bois devenait plus fort et plus terrible que jamais : ...était bien le beuglement d'un bœuf; mais *quel* ... était la cause ? ... retentit une fois de plus dans les *air,* plus rapproché et plus distinct, comme si l'animal criait tout en courant.

Je saisis ma carabine; mes deux fils prirent aussi *leur* armes; Codjo, mon domestique, ...empara d'une lance *indien;* et les *chien,* sur pied en un instant, n'attendaient qu'un signe pour ...élancer.

Une fois encore ... cri terrible ... fit entendre. Le craquement des *branche* parvenait déjà jusqu'à nous, comme si ... avaient été *brisé* par un gros animal traversant les *épais fourré.* Les *oiseau* ...envolaient des broussailles, *effrayé* et jetant des *cri*; le cheval poussait des *hennissement inaccoutumé* et les *chien* aboyaient avec impatience. Un mugissement profond et sonore remplit la vallée de ... accents *plaintif;* le bois sec bruissait sous le choc des *pas précipité;* nous voyions les *feuille agité* dans la forêt à quelque distance, puis plus près, puis sur le bord de la clairière; enfin un objet rougeâtre sortit du feuillage et vint frapper nos *regard:* nous reconnûmes notre bœuf au premier coup d'œil. Mais qu'est-... que cela signifiait? Etait-... poursuivi par quelque monstre, par quelque bête de proie? Non, ... n'était pas poursuvi, mais, hélas! atteint déjà! Regardez, voyez ... qu'... portait sur son dos! O ciel, quel spectacle!

... demeurâmes *tout* un instant comme *paralysé.* Entre les deux *épaule* du pauvre animal était une *gros* bête dont les *griffe* enserraient son cou. A *premier* vue, il ... sembla que ... masse de *poil brun* et *épais* faisait partie du bœuf lui-même, tant ... était étroitement *attaché* à son corps. Comme ... approchaient, cependant, ... pûmes distinguer les *griffe allongé,* les *membre court* et *musculeux* d'une terrible créature. Sa tête était *penché* sur la gorge du bœuf dont le corps déchiré en plusieurs *endroit* était tout taché de sang. La bouche de l'étrange animal était *fixé* sur la veine jugulaire: ... déchirait la chair et suçait le sang.

Le bœuf, en sortant du fourré, ne galopait plus que lentement, et ... beuglait avec beaucoup moins de force. Bientôt ... fut au milieu de la clairière; mais alors, poussant un long gémissement, ... tomba par terre, le râle de la mort dans la poitrine. L'animal étrange, éveillé par le choc, lâcha prise tout d'un coup et ... jeta sur le cadavre. Je reconnus alors que ...'était le terrible carcajou. ... parut en même temps ...'apercevoir de notre présence, et ... mit soudain en disposition de ...'élancer sur nous.

Comme ... ...'élançait, nous fîmes feu *tout* les trois ensemble; mais nous n'avions pas le coup d'œil sûr, et nos *balle* frappèrent inutilement le vide. Je saisis mon couteau de chasse et ... précipitai en avant. Codjo fut plus prompt que moi; je vis le fer de sa lance briller dans l'air comme un jet de flamme et ...'enfoncer dans l'*épais* crinière. Le monstre poussa un sourd grognement; il ... retourna, et j'eus le bonheur de le voir traversé par la lance, ... avait pénétré dans sa gorge. Au lieu de lâcher prise, il saisit le dard et força Codjo d'abandonner l'arme pour ... garantir de ... griffes *redoutable*. Avant que Codjo pût ... dégager, j'avais pris un de mes *grand pistolet* et tiré à la poitrine. Le coup était mortel; la bête *velu* roulait sur la terre et ... tordait dans les *convulsion* de l'agonie. ... étions *sauvé !*... Mais notre pauvre bœuf gisait étendu sans vie sur l'herbe et n'était plus qu'un cadavre sanglant.

79. Restez aux champs.

Corrigez les fautes et remplacez les points par l'adjectif ou le pronom convenable.

Aujourd'hui chacun ...efforce de substituer le luxe à la simplicité, l'éclat de l'extérieur à l'aisance du ménage. Le villageois rêve pour son fils *richesse* et *honneur ;* ... ne cesse d'exciter sa jeune avidité en offrant à ... regards un tableau riant des *prospérité* du monde et ... ne veut pas que ... fils bien-aimé vienne avec ... tracer un sillon pénible dans les *plaine* ; il ... hâte de ...envoyer à la ville, où ... croit que la fortune ...attend. ... a résolu d'... faire un bourgeois, un négociant, un juge, un avocat; ... sourit à son bonheur futur ; il ... voit traversant les *mer* sur ses *vaisseau chargé* de *marchandise,* ou ...avançant à la tête des *armée,* on bien encore paraissant avec éclat aux *tribune publique.*

Bon laboureur, ... te prépares bien du chagrin! Hélas! ... enfant, qui, par ta volonté, a perdu le souvenir de ... ruisseaux, de ... colline et de ... chaumière, sera peut-être assez malheureux pour oublier aussi ... *parent.*

Fortuné habitants des *campagne*, craignez de vous égarer au sein des *ville.* Restez, restez sous votre toit rustique. Efforcez-... par un travail assidu, par d'ingénieux *procédé*, d'augmenter le produit de vos *terre* et d'introduire l'aisance dans votre retraite si *doux*. Demeurez loin du bruit et du vice; laissez les *rêve* et les *illusion* de la vie à ... qui n'ont plus que .. *seul* ressource ici-bas, et contentez-... d'embellir le petit coin de terre ... Dieu ... a donné.

80. LE TIGRE ET L'ÉLÉPHANT.

Corrigez les fautes et remplacez les points par l'adjectif ou le pronom convenable.

L'ancien royaume de Mysore est une des plus *riche province* des *possession anglaise* dans les *Inde*. Arrosé par de *nombreux cours* d'eau, le sol y déploie, sous l'influence d'un soleil tropical, un luxe et une force de végétation extraordinaires. Tout dans ... riche nature a un aspect grandiose. Les *jungle*, qui forment des forêts *impénétrable*, sont *peuplé d'animal féroce* et de plusieurs *espèce* de gibier. ... y rencontre les éléphants *sauvage* par troupeaux de cent à deux *cent* individus ; le tigre royal, le léopard, l'ours, le loup, parcourent les *vaste solitude* à côté de l'antilope, du chamois, de l'argoli, etc. Le voyageur forcé par ... *affaire* de traverser ... forêts de *roseau* gigantesques, peut ... attendre à une de ... aventures ... mettent les *nerf* de l'homme à une rude épreuve.

J'avais rejoint mon régiment à Bangalore, la ville la plus *peuplé* de l'ancien royaume de Mysore, et n'étant pas accoutumé à un climat où le mercure monte à une hauteur incroyable, je fus bientôt malade, et je maudissais le jour où j'avais quitté ma *vieux* et *froid* Angleterre. *Quelque* amis ... conseillèrent un voyage aux *côte* de Malabar, et comme je ne pouvais perdre au change, ... louai un palanquin, seul véhicule possible dans un pays où il n'existe que des *sentier* ; et, accompagné de huit *fort porteur* ou *coulis*, je me mis immédiatement en route. Ma position n'était rien moins que *brillant*. Miné par la fièvre et incapable de ... défendre moi-même, ... savais qu'au moindre danger ... serais abandonné par les *indigène* à mon service, et cela dans une contrée *peuplé d'animal féroce* et de *reptile* venimeux. ... triste certitude eut suffi pour ... faire résister à l'influence soporifique du balancement de mon palanquin, si les *émanation empoisonné* des *marais* que ... traversions et les *million* de *moustique* ... bourdonnaient autour de ... et ... couvraient de *leur* piqûres, n'eussent pas déjà chassé le sommeil loin de mes *paupière*.

Par une *brûlant* journée, je me trouvais à peu près au milieu de la jungle, lorsque des *son semblable* à ... d'une trompette frappèrent soudain ... oreille. Un éléphant sauvage ... avait éventés et jetait son cri d'alarme. Avant que j'eusse prononcé une parole, je ... sentis lourdement jeté à terre et je vis mes huit *porteur* disparaître au plus vite. Je ... relevai à la hâte, et comprenant qu'il n'y avait plus une minute entre ... et l'éternité si ... restais en place, je ... enfuis à mon tour et ... enfonçai dans un fourré voisin. Avec une agilité *surprenant*, ... grimpai sur un arbre, d'une grosseur respectable. Il était temps. J'entendis aussitôt la terre retentir sous le pas puissant du monstre. Dès qu'... apparut, mesurant instinctivement ... *haut* taille et la longueur de ... trompe, ... fis des *effort surhumain* pour continuer ... ascension. Cela ne faisait pas le compte de mon adversaire. ... voyant hors de ... atteinte, ... entra dans une fureur terrible, ... *petit* yeux lançaient des éclairs ; ... saisit une des *gros branche* à sa portée, et sous ... *effort puissant* elle *se* brisa comme du verre.

Voyant qu'... n'obtenait aucun résultat, il ...'attaqua au tronc même de l'arbre, espérant sans doute qu'en ... secouant il ... ferait tomber comme un fruit mûr. Ce moyen ne ... réussissant pas davantage, ... sembla réfléchir un instant ; puis, reculant de *quelque* pas, il ...élança la tête en avant contre l'arbre, qu... frappa d'un choc épouvantable. Heureusement je ... trouvais solidement retenu par deux *branche*, sans quoi ... perdais pied et ...étais infailliblement perdu. Loin de ... rebuter, l'éléphant parut ... consulter un instant, comme pour ... demander ... que ... pensais de ... invention. Puis ... revint à la charge avec l'impétuosité d'une avalanche. La secousse fut terrible, mais ...avais pris mes *précaution* et je ... tenais solidement cramponné à l'arbre avec bras et *jambe*. J'attendais de *nouveau attaque* ; ne sentant plus rien, je ... hasardai à jeter un regard sur l'éléphant. ... touchait le tronc de très près, faisait entendre un sourd gémissement et creusait la terre avec ... pieds. ...étant avancé à califourchon sur une branche, ... pus ... rendre compte de ... qui était arrivé. Dans ... fureur, l'éléphant avait si profondément enfoncé ... défenses dans l'arbre qu'il ... était impossible de ...en détacher. ... mugissait, frappait le sol, ...aidait de sa trompe comme d'un levier, mais en vain ; ... était pris dans son propre piége. Si jamais homme eut le droit de ... réjouir du malheur d'un être vivant, ... fut bien moi. Mais comment descendre de mon lieu de refuge, et comment retrouver mes *porteur* une fois descendu ? Mon ennemi, il est vrai, n'était plus en état de ... poursuivre ; mais ... ne connaissais pas la forêt, et ... n'avais *nul* envie de ...y aventurer sans guide. Plusieurs *sentier* aboutissaient à ... par où ... étais arrivé, et la moindre méprise pouvait ...être *fatal*. ... courais le risque ou de mourir de faim en ...égarant, ou de devenir la proie de quelque autre bête sauvage. Il était d'ailleurs probable que quelqu'un de mes *porteur* chercherait à me rejoindre ; dans ... espoir, je résolus de ne pas abandonner mon poste.

Je passai ainsi trois *heure* à épier l'arrivée d'un libérateur. Mais nul être humain ne se montra, et mes *cri* de désespoir restaient sans écho.

Le soleil allait ... coucher,et ... songeais,non sans terreur, à la nuit qui allait succéder à ... journée d'angoisse, lorsqu'un mouvement extraordinaire qui ... manifesta dans les jungles, attira ... attention. De nombreux *oiseau* ...élevèrent tout à coup dans les *air* ; les uns planaient au-dessus d'un massif, les autres ...'envolaient à tire-d'aile. Des *daim,* des *antilope,* des *buffle* bondissaient dans *tout* les *direction. Quel* pouvait être la cause de leur effroi ? L'homme, je le savais, est craint des *animal sauvage* non *carnassier*, et l'homme seul pouvait me délivrer. Mon cœur battait avec violence et ... cherchais des *œil* ce libérateur tant désiré. Hélas ! ... espérance devait être cruellement *déçu.* Un frisson de terreur parcourut tout mon corps quand je vis apparaître hors du massif la robe *lisse* et *tacheté* d'un tigre royal. Il ... avança en rampant vers l'arbre sur lequel j'étais monté. Je regardai l'éléphant, et je ...aperçus que son instinct lui avait déjà fait pressentir le danger qui ... menaçait. Immobile, mais tremblant de *tout* ... membres, ... ne faisait plus aucun effort pour ... dégager.

Le tigre ...approcha lentement. Arrivé à quinze *pas* de l'éléphant, ... décrivit autour de ... un large cercle ; puis, le poil hérissé , les yeux *étincelant* de désirs, montrant ... dents *aigu...*, il ...'élança avec un rugissement rauque sur le dos de sa victime. La pauvre bête poussa un cri , qui ...émut malgré ....souffrances furent de *court* durée. Le tigre ... avait ouvert une artère et ... buvait avidement le sang chaud et bouillonnant du géant des *forêt.* ... vue ... fit mal; je ... collai contre mon arbre, les yeux *fermé,* le vertige au cerveau.

Une demi-heure après, le tigre opérait ... retraite avec une satisfaction *évident* , et je ne voyais plus sous ... qu'un cadavre sanglant , toujours retenu au tronc par ... défenses.

N'osant pas encore descendre de mon arbre, dans la crainte que l'odeur du sang n'eût attiré de mon côté d'*autre animal carnassier*, je me contentai d'appeler au secours de *tout* la force de ... voix. ... fois, on répondit à mes *cri*, que je ...empressai de répéter. Je vis bientôt apparaître un de ... porteurs. Quand je ... eus raconté à la hâte le drame sanglant ... je venais d'être témoin, il donna un signal ... attira vers nous trois autres de ... *compagnon*. Je descendis de l'arbre avec leur aide, et, porté dans mon palanquin dans une prostration de forces *complet*, je ...évanouis aussitôt. Heureusement, le reste de notre voyage à travers les *jungle* ... fit sans autre accident : je n'aurais plus été capable de chercher mon salut en grimpant sur un arbre.

LE VERBE.

81. UNE PETITE CORRECTION.

Soulignez les sujets des verbes.

Médor *est* un très beau chien de Terre-Neuve qui *dédaigne* d'ordinaire les roquets des environs, habitués à japper après lui quand il *passe* dans la rue. Mais l'autre jour un téméraire *poussa* la pétulance jusqu'à lui mordiller les talons. Le terre-neuve, qui n'*a* pas, après tout, la patience d'un ange, *saisit* le coupable par la peau du cou, le *porta* tranquillement au bord du quai, et le *laissa* tomber dans la rivière. Le pauvre roquet *agitait* horriblement ses pattes ; et, la berge étant un peu abrupte, il *avait* déjà *fait* plusieurs tentatives inutiles pour reprendre pied. Il *poussait* de petits cris lamentables, et il *allait* couler, lorsque le molosse, qui *avait assisté* à cette scène avec une impassibilité plus apparente que réelle, se *jeta* à l'eau et *alla* repêcher sa victime.

82. LES OISEAUX DE PASSAGE.

Même devoir.

Par un temps grisâtre d'automne, lorsque la bise *souffle* sur les champs, que les bois *perdent* leur dernières feuilles, une troupe de canards sauvages, tous rangés à la file, *traverse* en silence un ciel mélancolique. S'ils *aperçoivent* du haut des airs quelque manoir gothique environné d'étangs et de forêts, c'est là qu'ils se *préparent* à descendre : ils *attendent* la nuit et *font* des évolutions au-dessus des bois. Aussitôt que la vapeur du soir *enveloppe* la vallée, le cou tendu et l'aile sifflante, ils s'*abattent* tout à coup sur les eaux qui *retentissent*. Un cri général, suivi d'un profond silence, s'*élève* dans les marais. Guidés par une petite lumière qui peut-être *brille* à l'étroite fenêtre d'une tour, les voyageurs s'*approchent* des murs à la faveur des roseaux et des ombres. Là, battant des ailes et poussant des cris par intervalles, au milieu du murmure des vents et des pluies, ils *saluent* l'habitation de l'homme.

Un des plus jolis habitants de ces retraites, mais dont les pèlerinages *sont* moins lointains, c'*est* la poule d'eau. Elle se *montre* au bord des joncs, s'*enfonce* dans leur labyrinthe, *reparaît* et *disparaît* encore, en poussant un petit cri sauvage. Elle se *promène* dans les fossés du château ; elle *aime* à se percher sur les armoiries sculptées dans les murs. Quand elle s'y *tient* immobile, on la *prendrait*, avec son plumage noir et le cachet blanc de sa tête, pour un oiseau en blason, tombé de l'écu d'un ancien chevalier.

Quelquefois deux beaux étrangers, aussi blancs que la neige, *arrivent* avec les frimas : ils *descendent*, au milieu des bruyères, dans un lieu découvert. Après quelques heures de repos, ils *remontent* sur les nuages. Vous *courez* à l'endroit d'où ils *sont partis*, et vous n'y *trouvez* que quelques plumes que le vent *a* déjà *dispersées*.

83. LES PLANTES ET LES ARBRES.

Soulignez les sujets des verbes.

Admirez les plantes qui naissent de la terre. Elles fournissent des aliments aux sains et des remèdes aux malades. Leurs espèces et leurs vertus sont innombrables. Elles ornent la terre, elles donnent de la verdure, des fleurs odoriférantes et des fruits délicieux. Voyez-vous ces vastes forêts, qui paraissent aussi anciennes que le monde ? Ces arbres s'enfoncent dans la terre par leurs racines, comme leurs branches s'élèvent vers le ciel. Leurs racines les défendent contre les vents, et vont chercher, comme par de petits tuyaux souterrains, tous les sucs destinés à la nourriture de leur tige. La tige elle-même se revêt d'une dure écorce, qui met le bois tendre à l'abri des injures de l'air Les branches distribuent en divers canaux la sève que les racines avaient réunie dans le tronc. En été ces rameaux nous protégent de leur ombre contre les rayons du soleil ; en hiver ils nourrissent les flammes qui conservent en nous la chaleur naturelle. Leur bois n'est pas seulement utile pour le feu : c'est une matière douce, quoique solide et durable, à laquelle la main de l'homme donne sans peine toutes les formes qu'il lui plaît, pour les plus grands ouvrages de l'architecture et de la navigation. De plus, les arbres fruitiers, en penchant leurs rameaux vers la terre, semblent offrir leurs fruits à l'homme. Les arbres et les plantes, en laissant tomber leurs fruits ou leurs graines, se préparent autour d'eux une nombreuse postérité.

84. LE BERGER ET LE TROUPEAU.

Soulignez les compléments directs des verbes.

Quand vous *voyez* un nombreux troupeau qui *paît* tranquillement le thym et le serpolet, ou qui *broute* dans une prairie une herbe menue et tendre qui échappe à la faux du moissonneur, le berger, soigneux et attentif, est debout auprès de ses brebis ; il ne les *perd* pas de vue, il les *suit*, il les *conduit*, il les *change* de pâturage ; si elles se *dispersent*, il les *rassemble* ; si un loup avide paraît, il *lâche* son chien qui le met en fuite ; il les *nourrit*, il les *défend* ; l'aurore le *trouve* déjà en pleine campagne, d'où il ne se *retire* qu'avec le soleil. Quels soins ! quelle vigilance ! quelle sollicitude ! Quelle condition vous paraît la plus délicieuse et la plus libre, ou du berger, ou des brebis ? C'est une image naïve des peuples, et du prince qui les gouverne.

85. LES NIDS DES OISEAUX.

Soulignez les compléments directs des verbes.

Une admirable providence se fait remarquer dans les nids des oiseaux. On ne peut contempler sans être attendri cette bonté divine qui donne l'industrie au faible et la prévoyance à l'insouciant.

Aussitôt que les arbres ont développé leurs feuilles, mille ouvriers commencent leurs travaux. Ceux-ci portent de longues pailles dans le trou d'un vieux mur, ceux-là maçonnent des bâtiments aux fenêtres d'une église; d'autres dérobent un crin à une cavale, ou le brin de laine que la brebis a laissé suspendu à la ronce. Il y a des bûcherons qui croisent des branches dans la cime d'un arbre; il y a des filandières qui recueillent la soie sur un chardon. Mille palais s'élèvent, et chaque palais est un nid; chaque nid voit des métamorphoses charmantes: un œuf brillant, ensuite un petit couvert de duvet. Ce nourrisson prend des plumes ; sa mère lui apprend à se soulever sur sa couche. Bientôt il va jusqu'à se percher sur le bord de son berceau, d'où il jette un premier coup-d'œil sur la nature. Effrayé et ravi, il se précipite parmi ses frères qui n'ont point encore vu ce spectacle; mais, rappelé par la voix de ses parents, il sort une seconde fois de sa couche, et ce jeune roi des airs, qui porte encore la couronne de l'enfance autour de sa tête, ose déjà contempler le vaste ciel, la cime ondoyante des pins, et les abîmes de verdure au-dessous du chêne paternel. Et pourtant, tandis que les forêts se réjouissent en recevant leur nouvel hôte, un vieil oiseau, qui se sent abandonné de ses ailes, vient s'abattre auprès d'un courant d'eau. Là, résigné et solitaire, il attend tranquillement la mort au bord du même fleuve où il chanta ses plaisirs, et dont les arbres portent encore son nid et sa postérité harmonieuse.

C'est ici le lieu de remarquer une autre loi de la nature. Dans la classe des petits oiseaux, les œufs sont ordinairement peints d'une des couleurs dominantes du mâle. Le bouvreuil niche dans les aubépines, dans les groseillers et dans les buissons de nos jardins ; ses œufs sont ardoisés comme la chape de son dos. Nous nous rappelons avoir trouvé un de ces nids dans un rosier ; il ressemblait à une conque de nacre contenant quatre perles bleues ; une rose pendait au-dessus, toute humide; le bouvreuil mâle se tenait immobile sur un arbuste voisin, comme une fleur de pourpre et d'azur. Ces objets étaient répétés dans l'eau d'un étang, avec l'ombrage d'un noyer qui servait de fond à la scène et derrière lequel on voyait se lever l'aurore. Dieu nous donna dans ce petit tableau une idée des grâces dont il a paré la nature.

86. VOYAGE DANS L'ILE DES PLAISIRS.

Même devoir.

Nous *aperçûmes* de loin une île de sucre avec des montagnes de compote, des rochers de sucre candi et de caramel, et des rivières de sirop qui coulaient dans la campagne. Les habitants, qui étaient fort friands, *léchaient* tous les chemins et *suçaient* leurs doigts après les *avoir trempés* dans les fleuves. Il y avait des forêts de réglisse et de grands arbres d'où tombaient des gaufres, que le vent *emportait* dans la bouche des voyageurs, si peu qu'elle fût ouverte. A peine fûmes-nous arrivés dans cette île, que nous *trouvâmes* sur le rivage des marchands qui *vendaient* de l'appétit; car on en manquait souvent parmi tant de douceurs. Il y avait aussi d'autres gens qui *vendaient* le sommeil. Le prix en était réglé tant par heure; mais il y avait des sommeils plus chers les uns que les autres, à proportion des songes qu'on *voulait* avoir. Les plus beaux songes étaient fort chers : j'en demandai des plus agréables pour mon argent; et, comme j'étais las, j'allai d'abord me *coucher*. Mais à peine fus-je dans mon lit, que j'*entendis* un grand bruit ; j'eus peur et je *demandai* du secours. On me dit que c'était la terre qui s'*entr'ouvrait*. Je crus être perdu; mais on me *rassura* en me disant qu'elle s'*entr'ouvrait* ainsi toutes les nuits à une certaine heure, pour *vomir* avec grands efforts des ruisseaux bouillants de chocolat et des liqueurs glacées de toutes les façons. Je me *levai* à la hâte pour en prendre; elles étaient délicieuses. Mais, le jour suivant, j'*eus* une indigestion, et, fatigué de tant de festins et d'amusements, je conclus que les plaisirs des sens, quelque variés, quelque faciles qu'ils soient, avilissent et ne rendent pas heureux. Je m'*éloignai* donc de ces contrées, en apparence si délicieuses; et, de retour chez moi, je *trouvai* dans ma vie sobre, dans un travail modéré, dans des mœurs pures, dans la pratique de la vertu, le bonheur et la santé que n'avaient pu me *procurer* la continuité de la bonne chère et la variété des plaisirs.

87. PARTIE ET REVANCHE.

Soulignez les compléments directs des verbes.

Dans sa jeunesse, Carle Wieserlé était d'une force athlétique. L'anecdote suivante appartient aux mille accidents de sa vie aventureuse; elle remonte à l'époque où il gardait les troupeaux dans un village de la Haute-Saxe.

Un soir, après avoir vainement cherché à rassembler ses vaches qui s'étaient égarées dans la forêt, il vit descendre d'un arbre un ours d'une grosseur énorme. Carle n'était pas précisément charmé d'une pareille rencontre; mais il ne perdit pas la tête. Il s'élança aussitôt vers l'arbre du côté opposé au corps de l'animal. Là, il saisit vigoureusement l'ours par les pattes de devant, au moment où les pattes de derrière allaient toucher le sol. L'ours grommela, montra les dents, et chercha à se dégager d'une étreinte aussi inattendue; mais ses griffes étaient au pouvoir d'une paire de griffes non moins solides que les siennes. Impossible à son museau et à ses pattes de derrière d'atteindre Wieserlé, vu que l'arbre se trouvait entre les deux adversaires.

La position de l'ours était fort désagréable; celle de Carle n'était pas brillante. Il ne pouvait en venir aux prises avec l'animal; et s'il l'eût lâché, c'était pis encore : l'ours ne lui aurait jamais pardonné son mauvais procédé.

Le soleil s'était couché depuis longtemps, et la nuit répandait ses ombres sur la forêt. Qu'on se figure les angoisses de Carle !

La maison du forgeron Joseph Wurmer ne se trouvait pas très éloignée du lieu où se passait la scène. Carle fit appel à toute la force de ses poumons, dans l'espérance que quelqu'un viendrait à son secours. Vains efforts ! personne ne se montra, et Carle fut forcé de passer la nuit en tête-à-tête avec le terrible quadrupède.

L'ours eut beau s'agiter, grommeler, hurler, son adversaire tint ferme. Quand le jour parut, il sembla à Carle que ses mains étaient rivées aux griffes de l'ours.

Enfin, la fumée, s'élançant de la cheminée du forgeron, annonça qu'on était levé chez le voisin. Carle se mit à crier de nouveau, et bientôt son visage s'épanouit à la vue de Joseph Wurmer, qui arrivait gravement, une hache sur l'épaule.

« Mais pour Dieu, maître Wurmer, ne m'avez-vous pas entendu hier soir ! Je vous ai appelé à mon secours.

— J'ai bien entendu quelques cris, mais j'étais harassé de fatigue. Remettons l'affaire à demain, me suis-je dit. Si j'avais su que c'était vous.... Ah ça, est-ce vous qui tenez cet ours ou est-ce lui qui vous tient ?

— Nous nous tenons l'un l'autre... Venez donc me remplacer un moment.

— Attendez !... ne lâchez pas votre ours ! Je vais lui fendre le crâne.

— Non, non ! cet animal m'a fait passer une trop mauvaise nuit. Je veux me donner la satisfaction de l'abattre moi-même. Venez ici, maître Wurmer..... Saisissez-le comme moi par les griffes... Bien... Tenez ferme ! Maintenant je vais prendre la hache, et envoyer mon ours rejoindre ses ancêtres. »

Carle prit la hache, la posa tranquillement sur son épaule, et s'en alla tout aussi gravement que le forgeron était venu.

A son tour, Joseph Wurmer fit retentir la forêt de ses cris. Jugez de ses terreurs ! il ne se sentait pas la force de résister vingt minutes aux griffes nerveuses de son adversaire.

Carle le laissa pendant quelques instants dans cette terrible perplexité. Mais trop humain pour pousser la vengeance jusqu'au bout, il revint bientôt avec le plus grand calme, abattit l'ours et délivra le forgeron, qui eût été infailliblement dévoré.

Le héros de cette aventure prenait plaisir à la raconter à ses amis de Vienne, où il mourut en 1852, à l'âge de cent deux ans.

88. SOUVENIRS D'ENFANCE.

Soulignez les compléments indirects des verbes.

Ce qui, dans mon souvenir, fait le charme de ma patrie, c'est l'impression qui me reste des premiers sentiments dont mon âme fut comme imbue et pénétrée par l'inexprimable tendresse que ma famille avait pour moi. Si j'ai quelque bonté dans le caractère, c'est à ces douces émotions, à ce bonheur habituel d'aimer et d'être aimé, que je crois le devoir. Ah ! quel présent nous fait le ciel lorsqu'il nous donne de bons parents !

L'ordre, l'économie, le travail, et surtout la frugalité, nous entretenaient dans l'aisance. Le petit jardin produisait presque assez de légumes pour les besoins de la maison; l'enclos nous donnait des fruits, et nos coings, nos pommes, nos poires, confits au miel de nos abeilles, étaient durant l'hiver, pour les enfants, les déjeuners les plus exquis. Le troupeau de la bergerie nous habillait de sa laine; mes tantes la filaient; elles filaient aussi le chanvre des champs, qui nous donnait du linge. La récolte des grains assurait notre subsistance; la cire et le miel des abeilles étaient un revenu qui coûtait peu de frais; l'huile exprimée de nos noix encore fraîches avait une saveur, une odeur, que nous préférions au goût et aux parfums de celle de l'olive. Nos galettes de sarrasin étaient pour nous le plus friand régal. Je ne sais pas quel mets nous eût paru meilleur que nos raves et nos châtaignes; et en hiver, lorsque ces belles raves grillaient le soir à l'entour du foyer, ou que nous entendions bouillonner l'eau du vase où cuisaient ces châtaignes si savoureuses et si douces, le cœur nous palpitait de joie. Ainsi dans un ménage où rien n'était perdu, de petits objets réunis entretenaient une sorte d'aisance, et laissaient peu de dépense à faire pour suffire à tous nos besoins. Le bois mort dans les forêts voisines était en abondance : il était permis à mon père d'en tirer sa provision. L'excellent beurre de la montagne et les fromages les plus délicats étaient communs et coûtaient peu; le vin n'était pas cher, et mon père en usait sobrement.

Pressé par ma mère, qui désirait passionnément qu'au moins son fils aîné fît ses études, mon père consentit à me mener au collége de Mauriac. Accablé de caresses, baigné de douces larmes et comblé de bénédictions, je partis donc avec mon père. Il me portait en croupe, et le cœur me battait de joie; mais il me battit de frayeur quand mon père me dit ces mots : « On m'a promis, mon fils, que vous seriez reçu en quatrième; si vous ne l'êtes pas, je vous remmène, et tout sera fini. » Jugez avec quel tremblement je parus devant le régent qui allait décider de mon sort ! Heureusement il y avait dans son regard, dans le son de sa voix, dans sa physionomie, un caractère de bienveillance si naturelle et si sensible, que son premier abord annonçait un ami à l'inconnu qui lui parlait. Après nous avoir accueillis avec cette grâce touchante, il invita mon père à revenir savoir le succès de l'examen que j'allais subir, et, me voyant encore bien timide, il commença par me rassurer. Ensuite, pour épreuve, il me donna un thème ; je le fis mal ; et après l'avoir lu : « Mon enfant, me dit-il, vous êtes bien loin d'être en état d'entrer dans cette classe ; vous aurez bien de la peine à être reçu en cinquième. » Je suis perdu, lui dis-je en pleurant ; mon père n'a aucune envie de me laisser continuer mes études ; il ne m'amène ici que par complaisance pour ma mère, et en chemin il m'a déclaré que si je n'étais pas reçu en quatrième, il me remmènerait chez lui : cela me ferait bien du tort, et bien du chagrin à ma mère. Ah ! par pitié, recevez-moi ; je vous promets d'étudier tant, que dans peu vous aurez lieu d'être content de moi. » Le régent, touché de mes larmes et de ma bonne volonté, me reçut et dit à mon père de n'être pas inquiet de moi ; qu'il était sûr que je ferais bien.

Le lendemain de mon arrivée, je vis à sa fenêtre mon régent qui me fit signe de monter chez lui. « Mon enfant, me dit-il, vous avez besoin d'une instruction particulière et de beaucoup d'étude pour atteindre vos condisciples : venez ici une demi-heure avant la classe, tous les matins, me réciter les règles que vous aurez apprises ; en vous les expliquant, je vous en marquerai l'usage. » Je pleurai aussi ce jour-là, mais ce fut de reconnaissance. En lui rendant grâces de ses bontés, je le priai d'y ajouter celle de m'épargner, pour quelque temps, l'humiliation d'entendre lire à haute voix mes thèmes dans la classe. Il me le promit, et j'allai me mettre à l'étude. Je ne puis dire assez avec quel tendre zèle il prit soin de m'instruire, et quel attrait il sut donner à ses leçons. Après six mois d'un travail constant, je fus l'un des meilleurs écoliers de la classe, et peut-être le plus heureux; car j'aimais mon devoir, et, presque sûr de le faire assez bien, ce n'était pour moi qu'un plaisir.

89. LES ANGLAIS EN VOYAGE.

Mettez (*s*) après les sujets; (*d*) après les compléments directs; (*ind*) après les compléments indirects; (*c*) après les compléments circonstanciels.

Et d'abord, pourquoi les *Anglais* sont-ils voyageurs plus qu'aucun peuple du monde? A cette *question* il est permis de répondre : Parce qu'*ils s'* ennuient *dans leur pays.*

Il doit *leur* sembler bon de quitter les *palais* enfumés de Londres, le *ciel* gris, le *brouillard,* pour les contrées aux gais costumes et au ciel bleu. Notre *Paris,* si plein de tumulte, où le *travail* cotoie le *plaisir*, *leur* est un paradis. *Nous* n'avons pas, comme eux, la *ligne* de démarcation *qui* élève entre les diverses classes de la population une *barrière* infranchissable. Ici, l'*agent de change*, l'*avocat*, le *grand seigneur*, le *commerçant*, l'*artiste*, *tout* est confondu. Cette *confusion* donne à la *société* française une *physionomie* charmante, *qui* captive nos *voisins* et *les* attire.

Si *l'un* de nous *se* décide à *traverser* la *Manche*, c'est qu'*il y* est obligé par ses *affaires*. *Il* revient *au bout de quinze jours*, heureux d'échapper au *charbon* de terre et de revoir le *soleil.*

Il ne *lui* arrivera jamais de dire : « Ah! le beau pays, le riant pays que celui de l'Angleterre! *On* y voudrait toujours *vivre*. »

Donc les *Anglais* sont voyageurs, parce que, quand *on* est né *dans la patrie du spleen,* tout en trouvant cette *patrie* puissante, industrieuse et noble *à tous égards, on* n'est pas fâché de *se* distraire un peu. *Chez eux,* le *dimanche* est déjà un jour consacré à *l'ennui.* Un sur sept, c'est beaucoup. Les *étrangers qui* ont une *semaine* à passer *à Londres,* savent qu'il faut y arriver *le lundi* et *le* quitter *le samedi,* coûte que coûte.

Aussi, quel *étonnement* naïf *se* peint *sur le visage* de l'Anglais fraîchement débarqué, quand *il* voit, *par un beau dimanche du mois de mai ou de juin,* deux cent mille *Parisiens* courir *aux gares du chemin de fer*, *se* presser *sur les boulevards*, *s'*épanouir et gambader *au bois de Boulogne !* Deux cent mille écoliers en vacances, causant, riant, chantant, quel spectacle !

Il ne *s'*amuse pas, lui, mais *il* paye *pour voir les autres s'amuser ; cela lui* suffit.

Flanqué de deux *ladies,* suivi de *beaucoup* d'autres ladies et de jeunes *enfants qui* composent sa *famille, il* occupe tout le *trottoir,* et regarde... *de la bouche et des yeux. Il* est toujours sérieux; est-ce parce qu'*il* pense *qu'il lui faudra bientôt retourner là-bas ?* Peut-être.

Ce *qui* ne *l'*empêche pas de *se* donner tout le *comfort* nécessaire. Les *ladies* ont une *robe* blanche, parce qu'il fait chaud *à présent ; elles* ont aussi un grand *châle sur les épaules* et un *boa autour du cou,* parce qu'il pourrait faire froid *ce soir :*

A tout *événement* le *sage* est préparé.

Et puis *ce* n'est qu'une question de bagages. Qu'importent les *bagages* à ces *voyageurs* intrépides *qui* traînent leur *maison* avec eux ? D'ailleurs *John* n'est-il pas là ? *John* accompagne son *maître sur le bateau à vapeur*. Ce fidèle *domestique*, outre sa précieuse personne, bouclée, sanglée comme une malle, porte les *manteaux*, les *sacs de nuit*. *Il* est *sur le pont*, l'œil au guet, présentant à *milord* sa *longue-vue*, à *milady ce* qu'il faut pour braver les *rigueurs* de la traversée. *Milady* mange pour *se* tenir calme et confortable, suivant la coutume.

L'*Anglais* en voyage est littéralement armé. De son *parapluie* d'abord, engin formidable cuirassé d'une épaisse *toile* cirée ; d'un *sac*, des *profondeurs* duquel *on* tire, à tout propos, les *outils* les plus merveilleux, les plus fantastiques. Vient ensuite la *lorgnette*, ce *qui* ne dispense pas de la *lunette d'approche* ; la *courroie* de cet instrument, croisée *sur la poitrine* avec celle du sac, figure assez bien la double *buffleterie* d'autrefois. Le *paletot*, le *gilet*, sont pourvus de *poches* intérieures et extérieures. *Quelques-unes*, doublées de *toile* imperméable, servent de garde-manger. Le *portefeuille* de cuir est là, *sur la poitrine* ; le *crayon* a des *mines* pour six mois *dans la partie supérieure de son tube* ; le *porte-cigares* est blindé : une *voiture* passerait dessus sans *l'*écraser.

John Bull n'oublie *rien* de ce *qui* peut *lui* rendre la vie douce. L'*univers lui* appartient. *Il* est d'un égoïsme féroce. *John Bull*, plein d'attention pour milady, marchera volontiers *sur le pied d'une étrangère* ou *lui* enfoncera le *coude dans les côtes* sans saluer. Du reste *il* n'ôte jamais son *chapeau*, *c*'est une perte de temps.

Quand le *train s*'arrête, ne fut-ce que *dix minutes*, l'*Anglais* marche *au buffet*, gravement, écartant tous les *obstacles*. S'il n'y a qu'une table, *elle* est pour lui ; en un clin d'œil, *il* y place le *drapeau* britannique, c'est-à-dire ses *bagages*. *Il* *l'*encombre de façon à ce qu'*on* ne *la lui* dispute point. Alors *il* mange. Le *sifflet le* rappelle, *il* emporte *ce qu'il* n'a pas eu le *temps* d'achever. *John Bull* daigne parfois aider à la *digestion par un cigare.* Là encore la *concurrence lui* déplaît. Sa propre *fumée* lui est agréable, *celle* de son voisin *l'*incommode.

On raconte à ce sujet une petite *anecdote.*

Un *artiste* voyageait en compagnie d'un Anglais et de deux dames d'un âge respectable, dont les *manières* et le *costume* révélaient l'*origine* britannique. *On* était depuis six heures *dans le même compartiment* sans que l'*Angleterre* eût rompu la *glace. On* déjeuna *à Dijon ;* le *repas* pris en commun ferait sans doute les *relations* plus faciles : il n'en fût rien. Rentrés dans leur wagon, les trois *insulaires* empruntèrent à leur *sac de voyage* une *foule* de friandises *qu'ils se* partagèrent *au nez de leur voisin.*

Celui-ci mourait d'envie de fumer. Son *désir* n'était peut-être si grand que parce qu'il y avait impossibilité de *le* satisfaire. En effet, ose-t-*on* demander à deux *dames* étrangères une *autorisation* semblable ? Le *Français* regardait dehors afin de penser à autre *chose,* quand un *mouvement* de l'Anglais attira son *attention. Milord* tirait *de sa poche* un étui dont la *forme* était bien connue de l'*artiste.* O bonheur ! L'*Anglais* aussi fumait, et allait probablement *lui* demander une *permission. Avec quelle joie on la lui* donnerait !

Cependant *milord* choisit un *cigare avec le plus grand soin,* en coupa le *bout* avec un canif, prit la *boîte à amadou* ... C'était le moment pour lui de demander l'*autorisation* du Français; *celle* des dames était acquise d'avance, sans doute, puisqu'*on* ne *les* consultait pas. L'*artiste* observait tous ces *pré-*

paratifs avec une impatiente curiosité. Il caressait *avec amour* son propre *étui*, en *se* demandant s'*il* accepterait ou refuserait le *londrès que milord* allait nécessairement *lui* offrir, quand *celui-ci* prit un *morceau* d'amadou et alluma. Trois ou quatre *bouffées* bleues montèrent *au plafond. Milord les* regarda de son œil vert, rabattit sur ses favoris fauves les *oreilles* de sa casquette et *se* cala confortablement *dans un coin.*

« Après tout, pensa l'*artiste, cela* vaut mieux ainsi. Pourquoi *se* gêner ? Il n'y a que les Anglais pour comprendre le *voyage. On* ne peut pas dire plus galamment à un *compagnon* de route : » Faites *comme chez vous.* « Fumerai-*je* un *cigare* ou ma *pipe* cent fois plus agréable ? Va pour le cigare, *c*'est plus convenable, il y a des dames. »

Notre *ami* choisit son meilleur. *Il* ne fut pas troublé dans cette opération : les trois *sujets* de Sa Majesté Britannique fermaient les *paupières pour mieux digérer.*

Cependant, pour la forme, il fallait demander la *permission.* L'*artiste* toussa, ce *qui* fit ouvrir les *yeux* à milord. L'*artiste lui* décocha un *sourire* de confrère et *lui* montra le *cigare,* ce *qui* voulait dire : « *C*'est convenu, n'est-ce pas ? »

Mais milord, ouvrant le second *œil,* leva la *main* et *l*'inclina deux ou trois fois en disant : « Oh ! non, pas vô, trop de fioumée !

— Comment ? trop de fumée, répéta le *Français* surpris.

— Yes, répondit gravement l'*Anglais,* trop de fioumée... pour les dames. »

Les deux *matrones, que* ce colloque avait tirées *de leur engourdissement,* répétèrent alors, chacune de son côté, *avec une grimace peu bienveillante* : « Oh! yes, trop de fioumée pour moa.

— Ah ! vraiment, la *plaisanterie* est bonne, s'écria

l'*artiste* en riant. Voilà *qui me* met tout à fait à l'aise. A nous deux, Margot ! »

Margot, c'était sa pipe. *Il la* chargea comme un canon, et tira sur l'*ennemi*.

La dernière *chaise de poste* aura bientôt disparu, grâce aux chemins de fer. *Celui qui* n'a pas visité en détail *une* de ces maisons roulantes, ne saurait *se* faire une *idée* du génie *que* l'*Anglais* peut déployer pour *se* donner le *comfort* en voyage. La *voiture* portait quatre *maîtres à l'intérieur*, quatre *domestiques* dehors, plus des *malles*, des *couvertures*, des *coussins* et des *ustensiles* de toute nature. *Elle* subissait mille *transformations*. Tour à tour chambre à coucher, cabinet de toilette et magasin de comestibles, *elle* était en état de pourvoir au *présent* et à l'*imprévu*. *Elle* avait même une cave.

Comment nos voisins feront-ils désormais ? *Ils* regretteront plus d'une fois l'heureux *temps* où la *berline* tenait le *haut* du pavé, précédée du *courrier*, conduite par des *postillons qui* claquaient des *fanfares avec leur fouet* ; l'heureux *temps* où l'*aubergiste* et sa *famille les* attendaient, *chapeau bas sur le seuil*.

90. HYMNE DE L'ENFANT A SON RÉVEIL.

Mettez (*s*) après les sujets ; (*d*) après les compléments directs ; (*ind*) après les compléments indirects.

O Père *qu'* adore mon *père !*
Toi *qu' on* ne nomme qu'à genoux !
Toi dont le *nom* terrible et doux
Fait courber le front de ma mère !

On dit que ce brillant *soleil*
N'est qu'un jouet de ta puissance ;
Que sous tes pieds *il se* balance
Comme une lampe de vermeil.

On dit que c'est toi *qui* fais naître
Les petits oiseaux dans les champs,
Et donne aux petits *enfants*
Une *âme* aussi pour *te* connaître.

On dit que c'est toi *qui* produis
Les *fleurs dont* le *jardin se* pare,
Et que sans toi, toujours avare,
Le *verger* n'aurait point de *fruits*.

Aux *dons que* ta *bonté* mesure
Tout l'*univers* est convié ;
Nul *insecte* n'est oublié
A ce festin de la nature.

L'*agneau* broute le *serpolet*,
La *chèvre* s'attache au *cytise*,
La *mouche* au bord d'un vase puise
Les blanches *gouttes* de mon lait.

L'*alouette* a la *graine* amère
Que laisse envoler le *glaneur* ;
Le *passereau* suit le *vanneur*,
Et l'*enfant* s'attache à sa *mère*.

Et pour obtenir chaque *don*
Que chaque jour *tu* fais éclore,
A midi, le soir, à l'aurore,
Que faut-il? prononcer ton *nom* !

O Dieu ! ma *bouche* balbutie
Ce *nom* des anges redouté.
Un *enfant* même est écouté
Dans le chœur *qui te* glorifie.

On dit qu'*il* aime à recevoir
Les *vœux* présentés par l'*enfance*,
A cause de cette innocence
Que nous avons sans *le* savoir.

On dit que leurs humbles *louanges*
A son oreille montent mieux ;
Que les *anges* peuplent les *cieux*,
Et que *nous* ressemblons aux *anges*.

Ah ! puisqu'*il* entend de si loin
Les *vœux que* notre *bouche* adresse,
Je veux *lui* demander sans cesse
Ce dont les autres ont besoin.

Mon Dieu, donne l'*onde* aux *fontaines*,
Donne la *plume* aux *passereaux*,

Et la *laine* aux petits *agneaux*,
Et l'*ombre* et la *rosée* aux *plaines*.

Donne au *malade* la *santé*,
Au *mendiant* le *pain qu'* il pleure,
A l'*orphelin* une *demeure*,
Au *prisonnier* la *liberté*.

Donne une *famille* nombreuse
Au *père qui* craint le *Seigneur* ;
Donne à *moi sagesse* et *bonheur*,
Pour que ma *mère* soit heureuse.

Que *je* sois bon, quoique petit,
Comme cet enfant dans le temple
Que chaque matin *je* contemple,
Souriant au pied de mon lit.

Mets dans mon âme la *justice*,
Sur mes lèvres la *vérité* ;
Qu'avec crainte et docilité
Ta *parole* en mon cœur mûrisse ;

Et que ma *voix s'*élève à toi
Comme cette douce fumée
Que balance l'*urne* embaumée
Dans la main d'enfants comme moi !

91. LES ÉCOLIERS.

Mettez *(a)* après les verbes actifs ; *(n)* après les verbes neutres ; *(pr)* après les verbes pronominaux ; *(imp)* après les verbes impersonnels.

Un petit colporteur de pâtisserie *passait* devant une classe, son panier sur sa tête; il fut aussitôt entouré d'une troupe bruyante d'écoliers. Cet âge est sans pitié, et le panier aux pâtés *courait* un danger manifeste. Le petit marchand, qui *vit* le péril, *voulut s'enfuir*, mais il n'était plus temps; les enfants l'*avaient saisi*: chacun le *retenait* et *feignait* d'en vouloir à sa boutique, qu'il *défendait* avec une sollicitude peu commune. Enfin, après de longs débats, force coups de poings reçus et donnés, il *parvint* à se *dégager*, et il *s'échappa* des mains de nos lutins sans *avoir* rien *perdu*. Mais en fuyant il *laissa tomber*, sans *s'en apercevoir*, la plus belle tartelette qui fût dans sa corbeille. Un de ceux qui *avaient paru* les plus acharnés à le *persécuter*, un enfant d'environ dix ans, qui *semblait* fort vif, *se jette* sur cette proie, la *ramasse* avec soin, *court* après le marchand qui *fuyait* de toutes ses jambes, *l'atteint*, et *remet* sain et sauf son gâteau dans la corbeille. Un passant qui avait été témoin de cette scène, *acheta* la boutique du petit marchand, et la *distribua* aux écoliers en récompense de la bonne action de leur petit camarade.

92. LES SINGES ET LES BONNETS DE COTON.

Même devoir.

Un pauvre colporteur *passait* dans un bois peuplé de singes. Fatigué des courses de la matinée et épuisé encore plus par la chaleur, il *s'assied* au pied d'un marronnier. Bientôt une douce langueur *s'empare* de ses membres, le sommeil *appesantit* ses paupières. Le lieu *semblait* l'*inviter* au repos : au-dessus de sa tête, des ombrages touffus; autour de lui, une mousse épaisse et jaunissante. Notre homme *s'étend* aussitôt sur le tapis que lui *a préparé* la nature. Mais pourquoi ne *prendrait*-il pas toutes ses aises ? Sa balle ouverte, il en *tire* un bonnet de coton (il *cultivait* cette intéressante branche de commerce), le *met* sur sa tête, *s'étend* de nouveau, *ferme* l'œil et *s'endort*. Or notre marchand n'*avait* pas *remarqué* que l'arbre sous lequel il *prenait* un sommeil réparateur était l'asile d'une multitude de singes. A peine est-il endormi, que de toutes parts *arrivent* ces messieurs. En un clin d'œil, la balle est pillée; et chacun de nos magots coiffé d'un bonnet de coton.

Enfin le colporteur *se réveille*. Est-il le jouet d'une

hallucination? Mais non; le fait n'est que trop réel. Plus de balle, ou plutôt plus de bonnets de coton! Sa balle, tout à l'heure si ronde, si pesante, vide maintenant, n'*offre* plus à sa vue consternée qu'une enveloppe informe, dépliée, sans valeur. « Volé! je suis volé! » *s'écrie*-t-il. Et il est sur ses pieds. A ce mouvement subit, un bruit confus *se fait entendre* dans le feuillage d'alentour. L'infortuné *lève* la tête et *voit* toute une armée de singes gambadant de branches en branches. Autant de têtes, autant de bonnets de coton. Comment faire pour *rentrer* en possession de son bien? *Courir* après les singes? autant *vouloir mettre* la forêt dans sa poche. Enfin il *croit avoir trouvé* un moyen, et le voilà lançant des pierres. Les singes *ripostent* et *font pleuvoir* sur lui une grêle de marrons. Il *injurie* les voleurs; ceux-ci lui *répondent* par mille cris discordants. Hors de lui et se *croyant* ruiné, notre homme *frappe* du pied la terre, *saisit* avec rage le bonnet qu'il *a* sur la tête, le seul, hélas! qui lui *reste*, et le *lance* violemment à terre. C'est par là qu'il *aurait dû commencer*; car les singes *se découvrent* aussitôt, *grincent* des dents et *font pleuvoir* sur le colporteur une pluie de bonnets de coton.

RADICAL ET TERMINAISON.

93. LE SINGE ET LE CORDONNIER.

Séparez par un trait le radical de la terminaison. (§ 111.)

Il y avait une fois un cordonnier qui *vivait* à grand'-peine du produit de son travail. Outre qu'il *gagnait* peu, il avait un ennemi inconnu qui, dès qu'il s'*absentait* un moment, lui *faisait* beaucoup de tort. Tantôt c'étaient des chaussures neuves qu'il *trouvait* lacérées, tantôt une pièce de cuir *découpée* en lambeaux et comme avec le dessein de *faire* une méchante contrefaçon de son travail.

Un jour, il se *cacha* dans son arrière-boutique, bien *résolu* à ne *quitter* son poste que lorsqu'il aurait découvert le coupable. D'abord il n'*aperçut* rien; mais à l'heure où il *rentrait* dans sa chambre pour *prendre* son repas, un bruit d'outils se fit *entendre*. Quel ne fut pas son étonnement! A travers les fentes de la cloison, il vit un singe qui s'était *installé* à sa place, et qui *imitait*, tant bien que mal, le travail d'un cordonnier, *coupant, taillant, essayant* de *coudre*.

Il *entra* brusquement et l'animal se *sauva* dans la maison qui était en face. Le pauvre homme *supplia*, mais en vain, la maîtresse du singe d'*ôter* la liberté à ce maladroit ouvrier. La dame rit aux éclats de l'aventure, et *déclara* qu'elle ne *voulait* pas *priver* son favori d'un amusement si plaisant.

Le cordonnier *imagina* alors un moyen de se *venger*. Ayant *remarqué* que le singe ne le *perdait* pas de vue pendant son travail, il prit un tranchet et fit deux ou trois fois le geste d'un homme qui se *coupe* la gorge; ensuite il se *roula* à terre en *faisant* force grimaces; puis, il s'en *alla dîner*.

Notre singe d'*accourir*, de *prendre* le tranchet, et de *reproduire* les mouvements qu'il avait vu *faire*. Il les *imita* si bien qu'il se fit une large blessure, dont il *mourut*.

94. L'ADROIT FILOU.

Indiquez la personne et le nombre du verbe. — Ecrivez : *Florissait*(3 p. s.).

Un jour que Guillery, fameux voleur qui *florissait* au commencement du dix-septième siècle, se *promenait* sur le grand chemin qui *va* de Niort à La Rochelle, il *rencontra* un paysan qui s'en *allait* plaider dans cette dernière ville. L'ayant accosté, il lui *demanda* où il *allait* « A La Rochelle, *répondit* l'autre. — Eh bien, *dit* Guillery, nous *irons* donc de compagnie, puisque j'y *vais* aussi. »

En cheminant, il *demanda* au bonhomme pour quelles affaires il s'en *allait* si loin. « Ah ! dame, *dit* le paysan, c'*est* pour plaider. — Pour plaider ? Vous *avez* donc de l'argent ? — Non, je n'en *ai* point. — En ce cas, nous *sommes* bien ensemble, puisque nous n'en *avons* ni l'un, ni l'autre. Mais, *reprit*-il quelques pas plus loin, *savez*-vous ce qu'il nous *faut* faire ? — Non, *dit* le paysan. — Il faut prier Dieu de nous en envoyer. »

Et aussitôt il se *mit* à genoux, disant au plaideur d'en faire autant. Le pauvre homme *obéit* ; mais il *commençait* à sentir qu'il *avait* peur, et qu'il *était* probablement en compagnie d'un bandit.

Ils s'*étaient mis* trois ou quatre fois à genoux sans que le ciel *eût* rien *envoyé* au paysan, qui ne *demandait* dans sa prière que d'être délivré de son compagnon. Guillery, au contraire, toutes les fois qu'il se *fouillait, trouvait* que Dieu lui *envoyait* toujours quelque chose, la première fois dix sous, la seconde vingt, la troisième un écu. Il *partageait* chaque somme en deux, en *donnait* la moitié au paysan, et lui *disait* de se fouiller pour voir s'il n'*avait* rien dans ses poches. Mais le paysan *retirait* toujours ses mains vides, et *assurait* qu'au reste il *était* content de la part qu'il *venait* de recevoir.

« Attendez pourtant, *dit* enfin Guillery ; je *suis* plus adroit que vous : *permettez* que je *fouille* moi-même dans vos poches. Je *jurerais* que le ciel y *a envoyé* quelque chose. »

Il *fouilla* si bien qu'il *trouva* la bourse, laquelle *contenait* cent cinquante écus d'or. « Vous *voyez*, dit-il, que vous n'*alliez* pas au bon coin. »

Il *fit* des cent cinquante écus deux parts égales, en *prit* une pour lui et *remit* l'autre au paysan, en lui disant : « *Prenez* la moitié de ce que le ciel vous *envoie* ; il *faut* qu'il vous *aime* bien plus que moi, pour vous adresser en une seule fois une si belle somme. »

Là-dessus, il *prit* congé du bonhomme, qui *fut* fort aise d'en être quitte à ce prix.

95. UNE CASCADE AUX PYRÉNÉES.

Indiquez la personne et le nombre du verbe.

J'*eus* un double plaisir à voir ma première cascade : d'abord, parce qu'elle *était* la première, ensuite, parce que j'en *avais fait* la découverte. C'*était* dans le torrent qui *mène* aux Eaux-Bonnes. Je me *promenais* au bord de ce torrent, cherchant de l'ombre ; et, puisqu'il m'*était défendu* de m'asseoir au sommet de ces pics où l'air est si pur et si rafraîchi, je me *cachais* au fond du ravin pour éviter un soleil dévorant. J'*errais* au hasard sans suivre de sentier, m'enfonçant sous les hêtres, attiré comme malgré moi vers un bruit étrange autour duquel je *tournais* sans pouvoir l'atteindre, descendant au bord de l'eau, puis remontant le long des rives, tantôt perdant ce bruit, tantôt l'entendant tout près de mon oreille : *c'était* une cascade. L'épaisseur du bois, les mille détours du torrent, les courants d'air, en dispersant ou en concentrant le bruit de la chute, *m'avaient fait* croire que j'en *étais* loin quand j'en étais tout près, et tout près quand j'en étais loin. Enfin, je *l'avais trouvée.* Je me *laissai* donc mouiller de sa poussière humide. *J'avançai* ma tête sur le bord pour sentir mes cheveux soulevés par ce souffle puissant d'une eau qui *tombe* de cinquante pieds; car cette cascade n'*a* que cinquante pieds, aussi n'*est*-elle point vantée.

Ce bruit, si nouveau pour moi, me *donna* une sorte d'étourdissement qui n'*était* pas sans charme. Il *semble* qu'on ne s'*entende* plus penser, et que l'âme *soit* assourdie comme l'oreille.

Je me *parlais,* et ma voix n'*arrivait* pas jusqu'à mon ouïe ; je *marchais,* et mon pied ne *faisait* rendre aucun son à la terre ; je *criais,* et il me *semblait* que je me *parlais* tout bas. Un voyageur égaré *pourrait* se trouver ici à côté d'un brigand et tous deux passer la nuit adossés au tronc du même hêtre, sans qu'il y *eût* ni un voleur, ni un volé, ni un assassin, ni une victime. Un contrebandier *pourrait* compter son butin à quelques pas d'un douanier à l'affût. Un ours affamé *serait* forcé de jeûner à côté d'un isard gîté sous la feuillée.

Je m'*étais* assis et je *rêvais* à cela, me croyant bien seul, lorsque ayant jeté les yeux machinalement autour de moi, je *vis* à ma droite, sur un quartier de marbre blanc, où *tombaient* quelques rayons de soleil qui s'*étaient* glissés à travers le bois, un beau lézard faisant son dîner d'un scarabée, et, à ma gauche, un vaste chapeau de paille sous lequel *s'abritait* un savant, lisant une flore des Pyrénées. Ni le lézard, ni le savant ne *m'avaient entendu* marcher, parler, crier, et ils *étaient* tous deux à la portée de ma main. Je *regardais* le lézard se redresser sur sa queue, se baisser pour mieux saisir le scarabée, dont l'aile dure *était* la seule défense ; je *regardais* le savant feuilleter sa flore des Pyrénées et y chercher la famille d'une petite fleur bleue qu'il *tenait* dans sa main. *J'aurais* pu faire la lecture derrière lui et prendre ma part de ses doctes expériences. A la fin, le lézard *vint* à bout de son scarabée, non sans peine, et se *coucha* le long d'une raie de soleil pour faire sa digestion. Quant au savant, je *compris* à son geste animé, aux mouvements précipités de son grand chapeau de paille, qu'il *avait* trouvé la famille de sa fleur et qu'il *poussait* des exclamations de joie. Je me *levai* et *partis* sans déranger le lézard ni le savant.

96. MIEUX QUE ÇA.

Indiquez le temps et le mode des verbes. — Ecrivez : *Aimait* (imp. de l'ind.).

L'empereur Joseph II n'*aimait* ni la représentation, ni l'appareil, témoin ce fait qu'on se *plaît* à citer. Un jour que, revêtu d'une simple redingote boutonnée et accompagné d'un domestique sans livrée, il *était allé*, dans une calèche à deux places qu'il *conduisait* lui-même, *faire* une promenade du matin aux environs de Vienne, il *fut* surpris par la pluie comme il *reprenait* le chemin de la ville.

Il en *était* encore éloigné, lorsqu'un piéton, qui *rega-*

gnait aussi la capitale, *fait* signe au conducteur d'*arrêter* ; ce que Joseph *fait* aussitôt. « Monsieur, lui *dit* le militaire (car c'était un sergent), y *aurait*-il de l'indiscrétion à vous *demander* une place à côté de vous ? Cela ne vous *gênerait* pas prodigieusement, puisque vous *êtes* seul dans votre calèche, et *ménagerait* mon uniforme que je *mets* aujourd'hui pour la première fois. — *Ménageons* votre uniforme, mon brave, lui dit Joseph, et *mettez*-vous là. D'où *venez*-vous ? — Ah ! dit le sergent, je *viens* de chez un garde-chasse de mes amis, où *j'ai fait* un fier déjeuner. — Qu'*avez*-vous donc *mangé* de si bon ? — *Devinez.* — Que *sais*-je, moi, une soupe à la bière ? — Ah ! bien oui, une soupe ; mieux que ça. — De la choucroûte ? — Mieux que ça. — Une longe de veau ? — Mieux que ça, vous *dit*-on. — Oh ! ma foi, je ne *puis* plus deviner, dit Joseph. — Un faisan ! mon digne homme, un faisan tiré sur les plaisirs de Sa Majesté ! — Tiré sur les plaisirs de Sa Majesté ? Il n'en *devait* être que meilleur. — Je vous en *réponds.*

Comme on *approchait* de la ville, et que la pluie *tombait* toujours, Joseph *demanda* à son compagnon dans quel quartier il *logeait*, et où il *voulait* qu'on le *descendît*. — Monsieur, c'est trop de bonté, je *craindrais* d'abuser de ... — Non, non, dit Joseph ; votre rue ? » Le sergent, indiquant sa demeure, *demanda* à connaître celui dont il *recevait* tant d'honnêtetés. « A votre tour, dit Joseph, *devinez*. — Monsieur *est* militaire, sans doute. — Comme *dit* monsieur. — Lieutenant ? — Ah ! bien oui, lieutenant ; mieux que ça. — Capitaine ? — Mieux que ça. — Colonel, peut-être ? — Mieux que ça, vous *dit*-on. — Comment diable, *dit* l'autre en se rencognant aussitôt dans la calèche, *seriez*-vous feld-maréchal ? — Mieux que ça. — Ah !

mon Dieu, c'est l'empereur! — Lui-même, dit Joseph en ouvrant sa redingote pour *montrer* ses décorations. » Il n'y *avait* pas moyen de *tomber* à genoux dans la voiture ; l'invalide se *confond* en excuses et *supplie* l'empereur d'arrêter pour qu'il *puisse* descendre. « Non pas, lui dit Joseph; après *avoir mangé* mon faisan, vous *seriez* trop heureux de vous débarrasser de moi aussi promptement; j'*entends* bien que vous ne me *quittiez* qu'à votre porte. » Et il l'y *descendit*.

REMARQUES SUR QUELQUES VERBES.

Première conjugaison.

Corrigez les fautes.

Verbes en cer.

Cette entreprise s'*annoncait* bien, elle a mal tourné.— Un ange *annonca* à la Vierge le mystère de l'Incarnation. — Il *effaca* par sa magnificence tous ceux qui parurent à ce carrousel. — Codrus s'*élanca* au milieu des ennemis. — Je lui *enfoncai* dans le corps mon épée jusqu'à la garde. — Vos bienfaits ne s'*efaceront* jamais de ma mémoire. — La peur me *glaca* le sang dans les veines. — Il *balancait* entre ses intérêts et sa conscience.

Verbes en ger.

La femme de Loth fut *changée* en une statue de sel.— Aux noces de Cana, Notre-Seigneur *changa* l'eau en vin. — *Soulagons* les malheureux. — C'était une âme généreuse, qui *partagait* avec moi le fardeau de mes peines. — Il *commenca* par être mousse, et il mourut amiral. — Ève *manga* du fruit défendu. — On apprend bien des choses en *voyagant*. — Nous nous *jugons* rarement comme les autres nous *jugent*.

Il vivait de régime et *mangait* à ses heures. (La Font.)

Verbes qui ont un e *fermé à l'avant-dernière syllabe.*

J'*espere* gagner mon procès. — C'est un égoïste qui se *préfere* à tout. — Ce furent les dernières paroles qu'il *profera* en mourant. — L'ennui *succede* presque toujours aux plaisirs bruyants. — Qui ne *préfererait* la mort à l'esclavage? — Quand la bonne foi *regne*, la parole suffit. — Les abus négligés *dégénerent* insensiblement en maux incurables.

Qui *possede* beaucoup, doit donner beaucoup d'or ;
Et qui *possede* peu, devra donner encor. (A. Guiraud.)

Verbes en éer, éger.

Dieu *protege* la France. — L'étude *supplee* à la stérilité de l'esprit. — Il se *cree* souvent tout à coup des courants sous-marins. — On *allege* sa douleur en *allegeant* celle des autres. — La conversation *abrege* le chemin. — Quand il est en colère, il jure, il *maugree*. — Déjà les eaux débordées nous *assiegaient* de toutes parts.

Dispose de ma griffe et sois en assurance ;
Envers et contre tous je te *protegerai*. (La Font.)

Verbes qui ont un e *muet à l'avant-dernière syllabe.*

Le vent *souleve* la poussière. — Au lieu de me payer, voilà six mois qu'il me *promene*. — Les talents *menent* plus souvent à la réputation qu'à la fortune. — Je le *menerai* par un chemin où il n'y a pas de pierres.

Verbes en eler, eter.

L'homme qui rend le bien pour le mal, ressemble à l'arbre qui donne des fruits à ceux qui lui *jettent* des pierres. — Dans la prospérité, l'ami véritable attend qu'on l'*appele* ; dans l'adversité, il se présente de lui-même. — Qui bon l'*achete*, bon le boit. — La conscience *bourrele* les méchants. — Le rouge-gorge *becquete* jusque dans le pain du bûcheron. — On *attele* à des traînaux les chiens de Sibérie.

Le quadrupède écume, et son œil *étincele*.
Un avorton de mouche en cent lieux le *harcele*. (La Font.)

Verbes en uer.

Pour savoir quelque chose il faut que nous *suions*. — Parce que votre antipathie est naturelle, il ne faut pas que vous *concluiez* qu'elle est innocente. — Nous étions à Lyon, sur la terrasse de Fourvière, et nous *distinguions* le mont Blanc à l'œil nu. — On veut que vous *secouiez* votre indolence, que vous *jouiez* avec vos condisciples, et que vous *contribuiez* à la joie commune. — Dieu exige que vous *pratiquiez* ses commandements. — Il faut que vous *accentuiez* mieux cette phrase. — Voulez-vous que nous *concluions* aujourd'hui ce marché? — Ils *arguent* mal à propos de ce fait. — Il est nécessaire que vous *diminuiez* vos dépenses. — Vous *manquiez* seul à la fête qu'on avait préparée pour vous.

Verbes en yer.

Tous les chiens qui *aboient* ne mordent pas. — Il le *paia* en monnaie de singe. — Qui casse les verres les *paie*. — Ce charlatan a *envoié* son malade dans l'autre monde. — Elle *emploie* la plus grande partie de son revenu en aumônes. — Les voleurs ont *nettoié* sa chambre. — Peut-être est-ce une proie que la Fortune nous *envoie*. — Nous *essaions* de nous faire honneur des défauts dont nous ne voulons pas nous corriger. — Cet homme *bégaie* si fort, qu'on a toutes les peines du monde à l'entendre.

Le plus charmant séjour à la fin nous *ennuie*. (Regnard.)

La raison pour marcher n'a souvent qu'une voie;
Pour peu qu'on s'en écarte aussitôt on se *noie*. (Boileau.)

Verbes dont le participe présent est en iant *ou* yant.

Si nous *payons* plus cher, nous serions peut-être mieux servis. — La religion ordonne que nous nous *méfions* de nos défauts. — Le mauvais temps nous empêchait de sortir, et nous nous *désennuyons* en faisant de la musique. — Pourquoi *rudoyez*-vous cette enfant tout à l'heure? — Nous pleurions, nous *crions* de toutes nos forces. — Il ne faut pas que vous *ayez* pour amis les ennemis de Dieu. — Il est rare que nous nous *réconcilions* avec un homme qui a blessé notre amour-propre. — Nous *cotoyons* les rivages de la fertile Egypte, lorsqu'un vaisseau phénicien nous fit prisonniers. — Il est difficile que vous *conciliez* vos devoirs avec le goût des plaisirs.

Seconde conjugaison.

Bénir, Fleurir, Haïr.

L'ange dit à Marie : Vous êtes *béni* entre toutes les femmes, et Jésus, le fruit de vos entrailles, est *béni*. — Les drapeaux ont été *béni*. — C'est un donneur d'eau *béni*. — Les corporaux sont des linges *béni*.

Que *béni* soit le ciel qui te rend à mes vœux ! (Racine.)

Les sciences *fleurissaient* sous le règne de ce prince. — Athènes *florissait* sous Périclès. — Le poëte Ronsard *florissait* à la fin du XVIe siècle. — Là *fleurissait* jadis une ville opulente.

Un vieillard sur son âne aperçut en passant
Un pré plein d'herbe et *fleurissant*. (La Font.)

C'est un malheureux que tout le monde *hait* et qui se *hait* lui-même. — *Hais* le mensonge et la flatterie. — C'est en *haissant* le vice que nous nous fortifions dans l'amour de la vertu.

Qui vit *hai* de tous ne saurait longtemps vivre. (Corn.)

Quatrième conjugaison.

Verbes qui n'ont ni d *ni* c *à la fin du radical.*

Comme on *fai* son lit on se couche. — Quand on veut noyer son chien, on *di* qu'il a la rage. — Il ne *suffi* pas de paraître bon, il faut l'être. — Tout ce qui *relui* n'est pas or. — Trop gratter *cui*, trop parler *nui*.

Il sépare les dards, et les *romp* sans effort. (La Font.)

Verbes qui ont un d *ou un* c *à la fin du radical.*

Il *atten* que alouettes lui tombent toutes rôties dans la bouche. — A laver la tête d'un nègre on *per* sa lessive. — Chat échaudé *crain* l'eau froide. — Qui n'*enten* qu'une cloche n'*enten* qu'un son. — Beaucoup de gens prennent des amis comme on *pren* un jeu de cartes ; ils s'en servent tant qu'ils espèrent gagner.

Verbes conjugués interrogativement.

Mettez un trait d'union aux endroits convenables. (§ 150.)

« Bourreau ! me feras tu toujours frapper deux fois à la porte ? — Monsieur, je travaillais au jardin. Au premier coup de marteau, j'ai couru si vite que je suis tombé en chemin. — Je voudrais que tu te fusses rompu le cou. Que ne laisses tu la porte ouverte ? — Eh ! Monsieur, vous me grondâtes hier parce qu'elle l'était. Quand elle est ouverte, vous vous fâchez ; quand elle est fermée, vous vous fâchez aussi. Je ne sais plus comment faire. — Comment faire ? coquin ! — Oh ! çà, Monsieur, quand vous êtes sorti, voulez vous que je laisse la porte ouverte ? — Non. — Voulez vous que je la tienne fermée ? — Non. — Si faut il, Monsieur... — Te tairas tu ? — Monsieur, je me ferais hacher ; il faut qu'une porte soit ouverte ou fermée, comment la voulez vous ? — Je la veux..., je la... mais voyez ce maraud ! Est ce à un valet à me faire des questions ? As tu balayé l'escalier ? — Oui, Monsieur, depuis le haut jusqu'en bas. — Et la mule, lui as tu donné l'avoine ? — Oui, Monsieur ; Guillaume y était présent. — Et mes lettres, les as tu portées à la poste ? — Je n'ai eu garde d'y manquer. — Je t'ai défendu cent fois de racler ton maudit violon ; cependant j'ai entendu ce matin... — Ce matin ! ne vous souvient il pas que vous le mîtes hier en mille pièces ? — Je gagerais que ces deux cordes de bois sont encore... — Elles sont logées. Depuis cela, j'ai aidé à Guillaume à mettre dans le grenier une charretée de foin, j'ai arrosé tous les arbres du jardin, j'ai nettoyé les allées, j'ai bêché trois planches, et j'achevais l'autre quand vous avez frappé. — Oh ! il faut que je chasse ce coquin-là. Il me ferait mourir de chagrin. Hors d'ici ! — Que diable a t il mangé ?

ACCORD DU VERBE.

97. LE LOUP.

Mettez les verbes au présent de l'indicatif, en les faisant accorder en personne et en nombre avec leur sujet.

Le loup être naturellement grossier et poltron ; mais *il devenir* ingénieux par besoin et hardi par nécessité ; pressé par la faim, *il braver* le danger, *attaquer* les animaux *qui être* sous la garde de l'homme, ceux surtout qu'*il pouvoir* emporter aisément, comme les agneaux, les chevreaux, les petits chiens ; et lorsque cette *maraude* lui *réussir*, *il revenir* souvent à la charge ; mais s'il a été blessé, ou chassé et maltraité par les hommes et les chiens, *il* se *cacher* pendant le jour dans son fort, n'en *sortir* que la nuit, *parcourir* la campagne, *rôder* autour des habitations, *ravir* les animaux abandonnés, *attaquer* les bergeries, *gratter* et *creuser* sous les portes, *entrer* furieux, *mettre* tout à mort avant de choisir et d'emporter sa proie.

Lorsque ses *courses* ne lui *produire* rien, *il retourner* au fond des bois, se *mettre* en quête, *chercher*, *suivre* à la piste, *chasser*, *poursuivre* les animaux sauvages, dans l'espérance qu'un autre loup pourra les arrêter, les saisir dans leur fuite, et qu'ils en partageront la dépouille. Enfin, lorsque le *besoin être* extrême, *il s'exposer* à tout, *attaquer* les femmes et les enfants, se *jeter* même quelquefois sur les hommes, *devenir* furieux par ses excès, *qui finir* ordinairement par la rage et la mort.

Le *loup ressembler* si fort au chien, qu'*il paraître* être modelé sur la même forme ; mais *ils être* incompatibles par nature, ennemis par instinct. Un jeune *chien frisonner* au premier aspect du loup ; *il fuir* à l'odeur seule, *qui*, quoique nouvelle, inconnue, lui *répugner* si fort, qu'*il venir* en tremblant se ranger entre les jambes de son maître.

Un *mâtin qui connaître* ses forces, *se hérisser, s'indigner, l'attaquer* avec courage, *tâcher* de le mettre en fuite, et *faire* tous ses efforts pour se délivrer d'une présence *qui* lui *être* odieuse. Jamais *ils* ne *se rencontrer* sans se fuir, ou sans combattre, et combattre à outrance, jusqu'à ce que la mort suive. Si le *loup être* le plus fort, *il déchirer, il dévorer* sa proie ; le *chien*, au contraire, plus généreux, *se contenter* de la victoire, et ne *trouver* pas que le corps d'un ennemi sente bon. *Il l'abandonner* pour servir de pâture aux corbeaux, et même aux autres loups ; car *ils s'entre-dévorer*, et, lorsqu'un *loup être* grièvement blessé, les *autres* le *suivre* au sang et *s'attrouper* pour l'achever.

98. LE DANGER D'UNE PORTE OUVERTE.

Mettez à l'imparfait les verbes en italique, et au parfait défini les verbes entre parenthèses.

Je me souviens qu'étant à la campagne, j'(avoir) un exemple de ces petites pertes qu'un ménage est exposé à supporter par sa négligence. Faute d'un loquet de peu de valeur, la porte d'une basse-cour qui *donner* sur les champs, se *trouver* souvent ouverte. Chaque personne qui *sortir tirer* la porte ; mais n'ayant aucun moyen extérieur de la fermer, la porte *rester* battante. Plusieurs animaux de basse-cour avaient été perdus de cette manière. Un jour, un jeune et beau porc s'(échapper) et (gagner) les bois. Voilà tous les gens en campagne : le jardinier, la cuisinière, la fille de basse-cour (sortir) chacun de leur côté, en quête de l'animal fugitif. Le jardinier (être) le premier qui l'(apercevoir) ; et, en sautant un fossé pour lui barrer le passage, il se (faire) une dangereuse foulure, qui le (retenir) plus de quinze jours dans son lit. La cuisinière (trouver) brûlé du linge qu'elle avait abandonné près du feu pour le faire sécher ; et la fille de basse-cour, ayant quitté l'étable sans se donner le temps d'attacher les bestiaux, une des vaches, en son absence, (casser) la jambe à un poulain qu'on *élever* dans la même écurie. Les journées perdues du jardinier *valoir* bien soixante francs ; le linge et le poulain en *valoir* bien autant : voilà donc en peu d'instants, faute d'une fermeture de quelques sous, une perte de cent vingt francs, supportée par des gens qui *avoir* besoin de la plus stricte économie, sans parler ni des souffrances causées par la maladie, ni de l'inquiétude et des autres inconvénients étrangers à la dépense. Ce n'*être* pas de grands malheurs ni de grosses pertes; cependant, quand on saura que le défaut de soin *renouveler* de pareils accidents tous les jours, et qu'il (entraîner) finalement la ruine d'une famille honnête, on conviendra qu'il *valoir* la peine d'y faire attention.

99. LE LIÈVRE ET LE HÉRISSON.

Mettez à l'imparfait les verbes en italique, et au parfait défini les verbes entre parenthèses.

C'*être* par une belle matinée d'été, pendant le temps de la moisson, précisément quand le sarrasin est en fleur. Le *soleil briller* dans le ciel, les *alouettes chanter* dans l'air, les *abeilles bourdonner* dans le sarrasin, et les *gens se rendre* à l'église dans leur toilette de dimanche, et toutes les *créatures être* en joie, et le hérisson aussi.

Mais le *hérisson se tenir* devant sa porte; *il avoir* les bras croisés, *regarder* couler le temps, et *chanter* sa petite chanson, ni mieux ni plus mal que ne chante un hérisson par une belle matinée de dimanche. Tandis qu'*il chanter* ainsi à demi voix, il (avoir) l'idée assez hardie vraiment de faire quelques pas dans la plaine, et d'aller voir comment *pousser* ses *navets*. Les *navets être* tout près de sa maison, et *il être* dans l'habitude d'en manger, lui et sa famille ; aussi les *regarder il* comme lui appartenant.

Le hérisson (fermer) donc la porte derrière lui et se

(mettre) en route. *Il être* à peine hors de chez lui, et *il aller* justement tourner un petit buisson *qui border* le champ où *être* les *navets*, quand il (rencontrer) le lièvre, *qui être* sorti dans une intention toute semblable pour aller visiter ses choux. Quand le hérisson (apercevoir) le lièvre, il lui (souhaiter) amicalement le bonjour. Mais le lièvre, *qui être* un grand personnage à sa manière, et de plus très fier de son naturel, ne (rendre) pas le salut au hérisson ; mais lui (dire), et d'un air excessivement moqueur : « Comment se fait-il que tu coures comme cela les champs par une si belle matinée? — Je vais me promener, (dire) le hérisson. — Te promener ! (dire) en riant le lièvre; il me semble qu'il te faudrait pour cela d'autres jambes. »

Cette réponse (déplaire) extrêmement au hérisson, car *il* ne *se fâcher* jamais, excepté quand *il être* question de ses jambes, précisément parce qu'*il* les *avoir* torses de naissance. « Tu t'imagines peut-être, (dire) il au lièvre, que tes jambes valent mieux que les miennes? — Je m'en flatte, (dire) le lièvre. — C'est ce qu'il faudrait voir, (repartir) le hérisson. Je parie que si nous courons ensemble, je courrai mieux que toi. — Avec tes jambes torses? Mais soit, je le veux bien; et nous pouvons en faire l'épreuve sur-le-champ. — Non ; cela n'est pas si pressé, (dire) le hérisson. Je n'ai encore rien pris ce matin; je vais d'abord rentrer chez moi et manger un morceau. Dans une demi-heure, je serai au rendez-vous. »

Le lièvre y consent et le hérisson s'en va. En chemin, il se *dire* : « Le lièvre se fie à ses longues jambes, mais je lui jouerai un tour. Il fait son important, mais ce n'est qu'un sot, et il le payera. »

En arrivant chez lui, le hérisson (dire) donc à sa femme: « Il faut que tu viennes aux champs avec moi.—Qu'y a-t-il donc, (dire) la femme ? — J'ai parié avec le lièvre que je courrai mieux que lui, et il faut que tu sois de la partie. — Bon Dieu, (dire) la femme, as-tu perdu la cervelle? Comment prétends-tu lutter à la course avec le lièvre?

— Silence ! c'est mon affaire. Ne te mêle pas de ce qui regarde les hommes. Partons. »

Comme ils *cheminer* ensemble, le hérisson (dire) à sa femme : « Fais bien attention à ce que je vais te dire. Nous allons courir dans cette grande pièce de terre que tu vois. Le lièvre court dans un sillon et moi dans l'autre ; nous partirons de là-bas. Tu n'as qu'à te tenir cachée dans mon sillon, et, quand le lièvre arrivera près de toi, tu te montreras à lui en criant : « Me voilà ! »

Tout en disant cela, ils *être arrivés*. Le *hérisson* (marquer) à sa femme la place qu'elle *devoir* tenir, et *il* (remonter) le champ. Quand *il* (être) au bout, *il* y (trouver) le lièvre, qui lui (dire) : « Allons-nous courir ? —Sans doute, (répondre) le *hérisson*. — En route donc. » Et *chacun* se (placer) dans son sillon. Le *lièvre* (dire) : « Une, deux, trois ! » et (partir) comme un trait. Le *hérisson* (faire) trois pas, puis (se tapir) dans le sillon et y (demeurer) coi.

Quand le *lièvre* (être) arrivé à grandes enjambées au bout de la pièce de terre, la *femme* du hérisson lui (crier) : « Me voilà ! » Le *lièvre* (être) tout étonné et (s'émerveiller) fort. Il *croire* bien entendre le hérisson lui-même, car la femme *ressembler* parfaitement à son mari. *Il* (crier) : « Recommençons ! « Et *il* (courir) encore, partant comme un tourbillon et arpentant le terrain. La *femme* du hérisson ne (bouger) de sa place. Quand le *lièvre* (arriver) à l'autre bout du champ, le *hérisson* lui (crier) : « Me voilà ! » Le *lièvre*, tout hors de lui, (dire) : « Recommençons ! — Je ne dis par non, (répondre) le *hérisson* ; je suis prêt à courir tant qu'il te plaira. »

Le *lièvre* (courir) ainsi soixante-treize fois de suite, et le *hérisson* (soutenir) la lutte jusqu'à la fin. A la soixante-quatorzième fois, le *lièvre* ne (pouvoir) achever. Au milieu du champ, *il* (rester) à terre ; le sang lui *sortir* par le cou, et il (expirer). Le *hérisson* (appeler) sa femme ; *tous deux* (rentrer) très contents chez eux, et, s'ils ne sont pas morts, ils vivent encore.

100. UN AQUEDUC.

Mettez au parfait défini les verbes en italique, et à l'imparfait les verbes entre parenthèses.

Il y (avoir) hors de la porte de la cour une terrasse à gauche en entrant, sur laquelle on (aller) souvent s'asseoir l'après-midi, mais qui n'(avoir) point d'ombre. Pour lui en donner, M. Lambercier y *faire* planter un noyer. La plantation de cet arbre se *faire* avec solennité. Les deux pensionnaires en *être* les parrains, et, tandis qu'on (combler) le creux, nous (tenir) l'arbre chacun d'une main, avec des chants de triomphe. On *faire* pour l'arroser une espèce de bassin tout autour du pied. Chaque jour, ardents spectateurs de cet arrosement, nous nous (confirmer) dans l'idée très naturelle qu'il (être) plus beau de planter un arbre sur la terrasse qu'un drapeau sur la brèche ; et nous *résoudre* de nous procurer cette gloire, sans la partager avec qui que ce fût.

Pour cela, nous *aller* couper une bouture de jeune saule, et nous la *planter* sur la terrasse à huit ou dix pieds de l'auguste noyer. Nous n'*oublier* pas de faire aussi un creux autour de notre arbre. La difficulté (être) d'avoir de quoi le remplir, car l'eau (venir) d'assez loin et on ne nous (laisser) pas courir pour en aller prendre. Cependant il en (falloir) absolument pour notre saule. Nous *employer* toutes sortes de ruses pour lui en fournir durant quelques jours, et cela nous *réussir* si bien que nous le *voir* bourgeonner et pousser de petites feuilles dont nous (mesurer) l'accroissement d'heure en heure, persuadés, quoiqu'il ne fût pas à un pied de terre, qu'il ne tarderait pas à nous ombrager.

Comme notre arbre, nous occupant tout entiers, nous (rendre) incapables de toute étude, et que, ne sachant à qui nous en (avoir), on nous (tenir) de plus court qu'auparavant, nous *voir* l'instant fatal où l'eau (aller) nous manquer, et nous nous (désoler) dans l'attente de voir notre arbre périr de sécheresse. Enfin la nécessité, mère de l'industrie, nous *suggérer* une invention pour garantir l'arbre et nous d'une mort certaine : ce *être* de faire par-dessous terre une rigole qui conduisît secrètement au saule une partie de l'eau dont on (arroser) le noyer. Cette entreprise, exécutée avec ardeur, ne *réussir* pourtant pas d'abord. Nous avions si mal pris la pente que l'eau ne (couler) point. La terre s'(ébouler) et (boucher) la rigole ; l'entrée se (remplir) d'ordures : tout (aller) de travers. Rien ne nous *rebuter*. Nous *creuser* davantage la terre et notre bassin, pour donner à l'eau son écoulement; nous *couper* des fonds de boîtes en petites planches étroites, dont les unes mises de plat à la file et d'autres posées en angle des deux côtés sur celles-là, nous *faire* un canal triangulaire pour notre conduit.

Nous *planter*, à l'entrée, des petits bouts de bois mince et en claire-voie, qui, faisant une espèce de grillage, (retenir) le limon et les pierres sans boucher le passage à l'eau. Nous *recouvrir* soigneusement notre ouvrage de terre bien foulée, et le jour où tout *être* fait, nous *attendre*, dans des transes d'espérance et de crainte, l'heure de l'arrosement. Après des siècles d'attente, cette heure *venir* enfin ; M. Lambercier *venir* aussi à son ordinaire assister à l'opération, durant laquelle nous nous (tenir) derrière lui pour cacher notre arbre, auquel, très heureusement, il (tourner) le dos.

A peine (achever) on de verser le premier seau d'eau que nous *commencer* d'en voir couler dans notre bassin. A cet aspect, la prudence nous *abandonner* : nous nous *mettre* à pousser des cris de joie qui *faire* retourner M. Lambercier; et ce *être* grand dommage, car il (prendre) grand plaisir à voir comment la terre du noyer (être) bonne et (boire) avidement son eau. Frappé de la voir se partager entre deux bassins, il s'écrie à son tour, regarde, aperçoit la friponnerie, se fait brusquement apporter une pioche, donne un coup, fait voler deux ou trois éclats de nos planches, et criant à pleine tête : « Un aqueduc ! un aqueduc ! » il frappe de toutes parts des coups impitoyables, dont chacun (porter) au milieu de nos cœurs. En un moment, les planches, le conduit, le bassin, le saule, tout *être* détruit, tout *être* labouré, sans qu'il y eût, durant cette expédition terrible, nul autre mot prononcé, sinon l'exclamation qu'il (répéter) sans cesse : « Un aqueduc ! un aqueduc ! »

On croira que l'aventure *finir* mal pour les petits ingénieurs : on se trompera. M. Lambercier ne nous *dire* pas un mot de reproche, ne nous *faire* pas plus mauvais visage et ne nous en *parler* plus ; nous l'*entendre* même un peu après rire auprès de sa sœur à gorge déployée : car le rire de M. Lambercier s'(entendre) de loin ; et ce qu'il y *avoir* de plus étonnant encore, c'est que, passé le premier saisissement, nous ne *être* pas nous-mêmes fort affligés. Nous *planter* ailleurs un autre arbre, et nous (rappeler) souvent la catastrophe du premier en répétant entre nous avec emphase : « Un aqueduc ! un aqueduc ! »

101. L'ANON.

Mettez au futur les verbes en italique, et au parfait défini les verbes entre parenthèses.

Oh ! quand je *être* grand, que je m'*amuser !*
Quel plaisir d'être libre et d'agir à sa tête !
J'*aller*, je *venir*, je *courir ;*
Je veux voir du pays, et je *voyager ;*
Mes jours *être* des jours de fête.
Au lieu de rester là, tristement attaché,
Et réduit à brouter dans cette étroite sphère,
Ainsi que mon père et ma mère
J'*aller* fièrement au marché,
Mes paniers sur mon dos, agitant ma sonnette.
Chacun m'*admirer* : Voyez-vous, *dire*-t-on,
Comme il a l'oreille bien faite !

Quel jarret ferme et quel air de raison !
C'est une créature en vérité parfaite ;
Le voilà maintenant âne et non plus ânon...
Quel bonheur d'être grand ! Tout devient jouissance,
On est quelqu'un ; on peut hausser le ton ;
Ce qu'on dit a de l'importance,
Et l'on n'est plus traité comme un petit garçon.
Ainsi, dans sa pauvre cervelle,
Raisonnait un jeune grison,
Tout en broutant l'herbe nouvelle.
Le jour qu'il désirait à la fin (arriver) :
Il (devenir) grand ; mais il (trouver)
Qu'il n'avait pas bien fait son compte,
Lorsqu'il (sentir) les paniers sur son dos :
Oh ! oh ! (dire) il, voici de lourds fardeaux ;
Mon allure, avec eux, ne *être* pas très prompte.
A peine achevait-il ce mot,
Qu'un coup de fouet le force à partir au grand trot.
La chose lui (paraître) fort dure ;
Il (voir) bien qu'il fallait renoncer à l'espoir
De se complaire en son allure,
Et de dire *je veux* à toute la nature.
Grands, petits, (penser) il, ont chacun leur devoir.
J'en ai douté dans mon enfance ;
Mais je vois trop que, tout de bon,
Le courage et la patience
Sont utiles à l'âne encor plus qu'à l'ânon.

102. MON SOUHAIT.

Mettez les verbes au présent du conditionnel.

Quand pourrai-je vivre au village ?
Quand serai-je le possesseur
D'un champêtre réduit, asile du bonheur,
Qu'un bois de cerisiers ombrage ?
Tout auprès *être* un *jardin*,
Où *croître* la laitue, où *verdir* l'*oseille*,
Parmi de verts festons de lavande et de thym ;
Les *murs être* couverts d'une flexible treille,
Où *pendre* la *grappe* vermeille ;

La *figue* y *mûrir* à côté du raisin,
Et la fraise odorante au pied de la groseille.
Bordé de noisetiers, un limpide *ruisseau*
    Environner mon empire,
    Et mes *désirs*, j'ose le dire,
Ne *passer* jamais le cristal de son eau.
Plus satisfait que ceux que la fortune enivre,
Et dont l'avide *cœur* ne *savoir* se borner,
    Avec peu j'*avoir* de quoi vivre,
    J'*avoir* encor de quoi donner. (Jacquemard.)

103. UNE MAMAN AU MAITRE DE SON FILS.

Mettez les verbes à l'imparfait du subjonctif.

Je vous renvoie mon Hector, quoique ses forces ne soient pas encore bien rétablies. Je souhaiterais que *vous remarquer* s'il ne tousse point encore, et que *vous* m'en *informer*. Je voudrais que *vous veiller* à ce qu'*il porter* toujours un gilet de flanelle sur la peau; que *vous observer* s'il mange bien, s'il dort bien, s'il joue bien: car le petit est d'un caractère si doux, qu'il souffre sans se plaindre jamais. Il serait utile que *vous prier* M. le docteur de venir le visiter tous les jours; son père et moi, nous serions plus tranquilles. Si par hasard il lui arrivait de commettre quelque faute, je ne m'opposerais pas à ce que *vous* le *corriger*, comme nous n'avons jamais manqué de le faire nous-mêmes; mais il ne faudrait pas que *vous* le *réprimander* devant les autres, ni que *vous* le *gronder* trop fort, ni surtout que *vous aller* le condamner au pain sec ou aux arrêts : ce serait le faire mourir de chagrin. Un léger avis, un petit mot de douceur suffit à cet excellent caractère. Il ne conviendrait pas non plus que *vous* le *forcer* à trop étudier, ni que *vous* l'*obliger* à se lever trop matin. Il est si diligent, qu'au lieu de l'exciter, il faut plutôt le contenir. Il a d'ailleurs tant d'esprit, qu'il deviendra sans effort aussi savant que son père et moi nous le désirons.

104. LE LOUP DE GUBBIO.

Mettez *tu* au lieu de *vous*, et faites dans la phrase les changements nécessaires.

Un loup d'une grandeur prodigieuse exerçait ses ravages dans les environs de Gubbio. Déjà plusieurs hommes avaient été victimes de sa rage, et l'effroi était tel, que personne n'osait plus sortir de la ville. Saint François d'Assise, qui y séjournait alors, résolut d'aller trouver le loup, malgré les instances que l'on fit pour l'en détourner. Il sortit donc de Gubbio avec quelques-uns de ses frères; mais s'apercevant que ceux-ci ne le suivaient qu'en tremblant, il s'avança seul vers la bête féroce. A la vue de la multitude qui se pressait pour voir ce qui allait se passer, le loup s'élance vers le Saint, la gueule béante. Saint François marche à sa rencontre, fait sur lui le signe de la croix, l'appelle, et lui dit :

« *Venez* ici, frère loup, *venez;* et, je *vous* l'ordonne de la part du Christ, ne me *faites* aucun mal, ni à moi, ni à d'autres. »

O merveille ! A peine le signe de la croix a-t-il été fait, qu'aussitôt ce loup, tout à l'heure si terrible, ferme la gueule, s'arrête, et, sur l'ordre du Saint, vient, doux comme un agneau, se coucher à ses pieds.

Alors saint François lui dit :

« Frère loup, *vous causez* d'immenses ravages dans cette contrée; *vous vous êtes* rendu coupable de grands crimes en blessant et en faisant mourir les créatures de Dieu sans sa permission. *Vous* ne *vous êtes* pas contenté de dévorer les animaux, *vous avez* poussé l'audace jusqu'à donner la mort à des hommes créés à l'image de Dieu; *vous méritez*, après tant de forfaits, d'être traîné aux fourches comme un brigand et un homicide. Tout le monde crie et murmure contre *vous*, et *vous êtes* un objet d'horreur pour tous les habitants de la ville. Mais, je le veux, frère loup, *vous allez vous* réconcilier avec eux; *vous* leur *promettrez* de ne plus leur causer aucun tort, et ils *vous* pardonneront tous *vos* ravages, et ni eux ni leurs chiens ne *vous* poursuivront plus désormais. »

A ces paroles, le loup incline la tête, et témoigne par toute son attitude qu'il accepte les conditions et qu'il est disposé à les remplir. Le Saint ajouta :

« Frère loup, puisque *vous consentez* à faire la paix que je *vous* propose, je *vous* promets d'obtenir des habitants de Gubbio que jamais ils ne manqueront de fournir ce qui est nécessaire à *votre* subsistance; et ainsi *vous* ne *souffrirez* plus de cette faim qui, je le sais bien, est cause de tout le mal qu'on *vous* reproche. Mais, en reconnaissance de cette faveur que je vais *vous* procurer, je veux que *vous* me *promettiez* de ne plus nuire désormais ni aux hommes, ni aux animaux; me le *promettez-vous?* »

Le loup, baissant la tête, donna à entendre qu'il le promettait. Saint François reprit :

« Frère loup, je veux pouvoir compter sur *votre* promesse; j'exige donc que *vous* m'en *donniez* un garant. »

Et le Saint présentant la main, le loup y pose familièrement la patte, donnant ainsi, autant qu'il le pouvait, un gage de sa fidélité. Le Saint ne s'en tint pas encore là :

« Frère loup, dit-il, je *vous* ordonne de me suivre sur-le-champ ; *venez*, nous allons ratifier cette paix au nom de Dieu. »

Le loup obéit et le suivit comme un agneau.

Les spectateurs étaient frappés d'admiration à la vue d'un si étonnant prodige. La nouvelle s'en répandit promptement, et toute la ville accourut pour voir le loup qui suivait saint François. Quand tous les habitants furent rassemblés sur la place, le Saint leur dit :

« C'est en punition de vos péchés que Dieu vous a envoyé les fléaux qui vous épouvantent. Les flammes de l'enfer sont bien plus à craindre que la fureur d'un loup, qui, après tout, ne peut tuer que le corps. Convertissez-vous donc, et Dieu vous délivrera non-seulement de la rage du loup dans cette vie, mais encore des flammes de l'enfer après votre mort. Frère loup que vous voyez ici, ajouta-t-il, m'a promis de ne plus vous nuire désormais en aucune manière, et je me rends caution de son inviolable fidélité. Promettez-lui donc aussi, de votre côté, de lui fournir tout ce qui sera nécessaire à sa subsistance. »

Aussitôt tout le peuple s'étant écrié d'une voix unanime qu'il consentait à nourrir toujours le loup, le Saint se tourna vers l'animal, et lui dit :

« Frère loup, c'est maintenant à *vous* de promettre l'observation fidèle des conditions de la paix ; *promettez-vous* de ne plus nuire désormais ni aux hommes, ni même aux animaux ? »

Le loup s'agenouilla, inclina la tête, et fit entendre au peuple, comme il le pouvait, et par son humble attitude et par les mouvements de sa queue et de ses yeux, qu'il promettait d'être fidèle au traité.

« Frère loup, lui dit alors saint François, *vous* m'*avez* donné, hors de la ville, un gage de *votre* fidélité; je demande que *vous* le *renouveliez* maintenant en présence de cette multitude, et que *vous attestiez* par là que *vous* ne *manquerez* jamais à la promesse que j'ai faite en *votre* nom. »

Le loup leva de nouveau la patte droite et la posa sur la main du Saint. A cette vue, les habitants de Gubbio poussèrent des cris d'allégresse, louant et bénissant Dieu de leur avoir envoyé un Saint qui les avait délivrés de la fureur d'une bête cruelle.

Le loup vécut encore deux ans après sa conversion. Il allait familièrement de porte en porte, entrait dans les maisons sans faire aucun mal à personne. Chacun se faisait un plaisir de lui fournir ce qui était nécessaire à sa subsistance. Quand il mourut, le peuple le regretta vivement, parce que la vue de cet animal, parcourant la ville avec la douceur d'un agneau, lui rappelait les vertus de saint François.

---

105. L'ORDRE DANS L'UNIVERS.

Remplacez *tu* par *vous*, et mettez au présent de l'indicatif les verbes en italique.

Choisis parmi la grande quantité d'objets que la main du Créateur a semés autour de toi ; ou, si tu le préfères, prends au hasard et examine : l'oiseau qui *fendre* les airs, l'araignée qui *faire* le guet, la fourmi qui *charrier*, l'abeille qui *butiner*, l'insecte industrieux qui *pourvoir* avec tant d'art aux besoins de sa famille microscopique, le ver qui se *tordre* sur la poussière, puis se *métamorphoser* en papillon aérien, l'infusoire qui *tournoyer* et *pondre* ses œufs dans un globule d'eau, la plante qui *végéter*, l'arbuste qui *croître* et se *développer* à l'aide de sucs nourriciers qu'il *tirer* du sol, la semence que la terre *recevoir* dans son sein et qu'elle te *rendre* au centuple, le pépin qui devient pour notre usage arbre, fleurs et fruits, et tu verras que l'art *être* toujours grossier auprès de la nature ; tu te convaincras qu'il n'y *avoir* rien qui ne concoure à l'harmonie générale ; tu verras dans tout l'univers un ordre admirable de causes et d'effets, et tu t'écrieras alors avec le poëte : « L'ordre *être* la première loi de l'univers ! »

106. LETTRE D'UN INDIEN.

Mettez *nous* au lieu de *je*, et faites dans la phrase les changements nécessaires.

Je suis à Paris depuis un mois; et, quoique *j'aie* déjà vu beaucoup de choses, *je suis* encore dans un mouvement continuel. Il a fallu bien des affaires avant que *je fusse logé*, que *j'eusse* trouvé tous les gens à qui *j'étais adressé*, et que *je me fusse pourvu* des choses nécessaires. Paris est aussi grand que Bombay; les maisons y sont si hautes, qu'on jugerait qu'elles ne sont habitées que par des astrologues.

Tu penses bien qu'une ville bâtie en l'air, qui a six ou sept maisons les unes sur les autres, est extrêmement peuplée, et que, quand tout le monde est descendu dans la rue, il s'y fait un bel embarras. Tu ne le croiras pas, peut-être ; eh bien, depuis un mois que *je suis arrivé, je* n'*ai* encore vu marcher personne. Il n'y a point de gens au monde qui tirent mieux parti de leur machine que les Français; ils courent, ils volent. Les voitures lentes d'Asie, le pas réglé de nos chameaux, les auraient bientôt fait tomber en syncope. Pour *moi,* qui ne *suis* point *habitué* à ce train et qui *vais* souvent à pied sans changer d'allure, *j'ai* enragé plus d'une fois; car encore passe qu'on *m*'ait *éclaboussé* depuis les pieds jusqu'à la tête ; mais *je* n'*ai* pu pardonner les coups de coude que *j'ai* reçus régulièrement et périodiquement. Une personne qui est venue après *moi,* par exemple, *me* fait faire un demi-tour; et une autre qui *me* croise de l'autre côté, *me* remet soudain où la première *m*'avait *heurté;* et *je* n'*ai* pas fait deux cents pas, que *je suis* aussi *brisé* que si *j'avais* fait dix lieues.

107. A PROPOS DES ABEILLES.

Mettez *vous* au lieu de *tu,* et faites dans la phrase les changements nécessaires.

Viens donc, ô homme, apprendre d'un insecte les vertus dont dépendent et le repos et le bonheur. Dans quelque état, dans quelque condition que *tu sois,* il est nécessaire que *tu travailles* de concert avec *tes* semblables. La société où *tu vis* et la religion exigent que *tu exerces* ce genre de patriotisme envers eux. *Porte* sans murmure et gaiement *ta* part du fardeau général ; s'il le faut même encore, *charge-toi* du fardeau de *ton* frère, lorsque par ignorance ou par faiblesse il se trouve hors d'état de le supporter ; et quand la religion, le devoir et la conscience commanderont de grands sacrifices, *garde-toi* de les considérer comme un mal. Ah ! si la Providence *t'*a départi des talents rares ; si, plus libérale envers *toi*, elle *t'*a mis en état d'être *utile*, *envisage*-le comme un bonheur, et que l'égoïsme ne trouve jamais place dans *ton* âme. Qu'ils sont méprisables ces membres de la société humaine qui cherchent à s'enrichir aux dépens d'autrui, et à s'approprier des trésors qui doivent être communs ! Si *tu peux* contribuer au bien général, que jamais la crainte de n'être pas *récompensé* ne *t'*arrête un instant : le témoignage d'une conscience pure et les biens de l'éternité ne sont-ils pas une assez belle récompense ?

108. LES FATS.

Mettez le singulier au lieu du pluriel. — Ex. : *C'est un homme dont la vanité seule forme le caractère.*

Ce sont des hommes dont la vanité seule forme le caractère, qui ne *font* rien par goût, qui n'*agissent* que par ostentation, et qui, voulant s'élever au-dessus des autres, *sont descendus* au-dessous *d'eux-mêmes*. *Familiers* avec *leurs* supérieurs, *importants* avec *leurs* égaux, *impertinents* avec *leurs* inférieurs, *ils tutoient*, *ils protègent*, *ils méprisent*. Vous *les* saluez, *ils* ne vous *voient* pas ; vous *leur* parlez, *ils* ne vous *écoutent* pas ; vous parlez à un autre, *ils* vous *interrompent*. *Ils lorgnent*, *ils persifflent* au milieu de la société la plus respectable, de la conversation la plus sérieuse. *Ils* n'*ont* aucune connaissance, et *ils donnent* des avis aux savants et aux artistes. *Ils* en *eussent* donné à Vauban sur les fortifications, à Lebrun sur la peinture, à Racine sur la poésie. *Leurs* paroles sont vaines, *leurs* actions sont des mensonges, *leur* silence même est menteur. *Ils manquent* aux engagements qu'*ils ont*, *ils* en *feignent* quand *ils* n'en *ont* pas. *Ils* ne *vont* pas où on *les* attend, *ils arrivent* tard où *il ne sont* pas *attendus*. *Ils* n'*osent* avouer un parent pauvre ou peu connu. Pour peu qu'*ils fussent fripons*, *ils seraient* en tout le contraste de l'honnête homme. *Ce sont des hommes* d'esprit pour les sots qui les admirent, *ce sont des sots* pour les gens sensés qui *les* évitent. Mais si vous connaissez bien *ces hommes* d'esprit, *ce sont des fats, ce sont les modèles* d'une infinité de jeunes sots mal élevés.

109. LA CAVERNE DES SERPENTS.

Mettez le singulier au lieu du pluriel. — Ex. : *Un voyageur, au moment d'un orage, s'était retiré.*

Deux voyageurs, au moment d'un orage, *s'étaient retirés* dans une caverne dont l'horreur profonde et ténébreuse *les* aurait *glacés* dans tout autre instant. *Épuisés* de force, *ils s'étaient jetés* au fond de cet antre, et là *ils rendaient* grâces au ciel de *leur* avoir procuré un abri. Bientôt *ils sentirent* couler dans *leurs* veines le baume du sommeil. Mais un bruit plus terrible que celui des tempêtes *les* frappe au moment même où *ils allaient* s'endormir. Ce bruit, pareil au broiement des cailloux, est celui d'une multitude de serpents dont la caverne est le refuge. La voûte en est revêtue; et, entrelacés l'un à l'autre, ils forment dans leurs mouvements ce bruit que *les voyageurs reconnaissent. Ils savent* que le venin de ces serpents est le plus subtil des poisons, qu'il allume soudain dans toutes les veines un feu qui dévore et consume, au milieu des douleurs les plus intolérables, le malheureux qui en est atteint. *Ils* les *entendent, ils croient* les voir ramper autour *d'eux,* ou pendus sur *leur* tête, ou roulés sur eux-mêmes et prêts à s'élancer sur *eux. Leur* courage épuisé succombe, *leur* sang se glace de frayeur; à peine *ils osent* respirer. *S'ils veulent* se traîner hors de l'antre, sous *leurs* mains, sous *leurs* pas, *ils tremblent* de presser un de ces dangereux reptiles. *Transis, frissonnants, immobiles, ils passent* la plus longue nuit dans une pénible agonie, désirant, frémissant de revoir la lumière, se reprochant la crainte qui *les* tient *enchaînés,* et faisant sur *eux-mêmes* d'inutiles efforts pour surmonter cette faiblesse. Le jour, qui vint *les* éclairer, justifia *leur* frayeur. *Ils virent* réellement tout le danger qu'*ils avaient* pressenti, *ils* le *virent* plus horrible encore. Il fallait mourir ou s'échapper. *Ils ramassent* péniblement le peu de force qui *leur* restait, *ils* se *soulèvent* avec lenteur, se *courbent*, et, les mains sur *leurs* genoux tremblants, *ils sortent* de la caverne aussi *défaits*, aussi *pâles* qu'un spectre qui sortirait de son tombeau. Le même orage qui *les* avait *jetés* dans le péril *les* en préserva ; car les serpents en avaient eu autant de frayeur qu'*eux-mêmes* ; et c'est l'instinct de tous les animaux, dès que le péril les occupe, de cesser d'être malfaisants.

110. LES SERPENTS.

Mettez le singulier au lieu du pluriel. — Ex. : *Tout est mystérieux..... dans cet incompréhensible reptile.*

Tout est mystérieux, caché, étonnant dans ces incompréhensibles reptiles. *Leurs* mouvements diffèrent de ceux de tous les autres animaux ; on ne saurait dire où gît le principe de *leur* déplacement, car *ils* n'*ont* ni nageoires, ni pieds, ni ailes, et cependant *ils fuient* comme une ombre, *ils* s'*évanouissent* magiquement, *ils reparaissent disparaissent* encore, *semblables* à une petite fumée d'azur, ou aux éclairs d'un glaive dans les ténèbres. Tantôt *ils* se *forment* en cercle et *dardent* une langue de feu ; tantôt, debout sur l'extrémité de *leur* queue, *ils marchent* dans une attitude perpendiculaire, comme par enchantement. *Ils* se *jettent* en orbe, *montent* et s'*abaissent* en spirale, *roulent leurs* anneaux comme une onde, *circulent* sur les branches des arbres, *glissent* sous l'herbe des prairies ou sur la surface des eaux. *Leurs* couleurs sont aussi peu déterminées que *leur* marche ; elles changent aux divers aspects de la lumière, et, comme *leurs* mouvements, elles ont le faux brillant et les variétés trompeuses de la séduction. Plus *étonnants* encore dans le reste de *leurs* mœurs, *ils savent*, ainsi qu'un homme souillé de meurtre, jeter à l'écart *leur* robe tachée de sang, dans la crainte d'être *reconnus*. *Ils sommeillent* des mois entiers, *fréquentent* des tombeaux, *habitent* des lieux inconnus, *composent* des poisons qui glacent, brûlent ou tachent le corps de *leur* victime des couleurs dont *ils sont eux-mêmes marqués*. Là, *ils lèvent* deux têtes menaçantes ; ici, *ils font* entendre une sonnette ; *ils sifflent* comme un aigle de montagne ; *ils mugissent* comme un taureau. *Ils possèdent* encore l'art de séduire l'innocence. *Leurs* regards enchantent les oiseaux dans les airs ; et, sous la fougère de la crèche, la brebis *leur* abandonne son lait. Mais *ils* se *laissent eux-mêmes* charmer par de doux sons, et, pour *les* dompter, le berger n'a besoin que de sa flûte.

111. L'ÉCUREUIL.

Mettez le pluriel au lieu du singulier. — Ex. : *Les écureuils sont de jolis petits animaux.*

L'écureuil est un joli petit animal qui n'est qu'à demi sauvage, et qui, par sa gentillesse, par sa docilité, par l'innocence même de ses mœurs, mériterait d'être épargné : il n'est ni carnassier, ni nuisible, quoiqu'il saisisse quelquefois des oiseaux.

Sa nourriture ordinaire sont des fruits, des amandes, des noisettes, de la faîne et du gland. Il est propre, leste, vif, très alerte, très éveillé, très industrieux ; il a les yeux pleins de feu, la physionomie fine, le corps nerveux, les membres très dispos ; sa jolie figure est encore rehaussée par une belle queue en forme de panache, qu'il relève jusqu'au dessus de sa tête, et sous laquelle il se met à l'ombre. Il est, pour ainsi dire, moins quadrupède que les autres ; il se tient ordinairement assis presque debout, et se sert de ses pieds de devant, comme d'une main, pour porter à sa bouche. Au lieu de se cacher sous terre, il est toujours en l'air; il approche des oiseaux par sa légèreté ; il demeure comme eux sur la cime des arbres, parcourt les forêts en sautant d'un arbre à l'autre, y fait aussi son nid, cueille les graines, boit la rosée, et ne descend à terre que quand les arbres sont agités par la violence des vents. On ne le trouve point dans les champs, dans les lieux découverts, dans les pays de plaine; il n'approche jamais des habitations; il ne reste point dans les taillis, mais dans les bois de hauteur, sur les vieux arbres des plus belles futaies. Il craint l'eau plus encore que la terre, et l'on assure que, lorsqu'il faut la passer, il se sert d'une écorce pour vaisseau, et de sa queue pour voile et pour gouvernail. Il ne s'engourdit pas comme les loirs pendant l'hiver ; il est en tout temps très éveillé; et, pour peu que l'on touche au pied de l'arbre sur lequel il repose, il sort de sa petite bauge, fuit sur un autre arbre, ou se cache à l'abri d'une branche. Il ramasse des noisettes pendant l'été, en remplit les troncs, les fentes des vieux arbres, et a recours en hiver à sa provision ; il les cherche aussi sous la neige, qu'il détourne en grattant. Il a la voix éclatante et plus perçante encore que celle de la fouine ; il a de plus un murmure à bouche fermée, un petit grognement de mécontentement qu'il fait entendre toutes les fois qu'on l'irrite. Il est trop léger pour marcher ; il va ordinairement par petits sauts et quelquefois par bonds ; il a les ongles si pointus et les mouvements si prompts, qu'il grimpe en un instant sur un hêtre dont l'écorce est fort lisse.

L'écureuil semble craindre l'ardeur du soleil ; il demeure pendant le jour dans son domicile, d'où il sort le soir pour s'exercer, jouer et manger. Ce domicile est propre, chaud, et impénétrable à la pluie. C'est ordinairement sur l'enfourchure d'un arbre qu'il l'établit ; il commence par transporter des bûchettes qu'il mêle, qu'il entrelace avec de la mousse; il la serre ensuite, il la foule, et donne assez de capacité et de solidité à son ouvrage, pour y être à l'aise et en sûreté avec ses petits. Il n'y a qu'une ouverture vers le haut, juste, étroite, et qui suffit à peine pour passer ; au-dessus de l'ouverture est une espèce de couvert en cône qui met le tout à l'abri, et fait que la pluie s'écoule par les côtés et ne pénètre pas. Il mue au sortir de l'hiver ; le poil nouveau est plus roux que celui qui tombe. Il se peigne, il se polit avec les mains et les dents ; il est propre ; il n'a aucune mauvaise odeur ; sa chair est assez bonne à manger. Le poil de la queue sert à faire des pinceaux ; mais sa peau ne fait pas une assez bonne fourrure.

112. LE CHAT.

Mettez le pluriel au lieu du singulier. — Ex.: *Les chats sont des domestiques infidèles.*

Le chat est un domestique infidèle, qu'on ne garde que par nécessité, pour l'opposer à d'autres ennemis domestiques encore plus incommodes, et qu'on ne peut chasser. Quoique cet animal, surtout quand il est jeune, ait de la gentillesse, il a en même temps une malice innée, un caractère faux, un naturel pervers, que l'âge augmente encore, et que l'éducation ne fait que masquer. De voleur déterminé, il devient seulement, lorsqu'il est bien élevé, souple et flatteur comme les fripons; il a la même adresse, la même subtilité, le même goût pour faire le mal, le même penchant à la petite rapine; comme eux il sait couvrir sa marche, dissimuler son dessein, épier les occasions, attendre, choisir, saisir l'instant de faire son coup, se dérober ensuite au châtiment, fuir et demeurer éloigné jusqu'à ce qu'on le rappelle. Il prend aisément des habitudes de société, mais jamais des mœurs : il n'a que l'apparence de l'attachement ; on le voit à ses mouvements obliques, à ses yeux équivoques; il ne regarde jamais en face la personne aimée ; soit défiance ou fausseté, il prend des détours pour en approcher, pour chercher des caresses auxquelles ils n'est sensible que pour le plaisir qu'elles lui font.

Le chat est léger, adroit, propre; il aime ses aises, il cherche les meubles les plus mollets pour s'y reposer et s'ébattre. Le jeune chat est gai, vif, joli, et serait aussi très propre à amuser les enfants, si les coups de patte n'étaient pas à craindre ; mais son badinage, quoique toujours agréable et léger, n'est jamais innocent, et bientôt il se tourne en malice habituelle ; et comme il ne peut exercer ces talents avec quelque avantage que sur les plus petits animaux, il se met à l'affût près d'une cage, il épie les oiseaux, les souris, les rats, et devient de lui-même, et sans y être dressé, plus habile à la chasse que les chiens les mieux instruits. Il se plaît à épier, attaquer et détruire tous les animaux faibles, comme les oiseaux, les jeunes lapins, les levrauts, les rats, les souris, les mulots, les chauves-souris, les taupes, les crapauds, les grenouilles, les lézards et les serpents. Il manque de la finesse de l'odorat; aussi ne poursuit-il pas les animaux qu'il ne voit plus : il ne les chasse pas, mais il les attend, les attaque par surprise, et après s'en être joué longtemps, il les tue sans aucune nécessité, lors même qu'il est le mieux nourri et qu'il n'a aucun besoin de cette proie pour satisfaire son appétit.

Le chat ne connaît guère ses maîtres, ne fréquente que les greniers et les toits, et quelquefois la cuisine et l'office, lorsque la faim le presse. Il prend moins d'attachement pour les personnes que pour les maisons : lorsqu'on le transporte à des distances considérables, comme à une lieue ou deux, il revient de lui-même à son grenier, et c'est apparemment parce qu'il en connaît toutes les retraites à souris, toutes les issues, tous les passages, et que la peine du voyage est moindre que celle qu'il faudrait prendre pour acquérir les mêmes facilités dans un nouveau pays. Il craint l'eau, le froid et les mauvaises odeurs; il aime à se tenir au soleil; il cherche à se gîter dans les lieux les plus chauds, derrière les cheminées ou dans les fours; il aime aussi les parfums, et se laisse volontiers prendre et caresser par les personnes qui en portent. L'odeur de cette plante que l'on appelle l'*herbe-aux-chats* le remue si fortement et si délicieusement, qu'il en paraît transporté de plaisir. On est obligé, pour conserver cette plante dans les jardins, de l'entourer d'un treillage fermé : le chat la sent de loin, accourt pour s'y frotter, passe et repasse si souvent par-dessus, qu'il la détruit en peu de temps.

113. EXERCICES.

Corrigez les fautes. (§§ 152-158.)

La paix et le bonheur *habite* plus souvent dans les chaumières que dans les palais. — Le nombre et la raison *est* rarement d'accord. — La paresse et l'oisiveté *est* les avant-coureurs de la misère.

Vous ne m'*épargnez* guère,
Vous, vos bergers et vos chiens. (La Font.)

Le héros et le grand homme ne *pèse* pas un homme de bien. — La présomption et la hauteur *corrompt* les plus beaux naturels. — La santé et la richesse *ôte* aux hommes l'expérience du mal.

Le loup et le renard *sont* d'étranges voisins. (La Font.)
Le ciel, tout l'univers *sont* pleins de mes aïeux. (Racine.)

Ni la force ni la contrainte ne *peut* dompter la nature du tigre. — Ni le temps ni l'infortune ne *doit* effacer de notre cœur le souvenir d'un ami. — La vivacité ou la langueur des yeux *font* un des principaux caractères de la physionomie.—Ni vous ni moi ne le *peuvent*.

La santé, comme la fortune, *retirent* leurs faveurs à ceux qui en abusent. — L'éléphant, comme le castor, *aiment* la société de leurs semblables.

Aristophane, aussi bien que Ménandre,
Charmait les Grecs assemblés pour l'entendre. (J.-B. Rous.)

Le jaguar, ainsi que le couguar, *habitent* dans les contrées les plus chaudes de l'Amérique méridionale. — La vérité, comme la lumière, *sont* inaltérables.

Et c'est nous bien souvent qui *font* nos malheurs.
(Chenier.)

Il n'y a que vous qui m'*ayez accueilli* avec bonté. — Ce *sont* l'intempérance et l'oisiveté qui nous perdent. — Le vers à soie, ainsi que ceux de son espèce, *sont* composés de plusieurs anneaux mobiles.

N'accuse pas ton sort, c'est toi seul qui l'*a fait*. (Corn.)

C'est lui qui *rassembla* ces colombes timides. (Racine.)

Je ne vois que nous deux qui *soient* raisonnables.
(C. d'Harleville.)

Ce n'*est* pas les mauvaises herbes qui *étouffe* le bon grain, c'est la paresse du cultivateur. — Ce n'*est* pas les titres, c'*est* les mœurs qui *décide* du mérite : celles-ci dépendent de nous; ceux-là dépendent du hasard.

Oui, vous êtes un sot, en trois lettres, mon fils;
C'est moi qui vous le *dit*, qui *suis* votre grand'mère.
(Molière.)

Ce *sont* les jours de congé que les écoliers aiment le mieux. — Ce *fut* les Phéniciens qui *inventer* l'écriture. — Le temps passe, disons-nous; nous nous trompons : le temps reste, c'*est* nous qui *passent*.

D'un courage naissant *est*-ce là les essais? (Racine.)

Oh! mais, me dites-vous, on nous chicanera;
Ce *sera* des procès... — Eh bien! on plaidera. (Gresset.)

CORRESPONDANCE DES TEMPS DU SUBJONCTIF AVEC CEUX DE L'INDICATIF.

Corrigez les fautes.

Il faut que celui qui parle se *mettre* à la portée de ceux qui l'écoutent. — Il faut que tout ce que Dieu veut s'*accomplir*. — Il n'y a que l'ami de notre âme qui *être* digne d'entrer dans nos douleurs. — Je crains qu'un songe ne m'*abuser*. — Il s'en faut bien qu'on y *mourir* de faim. — Mais il ne tient qu'à vous que son chagrin ne *passer*.

Prends garde que jamais l'astre qui nous éclaire
Ne te *voir* en ces lieux mettre un pied téméraire. (Rac.)

Je douterai toujours que vous *ayez fait* tous vos efforts. — Il faut que la raillerie *réjouir* les indifférents sans blesser les intéressés. — L'homme pour qui tout renaît sera-t-il le seul qui *meurt* pour ne jamais revivre ? — Il faudra qu'ils se *rendre* à la force de la vérité, quand ils auront permis qu'elle *paraître* dans tout son jour.

Pour mieux cacher ton jeu,
N'est-il pas à propos que je te *rosser* un peu? (Andrieux.)

Il faudra que nous *trouver* un moyen efficace pour détruire ces légions de mulots. — Il semble que la nature *ait employé* la règle et le compas pour peindre la robe du zèbre.

On peut dire que les vices nous attendent dans le cours de la vie, comme des hôtes chez qui il faut successivement loger ; et je doute que l'expérience nous les *faire* éviter, s'il nous était permis de faire deux fois le même chemin. — Je ne pense pas que cette affaire *eût réussi* sans votre intervention. — Je ne doute pas qu'il ne *réussir*, s'il avait votre appui. — Il ne peut croire que ces champs mieux cultivés ne *rapportent* pas le double de ce qu'ils produisent aujourd'hui.

Cela n'empêche pas qu'il n'*est* fort malade. (Molière.)

Salomon renvoyait le paresseux à la fourmi, pour qu'il *apprendre* d'elle à rougir de sa lâcheté.— Auguste voulait qu'on *user* de répétitions fréquentes plutôt que de s'exposer à laisser quelque obscurité dans le discours. — Je voudrais que vous *venir* me voir plus souvent. — Trajan avait pour maxime qu'il fallait que ses concitoyens le *trouver* tel qu'il eût voulu trouver l'empereur s'il eût été simple citoyen. — Les Romains ne voulaient point de batailles hasardées mal à propos, ni de victoires qui *coûter* trop de sang.

Je voudrais qu'à cet âge
On *sorte* de la vie ainsi que d'un banquet. (La Font.)

Vous avez beaucoup de grâces à rendre à Dieu de ce qu'il a permis qu'il ne vous *arrive* aucun accident. — Où avez-vous vu que des gens ruinés *ont* des amis? — Louis XIV mourant dit ces belles paroles : Je n'aurais jamais cru qu'il *être* si doux de mourir.— Lycurgue avait défendu qu'on *éclaire* ceux qui sortaient le soir d'un festin, afin que la crainte de ne pouvoir se rendre chez eux les *empêche* de s'enivrer. — Dieu a entouré les yeux de tuniques fort minces, afin que l'on *pût* voir à travers.

Un lion décrépit, goutteux, n'en pouvant plus,
Voulait que l'on *trouve* remède à la vieillesse. (La Font.)

LE PARTICIPE.

I. PARTICIPE PRÉSENT.

Participe présent et adjectif verbal.

Corrigez les fautes. (§§ 165-167.)

Il n'y a pas de personnes plus *fatiguant* que celles qui rient toujours. — Nous n'étions que surpris, et nous parûmes *tremblant*. — Les savants sont des livres *vivant* qui éclairent l'esprit sans incommoder la vue. — En *plaignant* les autres, nous nous consolons nous-mêmes ; en *consolant* leurs malheurs, nous sentons moins les nôtres. — La paresse et le mensonge sont odieux et *avilissant*. — Tous les êtres *vivant* doivent mourir. — Son éloquence *entraînant* confondit ses accusateurs.

Crains d'un lâche repos la fatigue *accablant* ;
Préfère à la mollesse une vie *agissant*.
A trente ans, tu diras, des plaisirs détrompé :
L'homme le plus heureux, c'est le plus occupé.

Ceux qui voyagent dans des voitures commodes et douces, sont souvent rêveurs, tristes, *grondant* ou *souffrant*. — Ils gravissaient péniblement la montagne, *saisissant* tout à tour les branches et les racines qu'ils rencontraient. — Les Maures, *descendant* de leurs montagnes, parcouraient et pillaient l'Afrique. — Les campagnes sont couvertes de leurs brebis qui bêlent en *bondissant* sur l'herbe avec leurs tendres agneaux. — Souvent une larme nous touche plus que des torrents de pleurs ; la douleur muette est la plus *attendrissant*. — Ils ont pitié des misères qui accablent les hommes *vivant* dans le monde. — On avait vu même des cygnes *expirant* en musique. — Les hommes ne sont heureux qu'autant qu'ils sont sages et *prévoyant*. —Les enfants *négligeant* deviennent presque toujours de hommes insouciants. — On n'entendait plus les terribles marteaux *frappant* l'enclume. — Je considérais avec plaisir les moutons *paissant* sur le penchant d'une colline. — Le magistrat est une loi *parlant*, et la loi un magistrat muet.—Il est probable que l'orfraie n'a pas la vue aussi nette ni aussi *perçant* que l'aigle. — Dieu se plaît à ces grands combats d'où les cœurs vertueux sortent *triomphant*. — Il leva pieusement vers le ciel ses yeux *mourant* et ses mains *tremblant*.

L'arbre de ce verger dont les rameaux feconds
Courbent leurs fruits *pendant* sur l'ombre des gazons,
Et le saule incliné sur la rive *penchant*,
Balançant mollement sa tête *blanchissant* ;
Ces ruisseaux, ces vallons, ces coteaux *verdoyant*,
Et ce pâle rideau de peupliers *mouvant*,
Tout charme mes regards. Admirable nature,
Que j'aime à contempler ta *riant* parure !

C'était, en vérité, une situation *charmant*. La clairière ouverte, avec les rayons dorés du soleil se *jouant* sur le gazon vert ; les fleurs aux vives couleurs ; les teintes variées du feuillage des bois revêtus de la *brillant* livrée de l'automne ; les collines lointaines, *formant* contraste par la couleur sombre des cèdres et des pins ; plus loin encore et plus haut, les sommets tout blancs de neige, *perçant* l'azur du ciel, *réfléchissant* la lumière et *prêtant* une délicieuse fraîcheur à l'atmosphère : tous ces objets formaient un panorama qui était *ravissant* à comtempler. L'oreille était doucement impressionnée par mille bruits divers : le murmure des eaux lointaines, le frémissement des feuilles agitées par la brise, qui portait avec elle le parfum des bourgeons et des fleurs ; la mélodie des oiseaux qui se renvoyaient leurs chansons dans les bosquets fleuris, ou poussaient des cris joyeux en *fendant* l'air de leurs ailes *brillant* au-dessus de la clairière.

114. LES HIRONDELLES.

Corrigez les fautes.

L'hirondelle fait la chasse aux insectes *voltigeant*. Elle mange en *volant*, boit en *volant*, se baigne en *volant*, et quelquefois donne à manger à ses petits en *volant*. Un spectacle des plus *intéressant*, c'est de voir le père et la mère donner à leurs hirondeaux les premières leçons de voler, en les *animant* de la voix, leur *présentant* d'un peu loin la nourriture, et s'*éloignant* encore à mesure qu'ils s'avancent pour la prendre, les *poussant* doucement, et non sans quelque inquiétude, hors du nid, *jouant* devant eux et avec eux dans l'air, et *accompagnant* leur action d'un gazouillement si expressif, qu'on croirait en entendre le sens.

Les martinets noirs ont les pattes si courtes, que lorsqu'ils tombent dans un terrain plat, ils peuvent à peine, en se *traînant* sur une petite motte, en *grimpant* sur une taupinière, mettre en jeu leurs longues ailes et reprendre leur vol. Si tout le terrain était uni, les plus légers des oiseaux deviendraient les plus *pesant* des reptiles. Ils vont presque toujours en troupes, tantôt *décrivant* sans fin des cercles dans des cercles sans nombre, tantôt *suivant* à rangs serrés la direction d'une rue, tantôt *tournant* autour de quelque grand édifice en *poussant* tous à la fois des cris *perçant*. Les enfants les prennent à la ligne, en se *mettant* aux fenêtres d'une tour élevée, et en se *servant*, pour toute amorce, d'une plume que ces oiseaux veulent saisir pour la porter à leur nid.

Les salaganes, petites hirondelles de mer de la taille des colibris, font leurs nids avec du frai de poisson, qu'elles ramassent en *rasant* la surface de la mer. Ces nids, du poids d'une demi-once chacun, passent pour d'*excellant* mets et se vendent cinq francs la livre sur les marchés chinois.

115. LES OISEAUX-MOUCHES.

Corrigez les fautes.

Les petits oiseaux-mouches sont à peine longs de quinze lignes, de la pointe du bec au bout de la queue. Ils sont au-dessous du taon pour la grandeur et du bourdon pour la grosseur. L'émeraude, le rubis, le topaze, brillent sur leurs habits; ils ne les souillent jamais de la poussière de la terre, et dans leur vie tout aérienne, on les voit à peine toucher le gazon par instants. Ils sont toujours en l'air, *volant* de fleurs en fleurs, *vivant* de leur nectar et n'*habitant* que les climats où sans cesse elles se renouvellent. On les voit s'arrêter quelques instants devant l'une d'elles, et partir comme un trait pour aller à une autre. Ils les visitent toutes, *plongeant* leur petite langue dans leur sein, les *flattant* de leurs ailes, sans jamais s'y fixer, mais aussi sans les quitter jamais.

Rien n'égale la vivacité de ces petits oiseaux, si ce n'est leur courage, ou plutôt leur audace. On les voit poursuivre avec furie des oiseaux vingt fois plus gros qu'eux, s'attacher à leur corps, et, se *laissant* emporter à leur vol, les becqueter à coups redoublés, jusqu'à ce qu'ils aient assouvi leur petite colère. Quelquefois même ils se livrent entre eux de très vifs combats. L'impatience paraît être leur âme ; lorsque, s'*approchant* d'une fleur, ils la trouvent fanée, ils lui arrachent les pétales avec une précipitation qui marque leur dépit.

Ils n'ont point d'autre voix qu'un petit cri, fréquent et répété ; ils le font entendre dans les bois dès l'aurore, jusqu'à ce que, *prenant* l'essor aux premiers rayons du soleil, ils se dispersent dans les campagnes.

La manière de les abattre est de les tirer avec du sable ou à la sarbacane. Ils sont si peu *défiant*, qu'ils se laissent approcher jusqu'à cinq ou six pas. On les prend encore en se *plaçant* dans un buisson fleuri, une verge enduite d'une gomme gluante à la main ; on en touche aisément le petit oiseau lorsqu'il bourdonne devant une fleur. Il meurt aussitôt qu'il est pris, et sert après sa mort à parer les Indiennes, qui portent en pendants d'oreilles deux de ces *charmant* oiseaux.

Ils paraissent confinés entre les deux tropiques ; car ceux qui s'avancent en été dans les zones tempérées n'y font qu'un court séjour. Ils semblent suivre le soleil, *s'avançant*, *se retirant* avec lui, et *volant* sur l'aile des zéphyrs, à la suite d'un printemps éternel.

II. PARTICIPE PASSÉ.

1° Participe passé sans auxiliaire.

Corrigez les fautes. (§ 169.)

Un conte est une histoire plaisante, vraie ou fausse, *fait* pour amuser. — Il faut de la confiance après l'amitié *formé*, du discernement avant de la former. — Rien de plus *opposé* à l'esprit que la moquerie. — Ils coulent comme des eaux rapides, entre des rives *fleuri*, ces jours *passé* auprès d'un ami. — Les succès *obtenu* augmentent le courage. — Les ouvrages bien *écrit* sont les seuls qui passeront à la postérité. — Il y a beaucoup d'*appelé*, et peu d'*élu*. — Si sa douleur était sincère, elle recevrait les consolations *promis* à ceux qui pleurent. — Mille et mille siècles *écoulé* n'ôtent rien à la félicité toujours nouvelle et toujours entière des Bienheureux. — Il y a une infinité d'erreurs qui, une fois *adopté*, deviennent des principes. — L'adversité conduit les esprits faibles au désespoir; elle fortifie les âmes *élevé*. — Sans une noble idée de nous-mêmes, nous resterions *enseveli* dans une froide et triste inaction. — Les pécheurs *endurci* attirent tôt ou tard la foudre vengeresse sur leur tête. — L'ardeur inquiète du bien public est souvent une ambition *déguisé*. — L'ivoire est une substance osseuse qui constitue les énormes dents *connu* sous le nom de défenses des éléphants. — La distinction la moins *exposé* à l'envie est celle qui vient d'une longue suite d'ancêtres.

2° Participe passé avec l'auxiliaire ÊTRE.

Corrigez les fautes. (§ 170.)

Une *faute avoué est* à moitié *pardonné*. — Toute *autorité est chéri* lorsqu'*elle est fondé* sur la justice et *exercé* par la vertu. — La *parole a été donné* à l'homme pour exprimer sa pensée. — Nos *connaissances seront* toujours *borné*. — Le *jour a-t-il été choisi ?* l'*heure a-t-elle été fixé ?* — On se résout difficilement à mal faire quand on est sûr qu'*aucune* de nos actions ne sera *caché*. — Votre *crainte est* plus *fondé* que la nôtre. — Les *places* où nous aspirons ne *sont* jamais selon nous *donné* au mérite. — Nous ne concevons jamais bien les raisons *qui sont opposé* aux nôtres. — A la cour, ceux qui sont sur leurs pieds ne relèvent guère ceux *qui sont tombé*. — La *justice est dû* aux pauvres aussi bien qu'aux riches. — Que *serions-nous devenu* sans nos parents ? — Ayez pour lui les égards *qui* lui *sont dû*. — Quelle sera la confusion des méchants, quand leurs *iniquités seront dévoilé* ! — Nous cueillons nos figues quand *elles sont confit* au soleil. — La patience est une amie généreuse qui partage avec nous le fardeau de nos peines, afin que *nous* n'en *soyons* pas *accablé*.

Nous avons toujours tort avec notre conscience quand nous sommes *réduit* à disputer avec elle. — Les ambitieux, qu'on loue tant, sont des glorieux qui font des bassesses, et souvent des mercenaires qui veulent être *payé*. — Que de sectes sont *né* d'une erreur ! — Les bonnes lois sont *destiné* à rendre les hommes sages et heureux. — Il faut secouer l'âme quand elle est *abattu*. — La plaine était *couvert* de morts et de mourants *étendu* les uns sur les autres. — Puissent ces paroles être éternellement *gravé* dans votre esprit ! — L'innocence et la vertu sont souvent *opprimé*. — L'homme a été *créé* d'abord; la femme n'a été *créé* qu'ensuite. — A Rome, les censeurs corrigeaient les abus qui n'avaient pas été *prévu* par la loi. — Ne descendons pas jusqu'à nous justifier quand nous sommes *accusé* par des gens méprisables. — Toute la religion des payens était *bâti* sur des fables. — La joie que l'on ressent de l'élévation de son ami est un peu *balancé* par la petite peine qu'on a de le voir au-dessus de soi. — Toute musique n'est pas propre à louer Dieu et à être *entendu* dans le sanctuaire. — La surface de la terre était, au commencement, beaucoup moins solide qu'elle ne l'est *devenu* dans la suite. — La marine turque a été presque entièrement *détruit* à la bataille de Navarin. — Les rois et les princes sont *confondu* au pied des autels avec le reste des hommes. — Les plus grandes réputations ne sont pas toujours les mieux *fondé*. — On sollicite le premier bienfait, on exige le second, et souvent le troisième est *arrivé* que la reconnaissance est encore en chemin. — L'or et l'argent ne peuvent assouvir l'amour des richesses; la cupidité n'est jamais *satisfait*. — Dieu reprendra ses dons, puisque, loin de lui en rendre la gloire qui lui est *dû*, nous les tournons contre lui-même. — Si la bonne foi était *banni* du reste de la terre, elle devrait toujours se trouver dans le cœur des rois.

3° Participe passé avec l'auxiliaire Avoir.

Corrigez les fautes. (§ 7.)

Un nerf, des fils d'aloès, ou l'écorce souple d'une plante ligneuse, *ont servi* aux premiers hommes de corde pour réunir les deux extrémités d'une branche élastique dont ils *ont fait* un arc; ensuite ils *ont aiguisé* de petits *cailloux* dont ils *ont armé* leurs *flèches*. — J'*ai reçu* votre *let-*

tre, et je l'*ai lu* avec plaisir. — Le prompt oubli de leurs maux est un don *que* la nature *a fait* aux animaux, et *qu'*elle *a refusé* aux hommes. — Les hommes qui *ont établi* les *lois*, ne *les ont* pas toujours *observé*. — Le repos n'est légitime que pour les vieillards qui *ont* bien *employé* leur *vie* au profit de la société, de leur famille ou de leur pays. — Les bonnes œuvres *que* nous *aurons fait* ne seront pas *perdu* pour nous. — Le Seigneur *a soufflé* sur leurs richesses injustes et *les a dissipé* comme de la poussière. — Que de *fautes* nous *aurions évité*, si nous *avions prévu* les *conséquences* fâcheuses *qu'*elles *ont eu!* — Souvent nos malheurs et nos torts sont la faute de ceux qui *ont dirigé* notre *jeunesse*. — Quels grands *hommes* la France *a produit!* — Vous n'*avez* pas *suivi* les sages conseils *qu'*on vous *a donné*. — Ces enfants sont dignes de la pitié *qu'*ils vous *ont inspiré*. — Les Barbares *ont renversé* l'*Empire* romain. — Quels *éloges* n'*ont* pas *mérité* ces hommes généreux qui *ont consacré* leur vie au soulagement de l'humanité!

On brigue les honneurs sans les mériter; on en abuse quand on les a *obtenu;* on n'en veut plus que pour soi quand on les possède. — Nul médecin n'a *guéri* tous ses malades. — Nous n'aurions jamais *eu* de fautes à regretter, si nous avions toujours *suivi* la voix de notre conscience. — Quelques années ont *suffi* pour relever cette ville, que l'incendie avait *détruit*. — Combien de louanges n'a-t-on pas *prodigué* à des princes qui ne les avaient pas *mérité!* — Ce que les philosophes n'ont *osé* tenter, douze pêcheurs l'ont *accompli*. — L'espérance seule nous a *soutenu* au milieu de tant d'infortunes. — Il est des esprits crédules et *borné*, faciles à recevoir l'impression des préjugés, et incapables de revenir quand une fois ils l'ont *reçu*. — Un bon pasteur a *tondu*, mais n'a jamais *écorché* ses brebis. — Nous sommes *parti* en poste, après avoir *reçu* la nouvelle que vous nous avez *transmis*. — Ceux qui ont *fondé* des hospices ont *rendu* de grands services à l'humanité. — Que d'hommes la paresse a *perdu!* — Avant de prononcer, il faut que vous ayez *entendu* les deux parties. — L'âme du juste s'envole dans le sein de Dieu, d'où elle est *sorti* et où elle avait toujours *habité* par ses désirs.

Ce beau lis *coupé* dans sa racine n'a pas encore *perdu* sa vive blancheur et cet éclat qui charme les yeux ; mais la terre ne le nourrit plus et sa vie est *éteint.* — Un roi ne connaît sa force qu'à demi, s'il ne connaît pas les grands hommes que la Providence a *produit* sous son règne. — Celui qui a *perdu* la confiance ne peut rien perdre de plus. — Nous ne sommes *méprisé* par les autres que quand nous avons *commencé* par nous mépriser nous-mêmes. — Les arts arriveraient plus rapidement à leur perfection si les enfants exerçaient l'industrie dans laquelle ont *excellé* leurs pères. — Autrefois les hommes vivaient contents, ou de ce qu'ils avaient *reçu* de la fortune, ou de ce qu'ils avaient *acquis* par le travail. — L'abus des livres tue la science; croyant savoir ce que nous avons *lu*, nous nous croyons *dispensé* de l'apprendre. — Les ambitieux n'ont jamais *joui* de rien ; tous ont *séché* et *dépéri* au milieu de leur abondance. — Hélas ! si nous fussions morts enfants, nous aurions déjà *joui* de la vie, et nous en aurions *ignoré* les regrets. — Si la chaleur avait *continué*, un bien plus grand nombre de malades auraient *succombé*. — Je ne doute pas qu'avant deux années cette ville n'ait beaucoup *étendu* son commerce.

Ils m'ennuient, dites-vous ? Oh ! le plaisant détour !
Ils ont bien *ennuyé* le roi, toute la cour.

Le chagrin les a *rendu* vieux avant la vieillesse. — Vous avais-je *accordé* toute ma confiance, pour la voir si indignement *trahi?* — Nous ne vous avons pas *caché* nos sentiments véritables. — Les hommes haïssent quelquefois ceux qui les ont *obligé*, et cessent de haïr ceux qui leur ont *fait* outrage. — Auront-ils inutilement *imploré* votre pitié ? — Les assiégés n'ont *rendu* la ville qu'après l'avoir *défendu* longtemps contre une armée entière. — On a de la peine à déraciner les vices qui ont *crû* avec nous. — La vraie bienfaisance aime le secret. Elle ressemble à ces grands fleuves qui se retirent en silence des terres qu'ils ont *rendu* fécondes. — Nous les avons *peint* tels qu'ils sont. — Les lilas fleurissaient quand les hirondelles ont *paru*. — Il y a des justes à qui les malheurs arrivent comme s'ils avaient *fait* les actions des méchants. — La moindre louange qu'on peut donner à Turenne, c'est d'être *sorti* de l'ancienne et illustre maison de la Tour d'Auvergne, qui a *mêlé* son sang à celui des rois et des empereurs. — Les actions qui ont *causé* le repentir sont une grande instruction. — Je rends *carré* une boule que les premières lois du mouvement avaient *fait* ronde. — Quand ils eussent été dix contre un, nous n'aurions pas *reculé*. — Il paraît certain que les eaux de la mer ont *séjourné* quelque temps sur la terre. — J'ai *eu* le malheur de me dégoûter souvent des personnes dont j'avais *désiré* le plus la bienveillance. — Les Athéniens avaient *fait* de la piété une divinité, et lui avaient *bâti* un temple. — Celui à qui l'expérience a *appris* à se défier des autres est malheureux; celui qui a *puisé* cette leçon dans son cœur est coupable. — Je m'étais *ennuyé* longtemps et j'en avais *ennuyé* bien d'autres; je me retirai pour aller m'ennuyer tout seul.

Ils poussèrent des cris de joie en revoyant leurs compagnons qu'ils avaient *cru perdu*. — On prend un plaisir secret à trouver petits ces objets qu'on avait *vu* si grands. — Ils avaient été les pères de leurs peuples, et les avaient *rendu* heureux pendant leur règne. — Ces enfants que vous aviez *cru* incorrigibles, vous les voyez maintenant plus doux et plus dociles que les autres.

Applications particulières de la règle du participe passé conjugué avec l'auxiliaire AVOIR.

VERBES ACTIFS.

Participe passé suivi d'un infinitif.

Corrigez les fautes. (§§ 173-175.)

On ne ferre pas les chevaux à Bourbon; je les ai *vu* courir comme des chèvres dans les rochers dont l'île est *couvert*. — Les comédiens que nous avons *vu* jouer étaient médiocres. — La somme que j'ai *vu* compter à ce banquier était considérable. — Les prisonniers doivent être à ceux qui les ont *pris*, et non à ceux qui les ont *regardé* prendre. — Il a souffert la hardiesse que j'ai *pris* de le contredire. — *Entraîné* par le torrent, il se trouva malgré lui hors de la route qu'il avait *résolu* de suivre. — C'est une fortification que j'ai *appris* à faire.

De jeunes serviteurs que son toit a *vu* naître,
Animent la maison et bénissent leur maître. (Andrieux.)

La fable que vous avez *commencé* à apprendre est facile à retenir. — Ils étaient *puni* pour les maux qu'ils avaient *laissé* faire. — Avez-vous entendu parler des guerres que j'ai *eu* à soutenir ? — Nous les eussions *laissé* passer tranquillement leur hiver à Paris. — Il est vrai que vous n'êtes pas *venu* à bout de votre dessein; le monde vous a *laissé* rire et pleurer tout seuls. — Telles sont les réflexions que j'ai *cru* devoir vous soumettre. — La plante, *mis* en liberté, garde l'inclinaison qu'on l'a *forcé* de prendre. — Je lui ai *offert* ma bourse, qu'il a *refusé* d'accepter. — Les hommes n'ont jamais plus *admiré* les singes que quand ils les ont *vu* imiter les actions humaines. — La dame que j'ai *vu* peindre peint très bien. — La pièce que nous avons *vu* jouer a été fort *applaudi*.

C'est la femme que j'ai *vu* peindre par David. — Les grands hommes appartiennent moins au siècle qui les a *vu* naître et qui jouit de leurs talents, qu'au siècle qui les a *formé*. — Je les ai *laissé* manger mes fruits. — Le ciel donnait aux Hébreux un signal visible pour marquer leur marche, et d'autres miracles semblables qu'ils ont *vu* durer quarante ans. — Je ne révèle point ici tant de grandes actions qu'elle a *tâché* de rendre secrètes. — Elle s'est *senti* frapper. — Ramassez vos livres, que vous avez *laissé* tomber. — Il se rendit maître de la ville de la même manière qu'il l'avait *vu* prendre.

Et que reproche aux Juifs sa haine *envenimé?*
Quelle guerre intestine avons-nous *allumé?* (Racine.)
Les a-t-on *vu* marcher parmi vos ennemis ? (Id.)
Et je vous ai *laissé* tout au long quereller,
Pour voir où tout cela pourrait enfin aller. (Molière.)

Nous venons d'entendre une grande vilaine harangue qui nous a *fait* bâiller vingt fois. — Télémaque prend ses armes, don précieux de la sage Minerve, qui les avait *fait* faire par Vulcain. — J'avais *planté* des poiriers, qui sont morts ; la sécheresse les a *fait* périr. — Les serpents paraissent *privé* de tout moyen de se mouvoir, et uniquement *destiné* à vivre sur la place où le hasard les a *fait* naître. — La solitude apaise les mouvements impétueux de l'âme que le désordre du monde a *fait* éclater.

C'est à vous d'obéir, sans vouloir vous défendre,
Aux ordres qu'en mon nom l'on vous a *fait* entendre.
(Campistron.)

Il a eu de la cour toutes les grâces qu'il a *voulu*. — Vous ne lui avez pas *adressé* tous les remerciements que vous auriez *dû*. — Il m'a toujours *payé* les sommes qu'il m'a *dû*. — Il veut fortement toutes les choses qu'il a une fois *voulu*. — Ils ont *donné* à leurs enfants toute l'éducation que leur a *permis* leur fortune. — Je lui ai fait toutes les remontrances que j'ai *dû*.

Participe passé précédé du pronom l'.

Corrigez les fautes. (§§ 176, 177.)

Triomphez, hommes lâches et cruels: votre victoire est plus grande que vous ne l'aviez *cru.* — Je ne croirais pas que les choses se fussent *passé* de la sorte, si des personnes graves ne me l'avaient *attesté.* — Cette personne est d'un bon conseil : qui l'eût *cru* s'en serait bien trouvé. — Cette parole indiscrète, vous l'avez *dit* sans y songer.

J'ai fait la guerre aux rois, je l'eusse *fait* aux dieux.

L'affaire était plus sérieuse que nous ne l'avions *pensé* d'abord. — La famine arriva comme Joseph l'avait *prédit.* — La nouvelle était publique, et il ne l'a pas *su.* — Elle est moins instruite qu'on ne me l'avait *dit.* — Le défrichement des forêts augmente la chaleur dans les pays chauds, comme je l'ai déjà *observé* à l'Ile-de-France. — Elle est *venu* nous trouver : qui l'eût *cru* ? Elle nous a *fait* mille politesses. — Je l'ai *vu*, à la fin, cette grande cité.

Participe passé entre deux que.

Corrigez les fautes. (§ 178.)

Les affaires que vous avez *prévu* que vous auriez, sont-elles *terminé* ? — Ma présence étonna fort ceux que vous aviez *persuadé* que j'étais mort. — Vos raisons, que j'avais *cru* qu'on approuverait, me paraissaient meilleures qu'elles n'étaient en effet. — Les mathématiques, qu'on n'a pas *voulu* que j'étudiasse, sont cependant fort utiles. — Les peines que j'ai *prévu* que vous causerait cette affaire m'ont vivement affecté. — Je fus reçu par mes amis que vous aviez *prévenu* que j'arrivais. — Je me laissai enlever de l'hôtellerie, au grand déplaisir de l'hôte, qui se voyait par là privé de la dépense qu'il avait *compté* que je ferais chez lui.

VERBES NEUTRES.

Corrigez les fautes. (§ 179.)

Ronsard et ses contemporains ont plus *nui* au style qu'ils ne lui ont *servi.* — A la parure d'un printemps éternel a *succédé* la nudité des plus tristes hivers. — Je vous envoie les livres que vous avez *paru* désirer.

Aprés tous les ennuis que ce jour m'a *coûté*,
Ai-je pu rassurer mes esprits agités ? (Racine.)

Il regrette les cent louis que ce cheval lui a *coûté.* — Vous n'avez pas *oublié* les soins que vous m'avez *coûté* depuis votre enfance. — C'est bien dix livres que ce ballot a *pesé.*

Les raisons pour et contre, les avez-vous *pesé*? — Cette terre ne vaut plus la somme qu'elle a *valu.* — Si vous saviez toutes les salutations que mon habit m'a *valu*! — Toutes les heures que vous avez *dormi*, je les ai *passé* à écrire. — Qui pourrait dire combien de siècles a *vécu* celui qui a beaucoup senti et médité ?

Oui, c'est moi qui voudrais effacer de ma vie
Les jours que j'ai *vécu* sans vous avoir servie. (Corn.)

VERBES PRONOMINAUX.

1° *Verbes essentiellement pronominaux.*

Corrigez les fautes. (§ 180.)

Il n'y a plus que le nid, les oiseaux se sont *envolé.* — Le lendemain on cherchait les vieux voyageurs; mais ils s'étaient *évanoui*, comme ces saintes apparitions qui visitent quelquefois l'homme de bien dans sa demeure.

Selon l'usage de leur tribu, ils se sont *accroupi* pour manger. — Tous deux se sont *agenouillé* en tremblant. — Les perdrix s'étaient *blotti* devant les chiens.

Mais les loups se sont *ravisé*;
Pour mieux nous vaincre. ils nous ont *divisé.*

La haine s'est *emparé* de son âme. — Les voleurs se sont *enfui* d'un pas rapide. — Nos vaisseaux se sont bien *comporté* à la mer. — Les prisonniers se sont *évadé*. — Ils se sont *ressouvenu* qu'ils m'avaient promis de venir me voir. — Cela ne saurait être ; ces gens-là se sont *moqué* de vous. — Il y avait dans cette pauvre maison cinq ou six femmes qui s'y étaient *réfugié*. — Bien des écrivains se sont *récrié* sur la cruauté des bêtes féroces. — Bientôt après l'humble servante du Seigneur s'est *prosterné* sur le marbre du sanctuaire.

Au bout de la semaine, ayant *dîné* son soû,
Elle entend quelque bruit, veut sortir par le trou,
Ne peut plus repasser, et croit s'être *mépris*. (La Font.)

2e *Verbes accidentellement pronominaux.*

Corrigez les fautes. (§ 181.)

On a *vu* des bouvreuils qui ayant été *forcé* de quitter leur premier maître, se sont *laissé* mourir de regret. — La plupart de nos grands hommes de mer se sont *formé* dans la marine marchande. — La Gaule nourrissait autrefois des élans, des ours et d'autres animaux qui se sont *retiré* depuis dans les contrées septentrionales. — Quelques-uns de nos auteurs modernes se sont *imaginé* qu'ils surpassaient les anciens. — Ils s'étaient *persuadé* qu'on n'oserait les contredire. — Ils recueillent les fruits de toutes les peines qu'ils se sont *donné*. — Sept villes se sont *disputé* l'honneur d'avoir *vu* naître Homère. — Ils se sont *laissé* tuer en lâches.

Au joug, depuis longtemps, ils se sont *façonné*. (Racine.)

La vie pastorale qui s'est *conservé* dans plus d'une contrée de l'Asie, n'est pas sans opulence. — Dans tous les États, les lois se sont *multiplié* à mesure que les mœurs se sont *dépravé*. — Que de batailles se sont *livré* pendant ce quart de siècle ! — Les Asiatiques se sont *fait* une espèce d'art de l'éducation de l'éléphant. — Les fleuves se sont *ouvert* des chemins jusqu'à la mer. — Tels hommes ont *développé* de grands talents qui fussent *resté enseveli* si l'occasion ne se fût *présenté*. — Brennus investit le Capitole et fit sommer ceux qui s'y étaient *renfermé* de lui livrer la place ; mais les ayant *trouvé* inébranlables, il tenta d'enlever le fort par escalade.

Je ne crois pas que la nature
Se soit *lié* les mains. (La Font.)

Les hirondelles ne reviennent dans nos climats que quand la température s'est *adouci* et que les insectes se sont *multiplié*. — Elle s'est *imaginé* qu'elle devait réussir. — Les Livres saints nous fournissent quantité d'exemples de songes qui se sont *réalisé*. — Tous les peuples du monde, sans en excepter les Juifs, se sont *fait* des dieux corporels. — Les montages se sont *élevé*, et les vallons sont *descendu* en la place que le Seigneur leur a *marqué*. — Cette dame charitable s'est souvent *retranché* le nécessaire pour secourir les indigents. — Ils se retirèrent après s'être *assuré* que tout le monde dormait dans une profonde tranquillité.

Jupin les renvoya, s'étant *censuré* tous. (La Font.)

L'autruche est si stupide que lorsqu'elle s'est *caché* la tête derrière un arbre, elle croit qu'on ne la voit plus. — Quand il se sont *mêlé* d'être conquérants, ils ont *surpassé* tous les autres. — Les eaux du fleuve ont *débordé* et se sont *répandu* sur la campagne, dont elles ont *emporté* les moissons. — Ces rois avaient été *condamné* aux peines du Tartare, pour s'être *laissé* gouverner par des hommes injustes et artificieux. — Auriez-vous la sotte prétention de croire que vous vous êtes *donné* vos petits talents ? — La nature s'est *chargé* de punir elle-même nos excès.

Plusieurs des rois d'Egypte, qui avaient *foulé* leurs peuples pour élever des pyramides immenses, furent *flétri* par la loi et *privé* des tombeaux qu'ils s'étaient eux-mêmes *construit.* — Les esprits forts qui s'étaient *moqué* de l'Evangile, ont été *raillé* à leur tour. — Combien de gens se sont *repenti* de ne s'être pas assez *défié* ! — Heureux ceux qui ne se sont jamais *écarté* du chemin de la vertu ! — Je ne vous demande pas pourquoi votre amitié a *diminué,* mais pourquoi elle s'est *éteint.* — Cadix se meurt comme place de guerre autant que comme ville de commerce. Les brèches que la mer a *fait* dans ses murailles se sont *agrandi,* des pans entiers se sont *écroulé,* sans qu'on ait *songé* à s'opposer à l'action incessante des flots.

Des enfants de Lévi la troupe *partagé,*
Dans un profond silence, aux portes s'est *rangé.* (Rac.)

Ayant *observé* un jour une mouche qui s'était *reposé* sur mon papier, je remarquai qu'elle était fort *occupé* à se brosser alternativement la tête et les ailes avec les pattes de devant et avec celles de derrière. L'ayant *pris* et *considéré* au microscope, je vis avec admiration que ses deux pattes du milieu étaient *dépourvu* de brosses, et que les quatre autres en étaient *garni.* — L'éruption du Vésuve est un des spectacles que la nature s'est *réservé* de montrer seule à l'admiration des hommes. — Ces maisons se sont *vendu* à vil prix. — Elle s'est *servi* avantageusement de son crédit. — La gloire des hommes s'est toujours *mesuré* aux moyens dont il se sont *servi* pour l'acquérir.

A peine on s'est *mêlé,*
La vengeance s'est *tu,* et le sang a *parlé.* (Delille.)

Quatorze siècles se sont *succédé* depuis la fondation de la monarchie française. — Voilà donc à quel peuple ils se sont *attaqué* ! — La providence de Dieu ne s'est pas tant *servi* de Madame la Dauphine pour faire de grandes œuvres que pour donner de grands exemples. — Les poëtes se sont *plu* à décrire des batailles. — Il y voit d'un coup d'œil ses nombreux aïeux, qui se sont *succédé* pendant plusieurs siècles. — La calomnie s'est toujours *plu* à répandre son venin sur les vertus les plus pures. — Les Ninivites ne se sont pas *ri* des menaces du prophète; mais ils se sont *converti* et ont *fait* pénitence.

L'un et l'autre avant lui s'étaient *plaint* de la rime. (Boil.)

IV. VERBES IMPERSONNELS.

Corrigez les fautes. (§ 184.)

Les chaleurs qu'il y a *eu* ont *causé* de violents orages. — Le bruit courait qu'il avait *plu* des pierres à trois lieues de la ville. — C'est peut-être la plus jolie fête qu'il y ait jamais *eu*. — Il s'est *présenté* deux de vos amis. — La disette qu'il y a *eu* cet hiver a *causé* bien des maladies. — Les mauvais temps qu'il a *fait* ont *nui* aux récoltes. — Il est *sorti* des Gaules, en différents temps, des armées de cent et de deux cent mille hommes. — Rappelez-vous les humiliations qu'il vous en a *coûté*. — Quelle imprudence de déclarer la guerre dans de pareilles conditions ! que de maux il en est *résulté* !

Participe passé précédé du pronom EN.

Corrigez les fautes. (§ 185.)

Tout le monde m'a *offert* des services et personne ne m'en a *rendu*. — J'ai *vu* des savants aimables; mais j'en ai *trouvé* d'un peu lourds. — Il n'est que trop vrai qu'il y a des anthropophages ; nous en avons *trouvé* en Amérique. — Des compliments, vous ne m'en avez jamais *fait*. — Idoménée a *fait* de grandes fautes ; mais cherchez dans les pays les mieux *policé* un roi qui n'en ait pas *fait* d'inexcusables.

Votre père et les rois qui les ont *devancé*,
Sitôt qu'ils y montaient s'en sont *vu renversé*. (Racine.)

Que j'ai envie de recevoir de vos lettres ! Il y a déjà près d'une demi-heure que je n'en ai *reçu*. — Cassius ne cherchait dans la perte de César que la vengeance de quelques injures qu'il en avait *reçu*. — J'ai *perdu* plus de pistoles que vous n'en avez *gagné*.

Y a-t-il rien de comparable à l'attachement du chien pour son maître ? On en a *vu* mourir sur le tombeau qui le renfermait. — La Renommée que Virgile décrit d'une manière si brillante, est fort supérieure à toutes les imitations qu'on en a *fait*. — La crainte de faire des ingrats ou le déplaisir d'en avoir *trouvé*, ne l'ont jamais empêchée de faire du bien.

Hélas ! j'étais aveugle en mes vœux aujourd'hui :
J'en ai *fait* contre toi quand j'en ai *fait* pour lui. (Corn.)

Participe passé précédé d'un adverbe de quantité et du pronom EN.

Corrigez les fautes. (§ 186.)

Baléazar est aimé des peuples ; en possédant les cœurs, il possède plus de trésors que son père n'en avait *amassé* par son avarice cruelle. — Il n'a pu vaincre les obstacles, tant il en a *rencontré*. — Les grands hommes se font les uns les autres ; et si Rome en a plus *porté* qu'une autre ville, ce n'a pas été par hasard. — De tous les plaideurs qu'il a *défendu*, combien n'en a-t-il pas *ruiné* !

Et de ce peu de jours si longtemps *attendu*,
Ah ! malheureux ! combien j'en ai déjà *perdu* ! (Racine.)

Participe passé précédé de LE PEU.

Corrigez les fautes. (§ 187.)

Il regagne, par une course rapide, le peu de moments qu'il a *perdu*. — Le peu de sûreté que j'ai *vu* pour ma vie à retourner à Naples m'a fait y renoncer pour toujours. — Le peu de confiance que vous m'avez *témoigné* m'a *rendu* le courage. — Alonzo ranime le peu de forces qu'il a *conservé.* — D'où viennent ces difficultés, si ce n'est du peu d'application qu'on y a *donné* jusqu'ici ? — Je fus révolté du peu de confiance qu'il avait *mis* dans mon amitié. — Le peu de troupes qu'il a *rassemblé* ont *tenu* ferme dans leur poste. — Le peu d'exactitude que j'ai *trouvé* dans ces ouvrages ne m'a pas *prévenu* en faveur de l'auteur.— Le peu de vivres qu'on a *conservé* ou *recueilli,* est *porté* à un prix qui effraye l'indigence et qui pèse même à la richesse. — En considérant le peu de progrès qu'on avait *fait* de part et d'autre dans cette campagne, on devait s'attendre à voir la guerre traîner en longueur. — La retraite des dix mille Grecs fut aussi savante que courageuse ; ils marchaient sur deux colonnes, plaçant dans l'intervalle le peu de bagages qu'ils avaient *conservé.*

RÉCAPITULATION DU PARTICIPE.

116. LES ARABES.

Corrigez les fautes.

Les Arabes, partout où je les ai *vu*, en Judée, en Egyp-e et même en Barbarie, m'ont *paru* d'une taille plutôt rande que petite. Leur démarche est fière. Ils sont ien *fait* et légers. Ils ont la tête ovale, le front haut et rqué, le nez aquilin, les yeux grands et *coupé* en mande, le regard humide et singulièrement doux. Rien 'annoncerait chez eux le sauvage, s'ils avaient toujours a bouche *fermé*; mais aussitôt qu'ils viennent à parler, n entend une langue *bruyant* et fortement *aspirée*, on perçoit de longues dents *éblouissant* de blancheur, omme celles des chacals et des onces ; différents en cela lu sauvage américain, dont la férocité est dans le regard, t l'expression humaine dans la bouche.

La plupart des Arabes portent une tunique *noué* au-our des reins par une ceinture. Tantôt ils ôtent un bras le la manche de cette tunique, et ils sont alors *drapé* à a manière antique ; tantôt ils s'enveloppent dans une ouverture de laine blanche, qui leur sert de robe, de manteau ou de voile, selon qu'ils la roulent autour d'eux, la suspendent à leurs épaules, on la jettent sur leurs têtes. Ils marchent pieds nus. Ils sont *armé* d'un poi-gnard, d'une lance ou d'un fusil. Les tribus voyagent en caravane ; les chameaux cheminent à la file. Le cha-meau de la tête est *attaché* par une corde de bourre ou de palmier au cou d'un âne qui est le guide de la troupe ; celui-ci, comme chef, est exempt de tout fardeau, et jouit de divers priviléges. Chez les tribus riches, les chameaux sont *orné* de franges, de banderoles et de plumes.

117. LES PRUSSIENS.

Corrigez les fautes.

En 1765, je me trouvais à Dresde, plusieurs années après que cette ville avait été *bombardé*. Cette capitale, très *commerçant* et très jolie, *formé* en grande partie de petits palais bien *aligné*, dont les façades étaient *orné* en dehors de peintures, de colonnades, de balcons et de sculptures, était alors presque entièrement *détruit*. Les Prussiens avaient *lancé* vainement la plupart de leurs bombes sur l'église Saint-Pierre, *bâti* en rotonde et solidement *voûté* ; mais les édifices voisins avaient été *incendié* et *détruit* en grande partie. Je vis des moitiés de palais encore debout, *fendu* depuis le toit jusqu'aux caves. On y distinguait des bouts d'escaliers, des plafonds *peint*, de petits cabinets *tapissé* de papier de la Chine, des fragments de glaces, des cheminées de marbre, des dorures *enfumé*. Il n'était *resté* à d'autres que les massifs de cheminées, qui s'élevaient au milieu des décombres comme de longues pyramides noires et blanches. Une grande partie de la ville était *réduit* dans ce déplorable état. On y voyait aller et venir tristement les habitants, qui étaient auparavant si gais, qu'on les appelait les Français de l'Allemagne. Ces ruines jetaient dans une noire mélancolie ; car on ne voyait là que des traces de la colère d'un roi, qui n'était pas *tombé*, sur les gros remparts d'une ville de guerre, mais sur les demeures agréables d'un peuple industrieux. Plusieurs Prussiens même en étaient *touché*.

118. LA NATURE BRUTE ET LA NATURE CULTIVÉE.

Corrigez les fautes.

Voyez ces plages désertes, ces tristes contrées où l'homme n'a jamais *résidé*, *couvert* ou plutôt *hérissé* de bois épais et noirs, dans toutes les parties *élevé* ; des arbres sans écorce et sans cime, *courbé*, *rompu*, *tombant* de vétusté; d'autres, en plus grand nombre, *gisant* aux pieds des premiers, pour pourrir sur des monceaux déjà pourri, étouffent, ensevelissent les germes prêts à éclore. La nature, qui partout ailleurs brille par sa jeunesse, paraît ici dans la décrépitude. La terre *surchargé* par le poids, *surmonté* par les débris de ses productions, n'offre, au lieu d'une verdure *florissant*, qu'un espace *encombré*, *traversé* de vieux arbres *chargé* de plantes parasites, de lichens, d'agarics, fruits impurs de la corruption. Dans toutes les parties basses, des eaux mortes, *croupissant*, faute d'être *conduit* et *dirigé*; des terrains fangeux qui, n'étant ni solides, ni liquides, sont inabordables, et demeurent également inutiles aux habitants de la terre et des eaux; des marécages qui, *couvert* de plantes aquatiques et fétides, ne nourrissent que des insectes venimeux, et servent de repaire aux animaux immondes.

Entre ces marais infects qui occupent les lieux bas, et les forêts décrépites qui couvrent les terres *élevé*, s'élèvent des espèces de landes, des savanes, qui n'ont rien de commun avec nos prairies; les mauvaises herbes y surmontent, y étouffent les bonnes. Ce n'est point ce gazon fin qui semble faire le duvet de la terre; ce n'est point cette pelouse *émaillé* qui annonce sa *brillant* fécondité : ce sont des végétaux agrestes, des herbes dures, épineuses, *entrelacé* les unes dans les autres, qui semblent moins tenir à la terre qu'elles ne tiennent entre elles, et qui, se *desséchant* et se *repoussant* successivement les unes sur les autres, forment une bourre grossière, épaisse de plusieurs pieds. Nulle route, nulle communication; nul vestige d'intelligence dans ces lieux sauvages. L'homme, *obligé* de suivre les sentiers de la bête féroce, s'il veut les parcourir, est *contraint* de veiller sans cesse pour éviter d'en devenir la proie. *Effrayé* de leurs rugissements, *saisi* du silence même de ces profondes solitudes, il rebrousse chemin, et dit : « La nature brute est hideuse et *mou-*

rant : c'est moi seul qui peux la rendre agréable et *vivant*. Desséchons ces marais, animons ces eaux morte$s$ en les faisant couler : formons-en des ruisseaux, des canaux ; mettons le feu à cette bourre superflue, à ces vieilles forêts déjà à demi *consumé* ; achevons de détruire avec le fer ce que le feu n'aura *pu* consumer. Bientôt, au lieu du jonc, du nénuphar, dont le crapaud composait son venin, nous verrons paraître la renoncule, le trèfle, les herbes douces et salutaires. Des troupeaux d'animaux *bondissant* fouleront cette terre jadis impraticable; ils y trouveront une substance *abondant*, une pâture toujours *renaissant*; ils se multiplieront pour se multiplier encore. Servons-nous de ces nouveaux aides pour achever notre ouvrage ; que le bœuf *soumis* au joug emploie ses forces et le poids de sa masse à sillonner la terre; qu'elle rajeunisse par la culture : une nature nouvelle va sortir de nos mains. »

Qu'elle est belle, cette nature *cultivé* ! Que, par les soins de l'homme, elle est *brillant* et pompeusement *paré* ! Il en fait lui-même le principal ornement; il met au jour par son art tout ce qu'elle recélait dans son sein. Que de trésors *ignoré* ! Que de richesses nouvelles ! Les fleurs, les fruits, les grains, *perfectionné, multiplié* à l'infini ; les espèces utiles d'animaux *transporté, propagé, augmenté* sans nombre ; les espèces nuisibles *réduit, confiné, relégué* ; l'or, et le fer plus nécessaire que l'or, *tiré* des entrailles de la terre ; les torrents *contenu*, les fleuves *dirigé, resserré* ; la mer *soumis, reconnu, traversé* d'un hémisphère à l'autre ; la terre accessible partout, partout *rendu* aussi *vivant* que féconde; dans les vallées, de *riant* prairies; dans les plaines, de riches pâturages ou des moissons encore plus riches ; les collines *chargé* de vignes et de fruits, leurs sommets *couronné* d'arbres utiles et de jeunes forêts ; les déserts, *devenu* des cités, *habité* par un peuple immense, qui, *circulant* sans cesse, se répand de ses centres jusqu'aux extrémités ; des routes *ou-*

vert et *fréquenté*, des communications *établi* partout, comme autant de témoins de la force et de l'union de la société : mille autres monuments de puissance et de gloire démontrent assez que l'homme, maître du domaine de la terre, en a *changé*, *renouvelé* la surface entière, et que de tout temps il partage l'empire avec la nature.

119. L'ORAGE.

Corrigez les fautes.

On voit à l'horizon, de deux points *opposé*,
Des nuages monter dans les airs *embrasé ;*
On les voit s'épaissir, s'élever et s'étendre.
D'un tonnerre *éloigné* le bruit s'est *fait* entendre :
Les flots en ont *frémi*, l'air en est *ébranlé*,
Et le long du vallon le feuillage a *tremblé*.
Les monts ont *prolongé* le lugubre murmure,
Dont le son lent et sourd attriste la nature.
Il succède à ce bruit un calme plein d'horreur,
Et la terre en silence attend dans la terreur.
Des monts et des rochers le vaste amphithéâtre
Disparaît tout à coup sous un voile grisâtre ;
Le nuage *élargi* les couvre de ses flancs ;
Il pèse sur les airs tranquilles et *brûlant*.
Mais des traits *enflammé* ont *sillonné* la nue,
Et la foudre en *grondant* roule dans l'étendue ;
Elle redouble, vole, éclate dans les airs ;
Leur nuit est plus profonde, et de vastes éclairs
En font sortir sans cesse un jour pâle et livide.
Du couchant ténébreux s'élance un vent rapide
Qui tourne sur la plaine, et, rasant les sillons,
Enlève un sable noir qui roule en tourbillons.
Ce nuage nouveau, ce torrent de poussière
Dérobe à la campagne un reste de lumière.
La peur, l'airain sonnant, dans les temples *sacré*
Font entrer à grands flots les peuples *égaré*.
Grand Dieu, vois à tes pieds leur foule *consterné*
Te demander le prix des travaux de l'année.
Hélas ! d'un ciel en feu les globules *glacé*

Écrasent en *tombant* les épis *renversé ;*
Le tonnerre et les vents déchirent les nuages ;
Le fermier de ses champs contemple les ravages
Et presse dans ses bras ses enfants *effrayé.*
La foudre éclate, tombe, et des monts *foudroyé*
Descendent à grand bruit les graviers, et les ondes,
Qui coulent en torrents sur les plaines fécondes.
O récolte ! ô moissons ! tout périt sans retour :
L'ouvrage de l'année est *détruit* dans un jour.

120. JEAN ET MARIE.

Corrigez les fautes.

Un marchand et sa femme s'étaient *embarqué* pour les Indes. Ils y gagnèrent beaucoup d'argent, et, au bout de quelques années, il réalisèrent leur fortune et se disposèrent à revenir en France où ils étaient *né*. Ils emmenaient avec eux leurs deux enfants : Jean, âgé de quatre ans, et Marie qui n'en avait que trois. Déjà ils avaient *franchi* la moitié de la distance qui les séparait de leur patrie, quand tout à coup s'éleva une effroyable tempête. Le capitaine déclara que le navire était en grand danger, parce que le vent le poussait avec une extrême violence vers des îles *entouré* d'écueils, contre lesquels s'étaient déjà *brisé* bien des vaisseaux.

Le pauvre marchand *épouvanté* prit une grande planche sur laquelle il lia fortement sa femme et ses enfants ; il voulut s'y attacher lui-même, mais il n'en eut pas le temps : le vaisseau ayant *donné* contre un rocher, s'ouvrit en deux ; tous ceux qui étaient *resté* sur le navire furent *englouti* dans les flots. La planche sur laquelle étaient *attaché* la mère et les deux enfants, se soutint sur l'eau comme une barque légère, et le vent les eut bientôt *poussé* vers une île peu *éloigné*. Alors la pauvre mère, après avoir *détaché* les cordes, entra dans cette île.

La première chose qu'elle fit quand elle se vit en sûreté, fut de se mettre à genoux pour remercier Dieu de avoir *sauvé*, mais elle était fort *affligé* d'avoir *perdu* son mari qui était si bon ; elle pensait aussi qu'elle et ses enfants mourraient de faim dans cette île, ou qu'ils seraient *dévoré* par les bêtes féroces. Tout en se livrant à ces tristes pensées, elle s'était *avancé* dans l'intérieur de l'île. En chemin elle avait *trouvé* des arbres *chargé* de fruits ; elle avait *fait* tomber quelques-uns de ces fruits, et les avait *donné* à ses enfants. Elle avait aussi *découvert* des nids d'oiseaux, et en avait *pris* les œufs qu'elle leur avait *donné* à manger. Bientôt elle eut *parcouru* l'île tout entière, dans laquelle il n'y avait ni hommes, ni bêtes malfaisantes. Vers le soir, elle trouva un grand arbre creux et s'y retira pendant la nuit.

Le lendemain, elle s'éveilla un peu *soulagé* de ses fatigues, et résolut de se soumettre aux volontés du ciel, et de faire tout son possible pour bien élever ses enfants. Elle avait *sauvé* du naufrage un évangile et un livre de prières; elle s'en servit pour leur apprendre à lire et leur faire connaître Dieu.

Ses enfants lui disaient quelquefois : « Maman, où est donc notre père ? Pourquoi nous a-t-il *quitté* ? Pourquoi nous a-t-il *fait* abandonner notre maison et nous a-t-il envoyé dans cette île ? Est-ce qu'il ne viendra pas nous chercher ?

— Mes enfants, leur répondait leur pauvre mère en fondant en larmes, votre père est *allé* au ciel ; mais vous avez un autre père qui est Dieu. Il est ici, quoique vous ne le voyiez pas ; ces fruits et ces œufs, c'est lui qui nous les a *envoyé*, et il aura soin de nous tant que nous l'aimerons de tout notre cœur et que nous le servirons fidèlement. »

Quand ces enfants surent lire, ils s'occupèrent avec bonheur de tout ce que contenaient leurs livres, et ils en parlaient toute la journée. Ils avaient d'ailleurs *reçu* de la nature un caractère excellent, et ils montraient une soumission sans bornes aux moindres volontés de leur mère.

Deux ans s'étaient *écoulé*, lorsqu'elle tomba malade et, comme elle vit bien qu'elle était *arrivé* au terme de sa carrière, elle sentit alors redoubler la tendre sollicitude qu'elle avait toujours *eu* pour ses enfants. Mais à la fin, elle pensa que Dieu, dont la protection n'a jamais *manqué* à ceux qui la lui ont *demandé*, prendrait soin d'eux quand elle ne serait plus. Cette pensée *consolant* l'eût bientôt *rassuré*.

Elle était *couché* dans le creux de son arbre, lorsque ayant *appelé* ses enfants, elle leur dit :

« Je vais bientôt mourir, mes chers enfants, et vous n'aurez plus de mère; mais souvenez-vous que vous ne restez pas tout seuls, et que Dieu verra tout ce que vous ferez. Priez-le soir et matin, et n'oubliez jamais dans vos prières celle qui vous a tant *aimé*. Mon cher Jean, aie bien soin de ta sœur Marie. Elle est moins forte et moins grande que toi ; tu iras donc chercher pour elle des œufs et des fruits. »

Elle voulait dire aussi quelque chose à Marie, mais ses forces étaient *épuisé* ; elle rendit le dernier soupir entre les bras de ses enfants.

Ces pauvres orphelins n'avaient rien *compris* aux paroles de leur mère ; ils ne savaient pas ce que voulait dire *mourir*. Il crurent qu'elle s'était *laissé* aller au sommeil plutôt que d'habitude, et ils n'osaient remuer, de peur de la réveiller. Vers la fin de la journée, Jean alla chercher des fruits ; puis le frère et la sœur se couchèrent à côté de l'arbre et ne tardèrent pas à s'endormir profondément.

Le lendemain matin, ils furent bien *étonné* en voyant que leur mère dormait encore. Après l'avoir *tiré* par le bras, ils l'appelèrent à mi-voix, puis très fort. Comme elle ne leur répondait pas, ils crurent qu'elle était *fâché* contre eux et se mirent à pleurer. Ensuite, s'étant *jeté* à genoux, ils lui demandèrent pardon, et lui promirent d'être plus sages à l'avenir. Ils eurent beau faire, la pauvre mère ne leur répondit point. Ils restèrent là plusieurs jours ; mais le corps ayant *commencé* à se corrompre, ils furent *contraint* d'aller chercher un autre arbre qui leur servît d'abri.

Jean et Marie obéirent exactement aux dernières volontés de leur mère, et jamais ils ne manquèrent de prier Dieu. Ils avaient *lu* tant de fois leurs livres, qu'ils les savaient par cœur. Souvent ils s'asseyaient sur l'herbe dans les endroits mêmes où s'était *reposé* leur mère, et Jean disait à sa sœur :

« Je me souviens d'avoir été, quand j'étais bien petit, dans un pays où il y avait de grandes maisons et beaucoup d'hommes ; j'avais une nourrice, et toi aussi; notre père possédait un grand nombre d'esclaves; nous avions aussi de belles robes. Un jour notre père nous mit dans une maison qui allait sur l'eau, puis il nous attacha sur une longue planche. Pour lui, il alla au fond de la mer, d'où il n'est jamais *revenu*.

— Cela est bien singulier, répondit Marie ; puisque ces choses sont *arrivé*, c'est que le bon Dieu l'a *voulu* : sa toute-puissance n'est-elle pas infinie ? »

Jean et Marie restèrent près de onze ans dans cette île. Un jour qu'ils étaient *assis* au bord de la mer, ils aperçurent dans une barque plusieurs hommes noirs. D'abord Marie fut *effrayé* et voulut se sauver, mais Jean la retint et lui dit :

« Restons, ma sœur ; aurais-tu *oublié* que Dieu est ici présent et qu'il empêchera ces hommes de nous faire aucun mal ? »

Les hommes noirs étant *descendu* à terre manifestèrent une curiosité et un étonnement *mêlé* d'une sorte d'admiration, à la vue de ces enfants dont la couleur était tout autre que la leur. Ils les entourèrent et leur adressèrent quelques paroles ; mais ni le frère ni la sœur ne purent les comprendre. Jean mena ces sauvages à 'endroit où gisaient épars les os *blanchi* de sa pauvre mère, et leur raconta comment ils se l'étaient *vu* subitement enlever. Les hommes noirs ne le comprirent pas non plus.

Enfin les sauvages revinrent à la petite crique où ils avaient *abordé*; et ayant *montré* aux enfants la barque qu'ils y avaient *laissé amarré*, ils leur firent signe d'y entrer.

« Je n'oserais, dit Marie ; ces gens-là me font peur.

— Rassure-toi, ma sœur, lui répondit Jean. Je me souviens que notre père avait des esclaves de cette couleur ; peut-être est-il *revenu* de son voyage, peut-être les a-t-il *envoyé* nous chercher. »

Le frère et la sœur entrèrent donc dans la barque, qui les eût bientôt *conduit* dans une île peu *éloigné* de celle qu'ils venaient de quitter, et toute *peuplé* de sauvages. Ils y furent bien *reçu*; ils eurent bientôt *appris* la langue de ces sauvages, et ils surent qu'une guerre *acharné* s'était *allumé* entre eux et les habitants d'une île voisine. Ils connurent aussi qu'ils mangeaient leurs prisonniers et qu'ils s'étaient *choisi* pour dieu un grand singe, qui avait plusieurs prêtres pour le servir. Jean et Marie regrettaient beaucoup de s'être *laissé* conduire chez cette affreuse peuplade.

Cependant le roi voulait contraindre Marie à l'épouser; mais celle-ci disait à son frère : « Je mourrai plutôt que d'être la femme de cet homme-là ! Il ne connaît pas le vrai Dieu, et il se prosterne devant ce vilain singe. D'ailleurs, notre livre dit qu'il faut pardonner à nos ennemis et leur faire du bien ; et tu vois que, au lieu de cela, ce méchant roi égorge ses prisonniers et les mange.

— Il me vient une idée, dit Jean; si nous essayions de tuer ce vilain animal, ils verraient bien qu'il n'est pas dieu.

— Faisons mieux encore. Notre livre nous dit que Dieu accorde toujours les demandes justes qui lui sont *adressé*; prions-le de tuer lui-même le singe : on ne s'en prendra point à nous, et on ne nous fera pas mourir.

Jean trouva fort sensé ce que disait sa sœur. S'étant donc *agenouillé* tous deux, ils firent tout haut cette prière : « Seigneur qui pouvez tout ce que vous voulez, ayez la bonté de tuer ce vilain singe, afin que ces pauvres gens comprennent que c'est vous qu'il faut adorer, et non pas lui. »

A peine leur prière était-elle *achevé* qu'ils entendirent de grands cris. En ayant *demandé* la cause, ils apprirent que le singe, en sautant d'un arbre sur un autre, s'était *cassé* la jambe, et que l'on craignait qu'il n'en mourût.

Quelques jours après, le singe mourut en effet, et les prêtres dirent au roi :

« Marie et son frère sont la cause du malheur qui nous a *frappé ;* notre nation ne peut espérer aucun bonheur, tant que ces blancs ne se seront pas *prosterné* devant le nouveau singe que nous nous sommes *choisi* pour dieu. Il faut donc que nous offrions un sacrifice à cette nouvelle divinité ; que Jean et Marie y assistent, et que, après la cérémonie, Marie épouse notre roi. S'ils refusent, on les brûlera tout vifs avec les livres dont ils se sont *servi* pour faire des enchantements. »

Cette proposition fut *approuvé*. On fit venir Jean et Marie :

« C'est vous, dirent les prêtres, qui avez *fait* mourir notre singe ?

— Si nous l'avions *fait* mourir, répondit Marie, n'est-il pas vrai que nous serions plus puissants que lui ? Convenez que, dans ce cas, nous mériterions plutôt que lui vos adorations. Cependant nous ne voulons pas vous tromper : si votre singe a *perdu* la vie, ce n'est pas nous qui la lui avons *enlevé*, mais notre Dieu, qui est le maître de toutes les choses qu'il a *créé*, et sans la permission duquel vous ne pourriez faire tomber un seul de nos cheveux. »

Ce discours irrita les sauvages. Ils attachèrent Marie et son frère à des poteaux, et ils allaient les brûler, lorsqu'ils apprirent qu'une grande troupe de leurs ennemis venait d'aborder dans l'île. Ils coururent les combattre, mais ils furent *vaincu*. Les vainqueurs coupèrent les liens des deux enfants blancs, et les emmenèrent dans leur île, où ils devinrent les esclaves du roi.

Cependant ces nouveaux sauvages faisaient souvent la guerre ; comme leurs voisins, ils mangeaient aussi les prisonniers. Un jour qu'ils en avaient *fait* un grand nombre, il s'en trouva un qui était blanc ; et comme il était très maigre, les sauvages résolurent de lui faire acquérir un embonpoint convenable avant de le manger. Ils l'enchaînèrent donc dans une cabane, et chargèrent Marie de veiller à ce que rien ne lui manquât. Comme elle savait le sort affreux qu'on lui réservait, elle se sentait *ému* de pitié pour lui. « Mon Dieu, disait-elle en le regardant tristement, ayez compassion du pauvre prisonnier. » Celui-ci, qui déjà avait été fort surpris en voyant une jeune fille de la même couleur que lui, le fut bien davantage quand il l'eut *entendu* parler sa propre langue et invoquer un seul Dieu.

« Qui vous a *appris* la langue française ? lui dit-il ; qui vous a *fait* connaître le vrai Dieu ?

— Je ne sais pas le nom de la langue que je parle, répondit Marie ; c'était celle de ma mère, elle me l'a *appris*. Quant à Dieu, nous avons deux livres qui nous l'ont *fait* connaître, et nous le prions tous les jours, comme nous l'a *recommandé* notre mère.

— Ciel ! reprit cet homme, serait-il possible ?..... Pourriez-vous me montrer les livres dont vous me parlez ?

— Je ne les ai pas, c'est mon frère qui les garde ; mais je vais le chercher et il vous les montrera. »

Elle sortit aussitôt et revint quelques moments après avec Jean, qui apportait les livres. L'homme blanc les ayant *ouvert* avec émotion, et ayant *lu* sur le premier feuillet : « CE LIVRE APPARTIENT A JEAN MEURICE, » il s'écria : « Ah ! mes enfants, mes chers enfants ! venez embrasser votre père qui vous avait *cru perdu,* et donnez-moi des nouvelles de votre mère ! »

A ces mots, Jean et Marie se jetèrent dans ses bras en versant des larmes de joie. Jean rompant enfin le silence :

« Je sens, dit-il, aux transports de mon cœur, que vous êtes mon père ; cependant je ne conçois pas comment il se *fait* que vous soyez encore vivant, car notre mère nous a *raconté* que vous tombâtes dans la mer, lorsque notre vaisseau s'entr'ouvrit.

— J'y tombai, en effet, répondit le père ; mais ayant *saisi* une planche, j'abordai heureusement dans une île, et je vous crus *perdu.* »

Jean lui raconta alors tout ce dont il put se souvenir, et son père pleura beaucoup quand il apprit la mort de sa femme. Marie pleura aussi, mais c'était pour un autre sujet.

« Hélas ! s'écria-t-elle, que nous sert d'avoir *retrouvé* notre père, puisque nous devons le perdre bientôt.

— Nous briserons ses chaînes, reprit son frère, et nous nous sauverons tous trois dans la forêt.

— Et qu'y ferons-nous, mes pauvres enfants ! répliqua le père. Les sauvages nous auront bientôt *retrouvé* et *repris,* ou il nous fraudra mourir de faim.

— J'ai une idée, dit Marie ; laissez-moi faire, je sais un moyen infaillible pour vous sauver. »

Elle sortit aussitôt et alla trouver le roi. Elle ne fut pas plutôt dans sa cabane, que se jetant à ses pieds :

« Seigneur, lui dit-elle, j'ai une grâce à vous demander ; promettez-moi de me l'accorder.

— Je vous le jure, répondit le roi, car je vous ai toujours *vu* exécuter avec empressement les ordres que je vous avais *donné.*

— Eh bien ! vous saurez que cet homme blanc dont vous m'avez *chargé* de prendre soin, est mon père et celui de Jean. Vous avez *résolu* de le manger, et je viens vous représenter qu'il est vieux et maigre, au lieu que moi je suis jeune et grasse. J'espère donc que vous voudrez bien me manger à sa place.

— En vérité, lui répondit le roi, vous êtes une si bonne fille, que je ne voudrais pas, pour tout au monde, vous faire mourir : vous vivrez et votre père aussi. Il vient ici, tous les ans, un vaisseau que montent des hommes blancs auxquels nous vendons nos prisonniers. Ce vaisseau arrivera bientôt, et je vous donnerai la permission de vous en aller. »

Marie remercia Dieu dans son cœur, et courut porter cette bonne nouvelle à son père. Quelques jours après, le vaisseau étant *arrivé*, le père et les enfants s'embarquèrent, admirant la sagesse de la Providence, qui n'avait *permis* que Marie fût esclave, que pour lui donner l'occasion de sauver son père.

SUPPLÉMENT

SUPPLÉMENT AU NOM.

NOMS QUI S'EMPLOIENT AUX DEUX GENRES.

Corrigez les fautes.

Les aigles *romain* étaient *peint* sur les drapeaux. — *Le grand* aigle, qu'on appelle aussi l'aigle *royal*, est *le* plus *grand* de *tout* les aigles. — Vous me serez d'*un grand* aide.

Le faucon est léger, l'aigle *plein* de courage. (La Font.)
L'aigle d'une maison n'est qu'*un sot* dans une autre.
(Gresset.)

Les arts sont mes *seul* amours. — L'amour *maternel* est de *tout* les amours *le seul* qui soit *réel*. — L'amour du jeu réunit *tout* les autres amours.

Albe, mon cher pays et *mon premier* amour. (Corn.)

Un couple de pigeons ne sont pas suffisants pour le dîner de six personnes. — Je suis bien aise que vous ayez, cet automne, *un* couple de beaux-frères. — *Un* couple de pigeons est suffisant pour peupler une volière.

Puis cet homme et son fils le portent comme un lustre.
Pauvres gens! idiots! couple *ignorant* et rustre! (La Font.)

On le craint comme *l* foudre. — *Un* aigle qui s'élève au-dessus des nues est la devise de ceux qui acquièrent de la gloire dans une vie retirée et cachée.

Il faut voir du logis sortir *c* couple illustre. (Boileau.)
Comment? des animaux qui tremblent devant moi!
Je suis donc *un* foudre de guerre? (La Font.)

C'est *un grand* délice de boire frais en été. — Les *ancien* hymnes de l'Église ont le mérite de la simplicité. — Callimaque a composé de *long* hymnes en l'honneur des dieux.

On nomme orge *perlé* l'orge *réduit* en petits grains dépouillés de leur son. — Il y a dans ce palais de *grand* offices. — Elle voit venir *s* page tout de noir *habillé.*

Le vice est entouré de *trompeur* délices. (Boiste.)
Personne ne devient *scélérat* tout d'un coup. (St.-Réal.)

Voilà de *beaux* orgues. — Pâques est *tardif* cette année. — Je viens faire *l* Pâque chez vous avec mes disciples.

Et du fond des bosquets *un* hymne *universel*
S'élève dans les airs et monte jusqu'au ciel. (Michaud.)

S'il vous manque quelque chose, je vous *le* donnerai. — Je vous assure de votre grâce, quelque chose que vous ayez *commis* contre moi.

L'orgue *divin* exhale un son religieux. (Delille.)
Pour savoir quelque chose, il faut l'avoir *appris.* (Andr.)

LE MOT *GENS.*

Corrigez les fautes.

Les questionneurs les plus impitoyables sont les gens *vain* et *désœuvré.* — Vous voyez à *quel* gens nous avons affaire. — *Tel* gens, tels patrons. — C'est l'opinion de *certain* gens.

C'est pour les *bon* gens
Que le ciel a créé les plaisirs innocents. (Gresset.)
Je sens qu'on en revient toujours aux *bon* gens. (Id.)

Certain gens étudient toute leur vie; à la mort, ils ont tout appris, excepté à penser. — Molière a mis de *vilain* gens dans son théâtre, et il ne les a pas *ménagé.*

Tel gens n'ont pas fait la moitié de leur course,
Qu'ils sont au bout de leurs écus. (La Font.)
Plus *tel* gens sont *plein*, moins ils sont *importun.* (Id.)

L'homme sensible, en voyage, est tenté de s'arrêter chez les *premier bon* gens qu'il trouve. — Il faut savoir s'accommoder de *tout* gens.

NOMS QUI ONT DEUX FORMES AU PLURIEL.

Corrigez les fautes.

Ses deux *aïeux* assistaient à son mariage. — Se glorifier de la noblesse de ses *aïeux*, c'est chercher dans les racines les fruits que l'on devrait trouver dans les branches.

Ce long amas d'*aïeux* que vous diffamez tous,
Sont autant de témoins qui parlent contre vous. (Boileau.)

Il y a des *ail* sauvages et des *ail* cultivés. — Il cultive des *ail* de plusieurs espèces.

Pareil au cèdre, il cachait dans les *ciel*
Son front audacieux. (Racine.)

Les *œil* du pain, du bouillon, du fromage. — Les *œïls*-de-chat sont des espèces de pierres précieuses chatoyantes. — Tailler à deux ou à trois *œil*, c'est laisser sur la branche que l'on coupe deux ou trois boutons à fruits.

Il invoque à la fin le dieu dont les *travail*
Sont si célèbres dans le monde. (La Font.)

Le ministre a eu plusieurs *travail* cette semaine avec le roi. — Les *œil*-de-serpent sont de petites pierres de peu de valeur, qui ont quelque ressemblance avec les *œil* du serpent.

PLURIEL DES NOMS PROPRES.

Corrigez les fautes.

Les *Moïse*, les *Josué*, les *David*, ont été de grands hommes de guerre. — Les *Boileau* et les *Gilbert* ont été les *Juvénal* de leur siècle. — Le jeune guerrier qui consulte la raison, repousse les images sanglantes des dévastateurs de la terre, des *Attila*, des *Tamerlan*, des *Alexandre*; il ne prend pour modèles que les *Bayard* et les *Turenne*.

Les Titus craignent-ils le destin des *Néron* ? (De Belloy.)

Les deux *Corneille* sont nés à Rouen. — Les *Didot* ont acquis la réputation des *Elzévir*. — Au siècle des *La Rochefoucauld*, des *Sévigné*, il était de bon ton pour un gentilhomme de ne pas savoir l'orthographe.

Un coup d'œil de Louis enfantait des *Corneille* .(Delille.)

Les *Racine*, originaires de la Ferté-Milon, y sont connus depuis longtemps. — Il nous reste à nous occuper des deux *Pline*. — La mère des *Gracque* était fille du grand Scipion.

La carrière d'Auguste a-t-elle été moins belle
Que les fameux exploits du premier des *César* ? (La Font.)

Tout le monde sait que les trois *Curiace* et deux des *Horace* périrent dans ce fameux duel. — Les pyramides d'Egypte s'en vont en poudre, et les graminées du temps des *Pharaon* subsistent encore.

Faute de cultiver la nature et ses dons,
Oh ! combien de *César* deviendront *Laridon* ! (La Font.)

Les plus savants des hommes, les *Socrate*, les *Platon*, les *Newton*, ont été aussi les plus religieux. — Quel malheur pour les grands de trouver des adulateurs où ils auraient dû trouver des *Ambroise* !

Sybaris était-il le berceau des *Achille* ? (Delille.)
Les *Stentor* des salons sont pour nous un supplice. (Id.)

Les *Charlemagne* et les *saint Louis* relevèrent l'éclat de leur règne en relevant celui de la religion. — Catherine de Médicis nourrit la haine des *Condé* contre les *Guise*.

Il est là des tyrans, des ministres cruels,
Et des *Solon* d'un jour qu'on proclame immortels.
(Michaud.)

Lorsque Auguste eut conquis l'Égypte, il apporta à Rome les trésors des *Ptolémée*. — Les *Elzévir* sont toujours estimés ; les *Barbou* le sont beaucoup moins qu'autrefois.

PLURIEL DES NOMS COMPOSÉS.

Mettez au pluriel les noms suivants.

Des Appui-main.	Coup de main.	Œil-de-bouc.
Arc-en-ciel.	Croc-en-jambe.	Paille-en-queue.
Bec-de-corbin.	Cul-de-jatte.	Patte-d'oie.
Belle-de-nuit.	Cul-de-lampe.	Pied-à-terre.
Brèche-dent.	Eau-de-vie.	Pied-d'alouette.
Chef-d'œuvre.	Fête-Dieu.	Pied-de-biche.
Clin d'œil.	Main-d'œuvre.	Pot-de-vin.
Conseil deguerre.	Mont-de-piété.	Rez-de-chaussée.
Cou-de-pied.	Œil-de-bœuf.	Timbre-poste.
Amour-propre.	Cul-blanc.	Orang-outang.
Arc-boutant.	Dame-Jeanne.	Petit-maître.
Arc-doubleau.	Fourmi-lion.	Petite-nièce.
Bas-fond.	Franc-archer.	Pied-plat.
Bas-relief.	Franc-maçon.	Plate-bande.
Basse-cour.	Haute-futaie.	Plate-forme.
Basse-taille.	Grand'tante.	Porc-épic.
Beau-père.	Gros-bec.	Procès-verbal.
Cerf-volant.	Laurier-rose.	Reine-claude.
Chauve-souris.	Longue-vue.	Revenant-bon.
Chou-navet.	Maître-autel.	Rouge-gorge.
Chou-rave.	Morte-saison.	Sourd-muet.
Comédie-ballet.	Opéra-comique.	Taille-douce.
Abat-jour.	Gobe-mouche.	Prête-nom.
Après-dinée.	Gratte-papier.	San-souci.
Arrière-garde.	Grippe-sou.	Serre-tête.
Avant-coureur.	Hausse-col.	Songe-creux.
Brise-glace.	Hors-d'œuvre.	Sous-chef.
Casse-tête.	Mouille-bouche.	Tire-bouchon.
Chasse-marée.	Passe-poil.	Tire-braise.
Contre-coup	Passe-port.	Tire-pied.
Coupe-gorge.	Perce-neige.	Trouble-fête.
Coupe-jarret.	Perce-oreille.	Vice-amiral.
Croque-mort.	Pique-nique.	Ouï-dire.
Emporte-pièce.	Porte-cigare.	Passe-debout.
Gagne-pain.	Porte-clef.	Passe-partout.

SUPPLÉMENT A L'ADJECTIF.

ADJECTIFS EMPLOYÉS COMME ADJECTIFS ET COMME ADVERBES.

Corrigez les fautes.

Les *bon* comptes font les *bon* amis. — Oh! que ces fleurs sentent *bon!* — Les Polonais ne trouvent pas l'huile *bon,* si elle ne sent *fort.* — Si l'on est obligé de faire du bien aux étrangers, à plus *fort* raison doit-on en faire à ses amis.

Ma *feu* aïeule aimait beaucoup *feu* votre mère.
Que d'autres à ma place auraient pu rester *court!*
(C. Delavigne.)

Les centaures sont des êtres fabuleux *demi*-hommes et *demi*-chevaux. — Les orangs-outangs marchent *droit* comme l'homme. — On voit des sauvages aller *nu*-pieds, *nu*-jambes et tête *nu.*

Il lui fallut à jeun retourner au logis,
Honteux comme un renard qu'une poule aurait pris,
Serrant la queue, et portant *bas* l'oreille. (La Font.)

Vous retombez dans les *même* alarmes. — Ils donnent à la puissance de Dieu les *même* bornes que Dieu a données à leur intelligence. — Les arbres portent les *même* fruits qu'ils portaient il y a deux mille ans. — Ceux qui ne sont contents de personne, sont ceux *même* dont personne n'est content. — L'amour-propre nous fait tout rapporter à nous-*même.*

Quoi! dans ce *même* jour et dans ces *même* lieux
Refuser un empire! (Racine.)

Ne vous reposez pas sur la vertu de vos aïeux ; soyez vous-*même* gens de bien. — Les vieillards eux-*même* manquent d'expérience en beaucoup de choses. — Les Romains n'ont vaincu les Grecs que par les Grecs *même.* — Tous les hommes sont exposés aux *même* misères et aux *même* chagrins.

Tout citoyen doit obéir aux lois, *même* injustes. — On fait souvent vanité des passions *même* les plus criminelles. — Nos méthodes savantes nous cachent les vérités naturelles connues *même* des simples bergers.

Mais *quelque* soient ton culte et ta patrie,
Dors sous ma tente avec sécurité. (Campenon.)

Les castors, les abeilles, les fourmis *même* nous donnent l'exemple du travail. — J'ai tout à craindre de leurs larmes, de leurs soupirs *même*. — Les vieillards et *même* les enfants ne sont pas sûrs du lendemain. — Les hommes, les animaux, les plantes *même* sont sensibles aux bienfaits.

Ses remords ont paru *même* aux yeux de Narcisse. (Rac.)
Ces murs *même*, seigneur, peuvent avoir des yeux. (Id.)

On ne méprise point un charpentier, au contraire il est bien payé et bien traité; les bons rameurs *même* ont des récompenses sûres et proportionnées à leurs services. — Les déserts, les ruines *même* ont des charmes. — Où est-elle donc cette pure et douce lumière qui se fait aimer par ceux *même* qui craignent de la voir ? — Hélas ! à quoi les rois sont-ils exposés ? Les plus sages *même* sont souvent surpris.

Votre front prête à mon diadème
Un éclat qui le rend respectable aux dieux *même*. (Rac.)

Quelque maux qui l'affligent, un chrétien les supporte sans murmurer. — Si la loi est juste en général, il faut lui passer *quelque* applications malheureuses. — L'ouvrage de plusieurs siècles devient l'ouvrage de *quelque* mois.

Si *quelque*-uns l'ont fait, je ne suis pas du nombre.
(La Font.)

Quelque soient les raisons qui vous tiennent éloigné de moi, je les respecte. — *Quelque* soient vos talents, n'en tirez point vanité. — *Quelque* soient vos mérites, *quelque* soient vos vertus, l'envie ne vous laissera pas en repos.

Le sénat romain s'agenouillait devant la couronne, *quelque* fût celui qui la portait. — *Quelque* soit la bonté de Dieu, craignons d'abuser de sa miséricorde.

Un meurtre, *quelqu'*en soit le prétexte ou l'objet,
Pour les cœurs vertueux est toujours un forfait.
(Crébillon.)

La croyance à la fin prochaine du monde se répandit, il y a *quelque* neuf cents ans, dans toute l'Europe. — Les ennemis ont tiré plus de neuf mille coups de canon, et nous *quelque* cinq ou six mille.

Quelque soit la pente ou l'inclination. (La Font.)

Quelque méchants que soient les hommes, ils n'oseraient paraître ennemis de la vertu. — *Quelque* corrompues que soient les mœurs, le vice n'a pas encore perdu toute sa honte. — Les méchants trouvent Dieu partout; *quelque* matin qu'ils se lèvent, *quelque* loin qu'ils s'écartent, sa main est sur eux. — Alexandre perdit *quelque* trois cents hommes lorsqu'il défit Porus.

Justes, ne craignez point le vain pouvoir des hommes;
Quelque élevés qu'ils soient, ils sont ce que nous sommes.
(J.-B. Rousseau.)

Quelque bons traducteurs qu'ils soient, ils ne comprendront pas ce passage. — *Quelque* fins politiques que fussent Burrhus et Sénèque, ils ne purent découvrir le fond du cœur de Néron. — Une femme, *quelque* grands biens qu'elle apporte dans une maison, la ruine bientôt si elle y introduit le luxe.

Quelque nouveaux malheurs qui nous doivent atteindre,
Vous ne m'entendrez point murmurer ni me plaindre.
(Ancelot.)

Cette somme est *tout* où vous l'avez laissée. — *Tout* âme inquiète et ambitieuse est incapable de règle. — La charpente est *tout* en fer. — La forêt était *tout* en feu.

De *tout* les trois chez vous il doit tenir la place. (Corn.)
Rome n'est plus dans Rome, elle est *tout* où je suis. (Id.)

Tout Lisbonne vit partir avec indignation ces aventuriers. — *Tout* Smyrne parlait d'elle.

Mais *tout* Londre aujourd'hui se rassemble chez moi ;
Puis-je vous y cacher? (C. Delavigne.)

Dans les pays du Nord, on trouve des loups *tout* blancs ou *tout* noirs. — La valeur, *tout* héroïque qu'elle soit, ne suffit pas pour faire des héros.

Vous verrez nos statuts, quand ils seront *tout* faits. (Mol.)
Tout quatre en chemin ils se mirent. (La Font.)
Tout puissance est faible, à moins que d'être unie. (Id.)

Tout offensantes que sont vos paroles, je n'y fais pas attention.— Cette vie, *tout* affreuse qu'elle est, m'eût paru douce loin des hommes ingrats. — Le chien est *tout* zèle, *tout* ardeur, *tout* obéissance.

Se trouvant à la fin *tout* aise et *tout* heureuse
De rencontrer un malotru. (La Font.)

Les négresses aiment les robes *tout* blanches. — Il est difficile de prendre ces animaux *tout* vivants. — *Tout* estimables que sont les qualités du corps, elles sont audessous de celles du cœur.

O peuple trop heureux! Quand la paix viendra-t-elle
Nous rendre, comme vous, *tout* entiers aux beaux-arts?
(La Font.)

Autour d'elle volaient les vengeances *tout* dégouttantes de sang. — Quoique la noblesse de l'âne soit moins illustre, elle est *tout* aussi bonne, *tout* aussi ancienne que celle du cheval.

Un *tout* petit enfant demande qu'on l'assiste,
En soufflant dans ses mains *tout* rouges de froid.

Tout autre place qu'un trône eût été indigne d'elle. — Donnez-moi *tout* autre commission, je la ferai. — Vous méritez sans doute une *tout* autre destinée. — Ils sont *tout* autres depuis la mort de leur père. — C'est *tout* autre chose. — *Tout* autre voix que la voix unanime des pasteurs doit lui être suspecte.

Toute autre chose lui conviendrait mieux. — Voici de *tout* autres affaires. — Nous avons de *tout* autres intérêts. — C'est une *tout* autre question. — *Tout* autre vie pour lui est languissante. — Il a la passion de la botanique ; *toute* autre occupation lui est étrangère. — Après une ou deux campagnes, ils seront de *tout* autres soldats. — Cette dame est *tout* autre depuis la mort de son fils.

Bien vous prend que mon frère ait *tout* une autre humeur.
(Molière.)

En été, les cerfs marchent la tête *bas*, de peur de la froisser contre les branches. — Tous les honneurs paraîtraient payés trop *cher* à un honnête homme, s'il lui avaient coûté quelque bassesse. — De ma vie je n'ai entendu des voix de femme monter si *haut*.

Mère écrevisse un jour à sa fille disait :
Comme tu vas, bon Dieu ! ne peux-tu marcher *droit?*
(La Font.)

Le roi suivait pieds *nu* l'étendard de la croix. — Prêtez-moi trois pistoles, disait à quelqu'un un Gascon. — Impossible, je n'ai qu'une *demi*-pistole. — Eh bien, donnez-la-moi, et vous me devrez deux pistoles et *demi*.

Leur amitié fut *court*, autant qu'elle était rare.
(La Font.)

Saint Louis porta la couronne d'épines, *nu*-pieds et tête *nu*, depuis le bois de Vincennes jusqu'à Notre-Dame. — On peut réduire en trois classes *tout* les monstres *possible*. — Un conquérant, afin de perpétuer son nom, extermine le plus d'hommes *possible*.

La volatile malheureuse....
Demi-morte et *demi*-boîteuse,
Droit au logis s'en retourna. (La Font.)

Les belles-de-jour ne durent qu'une *demi*-journée. — Je suis épouvanté tous les jours de voir des villageois pieds *nu* ou ensabotés, qui font des révérences comme s'ils avaient appris à danser.

Frappez et Tyriens et *même* Israélites. (Racine.)

Un ministre doit éviter, presque autant que le mal, les *demi*-remèdes dans les grands maux. — Mon oncle m'a laissé, en mourant, la *nu* propriété de *tout* ses biens. — Il peut aller partout la tête *haute*.

Et je trouve à propos que *toute* cachetée,
Cette lettre lui soit promptement reportée. (Molière.)

Une tête bien faite s'accommode de *tous* les oreillers, *même* les plus durs. — Presque tous les hommes, *même* les gens de bien, payent plus volontiers les services à rendre que les services rendus.

Par des vœux importuns nous fatiguons les dieux,
Souvent pour des sujets *même* indignes des hommes.
(La Font.)

Ses amis *même* ne peuvent l'aborder, de peur de lui devenir suspects. — Les animaux, les plus sauvages *même*, nous offrent des exemples de reconnaissance. — Les grands ne semblent nés que pour eux-*même*. — *Quelque* raisons qu'on ait de se plaindre d'un serviteur, il est de l'humanité de le traiter avec bonté.

Prince, *quelque* raisons que vous me puissiez dire,
Votre devoir ici n'a point dû vous conduire. (Racine.)

L'étude de l'histoire est nécessaire aux hommes, *quel que* soient leur âge et la carrière à laquelle ils se destinent. — Sans mentir, ils ont *tout* une autre manière d'écrire que les faiseurs de romans; ils ont une *tout* autre adresse pour embellir la vérité.

En *tout* pays *tout* les bons cœurs sont frères. (Florian.)

Les souverains peuvent avoir plus ou moins de puissance; mais ils ont partout les *même* devoirs à remplir. — Le peuple et les grands n'ont ni les *même* vertus ni les *mêmes* vices.

Et tel dont en *tout* lieux chacun vante l'esprit,
Voudrait pour son honneur n'avoir jamais écrit. (Boil.)

Quelleque soit la gloire des grands sur la terre, elle a toujours à craindre l'envie, qui cherche à l'obscurcir.

Tant que les masques s'égayent, ils se trouvent charmants ; lorsqu'ils se découvrent, ils sout *tout* honteux de se reconnaître. — Le vent était si violent, qu'on ne pouvait entendre les paroles *même* qù'on se disait en criant à l'oreille à tue-tête.

Le plus fin, *quel qu*'il soit, en est toujours la dupe.
(Regnard.)

L'illustre maison de la Tour-d'Auvergne a donné des maîtres à l'Aquitaine, des princesses à *tout* les cours de l'Europe, des reines *même* à la France.

Ils ne mouraient pas *tout*, mais *tout* étaient frappés,
(La Font.)

Mes bordures de fraisiers étaient *tout* diaprées de vert et de cramoisi. — *Quelque* grands avantages que la fortune donne, ce n'est pas elle seule, mais la vertu avec elle qui fait les héros. — C'est le fils de David qui veut avoir *tout* Jérusalem pour témoin de sa puissance.

SUPPLÉMENT AU VERBE.

INFINITIF PRÉSENT OU PARTICIPE PASSÉ.

Corrigez les fautes (1).

La religion enseigne à *modér*... les passions, à *réprim*... les vices et à *cultiv*... la vertu. — Le mensonge peut être *regard*... comme le marche-pied de tous les vices. — L'air spirituel est le genre de beauté où les plus vains puissent *aspir*... — Un nom honorable est le plus bel héritage qu'un père puisse *légu*... à ses enfants. — Les hommes passent comme les fleurs qui s'épanouissent le matin, et qui le soir sont flétries et *foul*... aux pieds. — Les insectes ont toujours *excit*... l'admiration de ceux qui les ont *examin*... attentivement.

Il faut de ses amis *endur*... quelque chose. (Molière.)

Rien ne récrée la vue comme la présence de ceux qu'on a *oblig*... — Un homme de bien à la cour est une plante étrangère que mille insectes s'empressent de *dévor*... — Ceux qui ne s'inquiètent pas de la justice forceront la justice à *s'occup*... d'eux. — Ce que l'on a *donn*... ne saurait se reprendre. — En sacrifiant tout à son devoir, on est *assur*... d'*arriv*... au bonheur. — Les différentes manières d'*admir*... les choses font bientôt connaître l'esprit ou la bêtise de celui qui admire.

Les solides trésors sont ceux qu'on a *donn*... (L. Rac.)

Il ne dépend pas de nous de n'être pas pauvres; mais il dépend de nous de faire *respect*... notre pauvreté. — J'aime les maisons où je puis me *tir*... d'affaire avec mon esprit de tous les jours. — Il est plus facile de *jet*... du ridicule sur une belle action que de l'*imit*... — Les re-

(1) I. Tout verbe précédé d'une préposition se met à l'infinitif.

II. Quand deux verbes se suivent et que le premier est un des auxiliaires *avoir* ou *être*, le second se met au participe passé ; dans le cas contraire, le second verbe se met à l'infinitif.

mords peuvent *sommeill...* quelquefois, mais ils ne meurent jamais. — Je souffre, et je ris quand j'ai le plus grand besoin de *pleur...* — Quand on l'interroge, il feint de ne pas comprendre, se met à *pleur...* et ne répond rien.

> Tel donne à pleines mains qui n'oblige personne ;
> La façon de *donn...* vaut mieux que ce qu'on donne.

Le misanthrope fuit les hommes sans les haïr; l'égoïste les recherche sans les *aim...* — On n'a jamais plus de peine à *résist...* à la flatterie que quand elle s'exerce devant témoins. — Il rougissait de honte de s'être *laiss...* vaincre par le sommeil. — Ce n'est pas sans raison que la nature a *donn...* des épines aux roses.— Les deux yeux sont *orn...* de deux sourcils égaux. — Rien ne me fera *abandonn...* un ami malheureux.—La terre, naturellement fertile, le serait bien davantage si elle était mieux *cultiv..* — Nous avons tous un lieu de refuge contre les chagrins de la vie : ce refuge est la pensée de Dieu; mais pour en *trouv...* le chemin dans les grandes occasions, il faut, dès sa jeunesse, *contract...* l'habitude d'y recourir.

> Après qu'il eut *brout...*, *trott...*, fait tous ses tours,
> Jeannot lapin retourne aux souterrains séjours.

Songer à ses défauts pour s'en *corrig...;* penser à ceux qui nous entourent et chercher le bien qu'on peut leur *procur...;* élever son âme à Dieu, le prier pour soi et pour ceux qu'on aime; voilà trois remèdes infaillibles contre l'ennui. — Le feu de l'amitié échauffe le cœur sans le *consum...* — On peut *résist...* à tout, hors à la bienveillance. — Celui qui a de l'instruction et de l'esprit peut facilement s'*élev...* au-dessus de sa fortune, se *mêl...* dans le monde, et *all...* de pair avec les hommes les plus considérables. — On ne flatte guère ceux dont on peut se *pass...*

> Il faut, autant qu'on peut, *oblig...* tout le monde.

Il vaut mieux *étouff...* un bon mot qui est près de nous *échapp...*, que de *chagrin...* qui que ce soit. — Nos actions les plus pures ne sont pas *dégag...* de tout intérêt personnel. — L'amitié est une chose si précieuse, qu'il ne faut pas la *prodigu...* — On ne jouit qu'une fois du plaisir de se *veng...*; mais on jouit toujours de l'idée de ne pas s'être *veng...* — La bourse du sage est facile à ouvrir, mais elle n'est pas *perc...* ; il en sort beaucoup d'argent, et il ne s'en perd point. — Ce sont de mauvais amis ceux qui sont prêts à tout *sacrifi...* à ceux qu'ils aiment. — Les personnes les plus disposées à se *montr...* généreuses sont précisément celles qui n'ont pas les moyens de l'être.

Le monde n'a jamais *manqu...* de charlatans. (La Font.)

A Lacédémone, les assemblées, les repas et les exercices publics étaient toujours *honor...* de la présence des vieillards.—Celui qui ne fait le bien que pour être *lou...* ne mérite pas qu'on le loue. — Nous sommes moins *offens...* du mépris des sots que d'être médiocrement *estim...* des gens d'esprit. — On a souvent bien des qualités sans *posséd...* celles de son état. — L'ennui qui ne manque jamais d'*accompagn...* l'oisiveté, est un avertissement naturel de la nécessité du travail. — Prétendre *trouv...* le repos en ce monde, c'est vouloir faire un canapé d'un buisson d'épines.

Jamais tant de vertu fut-elle *couronn...*? (Racine.)

L'araignée tend des piéges aux moucherons, pour les *enlac...* et les surprendre avant qu'ils puissent se *débarrass...* — Le succès me donna des desseins que je n'aurais jamais *os...* concevoir. — Quels jours délicieux nous eussions *coul...* ensemble ! — La raillerie ne convient pas à ceux qui sont *élev...* au-dessus des autres. — Les injures ne sont jamais bien *répar...* quand elles ne le sont qu'à demi. — On aime à *demand...* des conseils, mais pas à les suivre. — L'air qu'on veut se *donn...* ne vaut jamais celui qu'on veut *quitt...* — Voulez-vous savoir comment il faut *donn...*, mettez-vous à la place de celui qui reçoit.

RÉCAPITULATION GÉNÉRALE.

121. UNE MORT AFFREUSE.

Corrigez les fautes.

Un ours venait *tout* les *nuit* voler les *poire* de Guillaume ; il s'adressait de préférence à un poirier chargé de *crassane*. Or, Guillaume préférait aussi, par malheur, les *crassane* à *tout* les *autre fruit*. Il crut d'abord que ...'étaient des *enfant* qui venaient faire du dégât dans son clos ; il prit en conséquence son fusil, le chargea avec du gros sel de cuisine, et ... mit à l'affût. Vers les onze *heure*, un rugissement retentit dans la montagne. « Tiens, dit-il, il y a un ours dans les *environ*. » Dix *minute* après, un second rugissement ... fit entendre, mais si puissant, si rapproché, que Guillaume pensa qu'il n'aurait pas le temps de regagner ... maison et ... jeta à plat ventre contre terre, n'ayant plus qu'*u* espérance, que c'était pour ... *poire* et non pour lui que l'ours venait. Effectivement, l'animal parut presque aussitôt au coin du verger, s'avança en *droit* ligne vers le poirier en question, passa à dix pas de Guillaume, monta lestement sur l'arbre, dont les *branche* craquaient sous le poids de son corps, et ... mit à y faire *u* consommation *tel* qu'il était évident que deux *visite pareil* rendraient la troisième inutile. Lorsqu'il fut rassasié, l'ours descendit lentement, comme s'il avait du regret d'en laisser, repassa près de notre chasseur, et ... retira tranquillement dans la montagne. Tout cela avait duré *u* heure, à peu près, pendant *laquel* le temps avait paru plus long à l'homme qu'à l'ours. Cependant l'homme était un brave, et il avait dit tout bas, en voyant l'ours ...'en aller : « C'est bon, va-t'en, mais ça ne ... passera pas comme ça ; nous nous reverrons. »

Le lendemain, François, son voisin, le trouva occupé à scier en *lingot* les *dent* d'*u* fourche. Le voisin prit les *morceau* de fer, *l*... tourna et retourna dans ... main, en homme qui ...'y connaît, et, après avoir réfléchi un instant : « Tiens, Guillaume, dit-il, si tu veux être franc, tu avoueras que ... *petit chiffon* de fer sont *destiné* à percer *u* peau plus *dur* que *c* d'un chamois. — Peut-être, répondit Guillaume. — Eh bien, si tu veux, à nous deux l'ours. Je te laisserai la peau à toi tout seul, et nous ne partagerons que la prime et la chair. — J'aime mieux tout, dit Guillaume. — Mais tu ne peux pas m'empêcher de chercher la trace de l'ours dans la montagne, et si je le trouve, de me mettre à l'affût sur son passage. — Tu es libre. » Et le voisin, en ...'en allant, vit Guillaume mettre *u double* charge de poudre dans son fusil de munition, y glisser ... trois *lingot* de fer, et poser l'arme dans un coin de ... boutique. A dix *heure* et *demi*, Guillaume prit son fusil, roula un sac de toile *gris* sous son bras et sortit.

François, de son côté, avait trouvé la trace de l'ours; il l'avait suivi jusqu'au moment où il...'enfonçait dans le verger de Guillaume, et n'ayant pas le droit de ... mettre à l'affût sur les *terre* de son voisin, il ... plaça entre la forêt de *sapin* qui est à mi-côte de la montagne et le jardin de Guillaume.

Comme la nuit était assez *clair*, il vit sortir celui-ci par ... porte de derrière. Guillaume ...'avança jusqu'au pied d'un rocher grisâtre qui ... touvait à vingt *pas* du poirier, ...'arrêta, déroula son sac, entra dedans, ne laissant sortir par l'ouverture que ... *tête* et ... deux *bras*, et ...'appuyant contre le roc, ... confondit tellement avec la pierre, par la couleur de son sac et l'immobilité de ... personne, que le voisin, qui savait qu'il était là, ne pouvait pas même le distinguer. Un quart d'heure ... passa ainsi dans l'attente de l'ours. Enfin, un rugissement profond l'annonça. Cinq *minute* après, il passait hors de la portée de l'arme de François, mais à dix *pas* tout au plus du bout du fusil de Guillaume.

Guillaume ne bougea pas. L'ours, qui avait le vent mauvais, parut, de son côté, ignorer la présence d'un ennemi, et continua lentement son chemin vers le poirier. Mais au moment où, ... dressant sur ... *patte* de derrière, il embrassait le tronc de ... *patte* de devant, présentant à découvert ... poitrine que ... *épais épaule* ne protégeaient plus, un sillon rapide de lumière brilla tout à coup contre le rocher, et la vallée *entier* retentit du coup de fusil chargé à *double* charge et du rugissement que poussa l'animal mortellement blessé.

Il n'y eut peut-être pas *u seul* personne dans tout le village qui n'entendît le coup de fusil de Guillaume et le rugissement de l'ours. — L'ours s'enfuit, repassant, sans l'apercevoir, à dix *pas* de Guillaume, qui avait rentré ... *bras* et ... tête dans son sac, et qui ... confondit de nouveau avec le rocher.

Le voisin regardait *c*... scène, appuyé sur ... *genoux* et sur ... main *gauche*, serrant ... carabine de la main *droit*, pâle et retenant ... haleine. Pourtant ...'est un crâne chasseur ; eh bien, il m'a avoué que dans ... moment-là, il aurait autant aimé être dans son lit qu'à l'affût.

... fut bien pis quand il vit l'ours blessé chercher à reprendre ... trace de la veille, qui le conduisait droit à lui. Il fit un signe de croix, car ... sont *pieux* nos *chasseur*, recommanda ... âme à Dieu, et ...'assura que ... carabine était *armé*. L'ours n'était plus qu'à cinquante *pas* de lui, rugissant de douleur, ...'arrêtant pour ... rouler et ... mordre le flanc à l'endroit de ... blessure, puis reprenant ... course. Il approchait toujours. Il n'était plus qu'à trente *pas*. Deux *seconde* encore, et il venait ... heurter contre le canon de la carabine du voisin, lorsqu'il ...'arrêta tout à coup, aspira bruyamment le vent qui venait du côté du village, poussa un rugissement terrible et rentra dans le verger.

« Prends garde à toi, Guillaume, prends garde ! » s'écria François en ...'élançant à la poursuite de l'ours, et oubliant tout pour ne penser qu'à son ami ; car il vit bien que si Guillaume n'avait pas eu le temps de recharger son fusil, il était perdu : l'ours l'avait éventé. Il n'avait pas fait dix *pas*, qu'il entendit un cri. Celui-là, c'était un cri humain, un cri de terreur et d'agonie tout à la fois ; un cri dans lequel celui qui le poussait avait rassemblé *tout* les *force* de ... poitrine, *toute* ... *prière* à Dieu, *tout* ... *demande* de secours aux *homme*. « A moi ! » Plus rien, pas même *u* plainte ne succéda au cri de Guillaume.

François ne courait pas, il volait ; la pente du terrain précipitait ... course. Au fur et à mesure qu'il approchait, il distinguait plus clairement la *monstrueux* bête qui ... mouvait dans l'ombre, foulant aux *pied* le corps de Guillaume et le déchirant par *lambeau*. François était à quatre *pas* d'eux, et l'ours était si acharné à ... proie, qu'il n'avait pas paru l'apercevoir. Il n'osait tirer, de peur de tuer Guillaume, s'il n'était pas mort ; car il tremblait tellement qu'il n'était pas sûr de son coup. Il ramassa *u* pierre et ... jeta à l'ours. L'animal ... retourna furieux contre son *nouveau* ennemi ; ... étaient si près l'un de l'autre, que l'ours ... dressa sur ... *patte* de derrière pour l'étouffer. François le sentit bourrer avec son poitrail le canon de ... carabine ; machinalement, il appuya le doigt sur la gâchette : le coup partit, et l'ours tomba à la renverse ; la balle lui avait traversé la poitrine et brisé la colonne *vertébral*.

François le laissa ... traîner en hurlant sur ... *patte* de devant, et courut à Guillaume. ... n'était plus un homme, ... n'était plus même un cadavre, ...'étaient des *os* et de la chair *meurtri* ; la tête avait été *dévoré* presque entièrement.

Alors, comme il vit, au mouvement des *lumière* qui passaient derrière les *croisée*, que plusieurs *habitant* du village étaient *réveillé*, il appela à plusieurs *reprise*, désignant l'endroit où il était. Bientôt tout le village fut assemblé dans le verger de Guillaume. Sa femme vint avec les *autre*. ... fut *u* scène *horrible*. *Tout* ceux qui étaient là pleuraient comme des *enfant*.

On fit pour lui, dans *tout* la vallée du Rhône, *u* quête qui rapporta sept *cent franc*. François lui abandonna ... prime, et fit vendre à son profit la peau et la chair de l'ours.

122. MORT ET RÉSURRECTION.

Corrigez les fautes.

Hélas! elle ne chantera plus, la *joli* mésange aux *aile bleu*, à la huppe *doré*! Le cruel émouchet l'a *surpris* en trahison; de ... serres *aigu*... il a *tranch*... son joyeux destin, et la voilà *couché* tristement sur la terre, sans mouvement et sans voix.

Elle est *couché* parmi les *violette*: *leur* tiges *incliné* lui *servir* de tombeau, car elle est là pour toujours.

Le printemps reviendra; les *violette fleurir*; il y aura des *ébat* et des *nid* sous la feuillée; mais ... ailes *bleu* ne *voltiger* plus gaîment parmi les *ébénier* en fleurs, et ... huppe *doré*, à jamais *terni*, ne *dire* plus ... *colère* et ... *joie*. Tout est fini. Elle est *couché* parmi les *violette*, la *joli* mésange des *bois*, et elle ne chantera plus.

Hélas! le bûcheron a passé dans la forêt; les *coup* de ... hache *meurtrier* ont *retenti*, et les *arbre* en *gémissant* sont *tombé*. « Voilà l'hiver, disaient-ils; notre sève *épuisé* laisse jaunir notre feuillage, et le soleil pâlissant ne vivifie plus nos *rameau dépouillé*. Mais l'hiver va nous rendre une parure.

Bientôt le givre étincelant de ... blancs *cristal* revêtira nos *bourgeon engourdi*; et quand les *chaud halei-*

ne du printemps viendront *réveill...* la nature, un riche feuillage *couvrir* nos *rameau reverdi.*

Hélas! le bûcheron a passé dans la forêt: les *arbre tombé* ne ... *relever* pas. Leur sève *épuisé* ne ... ranimera plus; l'hiver et le printemps les *laisser* sans parure; *dépouillé* à jamais de leur vert feuillage, ils jonchent le sol qu'ils abritaient, car c'est pour toujours qu'en *gémissant* ils sont *tombé.*

Je ne suis pas semblable à la mésange des *bois*; je ne suis pas semblable à l'arbre des *forêt.* Quand, à mon tour, je tomberai sous les *coup* de la mort, je *laisser* ma dépouille à la terre; mais *m* âme *libre, pur* et *triomphant* s'*élever* vers son Créateur pour le *lou...* à jamais.

123. LE FARDEAU DES RICHESSES.

Corrigez les fautes.

Un jeune homme était dans un cimetière, assis sur le tombeau de son père, qui lui avait *laiss... d... grand bien,* et *tenir* ... discours au fils d'un pauvre: « Le tombeau de mon père est de marbre, l'épitaphe est *écrit* en *lettre* d'or, et le pavé alentour est de marqueterie et à *compartiment.* Mais toi, en quoi *consister* le tombeau de ton père? En deux *brique*, l'*u* à la tête, l'autre aux *pied,* avec deux *poignée* de terre sur son corps! »

Le fils du pauvre *répondre :* « *Tais vous;* avant que votre père *avoir* seulement fait mouvoir au jour du jugement la pierre ... il est couvert, mon père sera arrivé en paradis. »

124. L'ACADÉMIE DE LA CRUSCA.

Corrigez les fautes.

L'Académie de la Crusca est la plus célèbre de *tout* l'Italie. Crusca en italien veut dire *son,* et ce mot fait allusion au but de ses *travail,* qui consistent à perfectionner la langue *italien,* et à séparer les *mauvais expression,* pour ainsi dire, comme on sépare le son de la farine. Les *meuble* de la salle sont *tout allégorique ;* la chaire est *fait* en forme de trémie, dont les *degré* sont des *meule* de moulin : une meule sert aussi de siége au directeur; les autres *siége* sont *fait* en forme de hottes et le dossier en forme de pelle à four. La table est un pétrin. L'académicien qui lit quelque mémoire, a la moitié du corps passé dans un blutoir. Les *portrait même* qui décorent la salle ont la forme d'une pelle à four.

125. UNE ERREUR DE MISE EN PAGES.

Corrigez les fautes.

Un journal de New-York avait à *parl...* d'un sermon *prêch...* par un pasteur protestant, *quelque jour* avant son départ pour l'Europe, et aussi des *fait* et *geste* d'un roquet rageur poursuivi dans les *rue* par une bande de *gamin*. Les deux *récit* furent *composé* séparément; mais le metteur en pages, sautant *quelque* lignes par mégarde, les réunit ensemble dans un seul et même paragraphe ; de sorte que les *abonné stupéfait* purent lire le lendemain le fait suivant dans leur journal.

« Le Révérend James Thompson a *prêch...* son sermon d'adieu dimanche dernier, devant un grand concours de ... *ouaille*. Il *leur* a *annonc...* d'une voix *ému* que son médecin lui avait *ordonn...* de *travers...* l'Atlantique, pour *all...* remettre, sous le beau ciel de France, sa santé *compromis* par les *rude labeur* de son ministère. Après une exhortation des plus *chaleureux*, il a *adress...* au ciel une *fervent* prière ; — puis il est parti au galop en se *dirig...* vers le collége, où *d. jeune vaurien* l'ont *arrêt...* et lui ont *attach...* une casserole *fêlé* à la queue. Muni de *c* appendice, il reprit sa course plus *désordonné* que jamais, jusqu'à ce qu'un policeman, le croyant enragé, l'abattît d'un coup de revolver. »

126. L'AIGLE ET LE FAUCON.

Corrigez les fautes.

Sur les *bord* de la cataracte du Niagara, *d... nombreux oiseau* de proie épient les *poisson* qui *jou...* à la surface de l'eau, ou les *corps* des *écureuil*, des *daim*, des *ours*, qui, ayant *tent...* de *travers...* le fleuve au-dessus de sa chute, ont été *entraîn...* par la rapidité du torrent et *précipit...* dans le gouffre.

Là, *c... oiseau trouv...* une pâture *facile* et *abondant*. Mais les plus *habile* et les plus *fort* d'entre eux *rencontr...* souvent un rival plus habile et plus fort, dont l'œil *veill...* sur *leur* mouvements et les *tenir eux-même* dans une *continuel* terreur. Ce rival, c'est l'aigle à tête *blanc*.

Perché au sommet de quelque arbre gigantesque, qui *domin...* au loin la terre et l'eau, l'aigle, fier et calme, *observ...* les *évolution* des *oiseau* de proie de second ordre : les *mouette*, les *grue*, les *corbeau*; mais s'il a découvert le faucon pêcheur, son œil s'anime, son cou s'*allonge* et se *hériss...*, ses *aile* se *déploy...* à demi et *frémi...* dans l'attente d'une lutte *prochain*.

Soudain le bruissement du vol du faucon a *frapp... s...* oreille. Il le voit descendre avec la rapidité de la flèche, faire jaillir l'écume des *eau* du fleuve et bientôt s'*élev...*, emportant, avec un cri de joie et de triomphe, un poisson qui se *débattre* en vain entre ses *ongle*. L'aigle s'élance; il *poursuivre*, il *toucher* le faucon, qui redouble de vitesse. *Tout* deux *monter* dans les *air*, *briser* leur course par mille *détour*, *tracer* des *cercle*, *former* des *nœud*, *décrire* des *spirale infini*, jusqu'au moment où le faucon, fatigué de sa proie, la laisse *tomb...* avec un cri de désespoir.

L'aigle demeure un instant immobile : il *recueillir* ... forces. Puis, ... précipitant en ligne *droit*, il ressaisit le poisson ensanglanté avant même qu'il ait *effleur..* l'eau.

C... lutte de l'aigle et du faucon est un spectacle très ordinaire, non-seulement au bord du Niagara, mais sur *tout* les *côte escarpé* ou *désert*. L'agilité, la force et l'adresse des deux *rival exciter* toujours un intérêt puissant. On *éprouver* à la fin une sorte d'indignation à voir *triomph*... l'aigle ; mais, chose *singulier*, on ne *song*... presque jamais au rôle que le malheureux poisson a *jou*... dans le combat.

127. LA CASSETTE MERVEILLEUSE.

Corrigez les fautes.

Une jeune *fermier*, *intelligent* et de *bon* volonté, mais à la tête un peu *léger* et à la langue trop bien *pendu*, ...'apercevait, à *chaque* fin de mois, que ... *dépense* croissaient dans une proportion bien *supérieur* à celle de ... *bénéfice*. Elle finit par ... *persuad*... que quelque méchant démon ... faisait une *malin* joie de mettre du trouble dans ... *affaire*. Dans ... pensée, elle alla *trouv*... un vieux solitaire, qui vivait dans un hermitage, sur la lisière d'une *épais* et *profond* forêt, et jouissait par *tout* la contrée d'une *grand* réputation de sagesse.

« Mon père, lui dit-elle, ma maison ne va pas bien, et je crois que l'enfer ...'en mêle. Malgré ma *scrupuleux* exactitude à mettre sur mes *registre* mes *recette* et mes *dépense*, je m'aperçois, à la fin de chaque mois, que mes *prévision* sont toujours *trompé* et que mes *compte* ne sont jamais *juste*. »

L'ermite connaissait sa *client*. Plus d'une fois, dans ... *tournée*, il l'avait *rencontr*... faisant avec les *commère* du bourg un de *c brin* de causette qui ne durent pas moins de deux *heure*. Sans lui répondre, il sortit et revint *quelque minute* après, apportant une *petit* cassette bien *fermé*. « Prenez, lui dit-il, *c* cassette, et portez-la trois *fois* le jour, trois *fois* la nuit, pendant un an, de la cave au grenier, du grenier à l'étable, de l'étable à la grange; je vous promets que vos *affaire* en iront mieux. Au bout de l'année, n'oubliez pas de me *rappor-t...* ma cassette. »

La *fermier* suivit le conseil de l'ermite. Le lendemain, portant sa cassette à la cave, elle surprit le valet qui dérobait une bouteille de cidre; à la cuisine, elle trouva les *servante* qui faisaient bombance aux dépens de son garde-manger; aux *étable*, elle vit que les *vache* étaient presque *enterré* dans une litière *infect;* aux *écurie*, que les *cheval* manquaient d'avoine. Le valet fut *réprimand...*, les *servante* furent *renvoy...*, les *bête* furent mieux *soign...* Peu à peu la prospérité revint à la ferme.

L'année s'écoula bientôt, et le moment approchait où il allait falloir *rapport...* la merveilleuse cassette. La *fermier* retourna chez l'ermite : « Mon père, lui dit-elle, je vous rapporte votre cassette, qui a *fait* des *miracle* chez nous; ne vous serait-il pas possible de me la *laiss...* encore un an ? »

Le bon solitaire ... mit à rire : « La cassette n'y est pour rien, lui dit-il; mais continuez, comme vous avez *fait*, de *surveill...* votre maison : c'est là l'essentiel, et cela *suffire.* »

128. LE PAYSAN DANS DE CIEL.

Mettez à l'imparfait les verbes entre parenthèses, et au parfait défini les verbes en italique.

Il *mourir* une fois un pauvre bon paysan, qui *venir* à la porte du paradis. En même temps *mourir* un très riche seigneur, qui *monter* aussi au ciel. Saint Pierre *arriver* avec ses clés, *ouvrir* la porte et *faire* entrer le seigneur; mais sans doute il n'avait pas vu le paysan, car il le *laisser* dehors et *fermer* la porte. Le paysan *entendre* la joyeuse réception que le ciel (faire) au richard avec le chant et la musique. Quand le bruit se fut apaisé, saint Pierre *revenir* et *faire* enfin entrer le pauvre homme. Celui-ci (s'attendre) qu'à son entrée le chant et la musique (aller) recommencer. Mais tout *rester* tranquille. On le *recevoir* de bon cœur, les anges *aller* au-devant de lui; mais personne ne *chanter*. Il *demander* à saint Pierre pourquoi la musique n'(aller) pas pour lui comme pour le riche, et si la partialité (régner) au ciel comme sur la terre. « Non, lui *répondre* le Saint, tu nous es aussi cher qu'aucun autre, et tu goûteras, tout comme celui qui vient d'entrer, les joies du paradis ; mais, vois-tu, des pauvres paysans comme toi, il en entre tous les jours ici, tandis que des riches, il n'en vient pas un tous les cent ans. »

129. LE PUTOIS D'AMÉRIQUE.

Corrigez les fautes.

Le putois est sorti de son engourdissement de six *semaine* et rentre dans la société. Les *empreinte de ...* *patte* sur la neige sont *fin* et *délicat*, ne trahissant ni hâte, ni précipitation, mais dénotant, au contraire, l'assurance la plus imperturbable. Elles sont si *rappoch...* les unes des autres, qu'elles *ressembler* à une chaîne d'*anneau* curieusement *ciselé*.

Le putois est un voyageur nocture, hardi jusqu'à l'audace, venant tout droit à la ferme ou aux *bâtiment environnant*, et prenant même quelquefois ses *quartier* d'hiver sous une meule de foin. Il a une manière *insinuant* et *rampant* d'*avanc...* et de se *traîn...* à travers les *champ* et les bois, sans jamais modifier ... allure. Si une haie lui *barrer* le chemin, il *chercher* une ouverture pour *évit...* de *grimp...* Il est même trop indolent pour se *creus...* une tanière ; il s'*établir* dans une crevasse de rocher, d'où il *étendre* ses *excursion* dans *tout* les *direction*, préférant, pour les faire, le dégel ou un temps humide. Il a fort peu de circonspection ou de ruse, et *témoigner* un profond mépris pour les *trappe*, dans *le-*

quel il *donne* tête *baissé,* comptant, pour sa défense contre *tout* espèce de danger, sur le supplice qu'il *pouvoir inflig...* à l'odorat. Dans sa *profond* indifférence pour l'homme et les *autre animal,* il ne hâtera pas sa marche afin de les *évit...* Il m'est *arriv...* quelquefois de m'*approch...* assez près de l'un de *c... imprudent* pour lui marcher presque sur le cou ; le plus troublé de nous deux, ce n'était pas lui. Je l'ai vu *conserv... tout* son impassibilité même dans une trappe de fer. Image *vivant* de l'innocence *persécuté,* il manœuvrait avec soin et d'un air délicat pour ... *dégag...*

Le putois a une *joli* tête ; ses *dent être* aussi *fin* et aussi *délicat* que celles du chat ou de la belette. Quand il a atteint le tiers de sa croissance, il est si charmant qu'on serait *tent...* d'en faire un petit favori.

Aucun animal n'est plus propre que lui dans ... *habitude.* Ni sa chair ni sa fourrure ne *trahir* la propriété *repoussant* dont il use pour se défendre. C'est l'animal le plus silencieux que je connaisse ; il ne fait entendre aucun son, excepté quand le chien de ferme a découvert sa retraite. Sa prédilection pour les *œuf* et la jeune volaille cause *de grand perte* aux *fermier.* Il est fort habile à *pill..* un poulailler. Le soir venu, la poule a *rassembl...* sous ses *aile* une douzaine de *poussin* nouvellement *éclos ; fier* et *heureux* mère, elle les sent *tout blotti* en sûreté sous ses *aile.* Le matin, voyez-la *all...* et venir avec inquiétude, *suivi* de deux ou trois *poussin,* reste de la plus belle couvée ! Que sont *devenu* les autres ? Le putois s'est *approch...* à la sourdine, à la faveur de l'obscurité; il les a *enlev...* un à un. Regardez attentivement autour de vous, et vous verrez *leur petit* becs *jaune épars* sur le sol. Souvent même, avant l'éclosion, le voleur sait surprendre la poule sur sa ponte et lui *enlev...* ses *œuf,* ne laissant que les *coquille* pour *témoign...* contre lui. Les *oiseau,* surtout ceux qui *nicher* à terre, ont également à souffrir de ses *ravage.*

130. SANG-FROID D'UN DOMPTEUR.

Corrigez les fautes.

Maccomo ... livrait devant le public à ... *exercice habituel* avec des *tigre* de Bengale, lorsqu'il sentit tout à coup que ... main *gauche* était *pris* entre les deux *mâchoire* d'une tigresse. Faisant preuve, en ... circonstance *critique*, d'un sang-froid et d'une force vraiment *extraordinaire*, Maccomo posa un genou sur le dos de l'animal, et lui saisissant la mâchoire *inférieur* avec la main *droit*, le mit dans l'impossibilité de faire plus que de retenir la main *gauche* dans ... gueule.

Le dompteur paraissait si calme, que les *spectateur* crurent que la scène *terrible* à laquelle ils assistaient faisait partie du programme. Mais *c parole adressé* par Maccomo à l'un des gardiens : « Elle me tient la main dans ... gueule, vite un fer chaud ! » révélèrent tout le danger, et produisirent dans l'assemblée la plus *vif* émotion. Une dame ...'évanouit ; d'autres ... dérobèrent par la fuite à ce spectacle plein d'angoisse. Quatre ou cinq *minute* ...'écoulèrent avant que le fer chaud *être* prêt. Pendant ... temps, Maccomo garda l'immobilité d'une statue : pas un pli sur son visage impassible, pas le plus petit frémissement de la lèvre trahissant la douleur qu'il endurait. Le fer chaud fut enfin *apport...* et immédiatement *appliqu...*, par la main *prompt* et *sûr* du gardien, sur une *gros* dent de la mâchoire *supérieur*. La tigresse, comme *électrisé*, ouvrit aussitôt la gueule *tout grand*. Maccomo, avec la rapidité de l'éclair, retira sa main, saisit ... cravache et en porta sur le crâne de l'animal un coup qui l'abattit à ... *pied*. Il le *forcer* ensuite d'*achev*... ... *exercice*....

Quand le dompteur sortit de la cage, sa main *ensanglanté* attestait à *tout* les yeux la lutte terrible qui venait d'avoir lieu entre l'homme et la bête.

131. UNE MÈRE A SA PETITE FILLE.

Corrigez les fautes.

Que de *brillant fleur* tu cueilles,
En *suivant* les *sentier* des *bois!*
Leur tiges et *leur* mille *feuille*
Se pressent dans tes *petit doigt.*
Sur les *gazon vert* des *allée,*
Sais-tu qui *répan...* ces *bouquet?*
Et dans les *bois*, dans les *vallée,*
Qui *semer* de si *beau jouet?*

Celui qui fait *tout* ces *chose,*
C'est Dieu. De son palais du ciel,
C'est Lui qui nuance les *rose,*
Et donne aux *abeille* leur miel.
C'est lui qui fait croître la plume
De tes *serin* au faible essor ;
A l'oranger qui te parfume
C'est Lui qui *suspen...* des *fruit* d'or.

C'est Lui, toujours Lui qui t'*envoye*
Les *bluet semé* dans les *blé* ;
Qui donne au ver sa *long* soie,
Au rossignol *ses chant perlé.*
C'est Lui qui fait les *corps* si *frêle*
Des *papillon frais* et *joli,*
Et qui pose encor sur *leur* ailes
Des *point* de nacre et de rubis.

Son ciel est tout plein de *merveille ;*
Là sont des *vierge, blanc sœur,*
Qui volent comme des *abeille* ;
Des *saint* aux *manteau* de vapeur ;
Des *voix* qui chantent *s louange ;*
Des *bienheureux*, que sais-je, moi?
D pur esprit, de joli ange,
Tous *petit enfant* comme toi.

Mais eux, du moins, ils sont *docile ;*
On obéit au paradis.
Leur jeu sont *choisi* et *tranquille*;
Si jamais des *larme*, des *cri*,

Troublaient la *divin* demeure,
Parmi les *grand saint* on dirait :
Chassez-nous *c* enfant qui pleure ;
Et le bon Dieu ... fâcherait.

Tu sais bien, ta *petit ami?*
Elle est comme eux près du Seigneur.
Sitôt après s'être *endormi*,
Elle a *fui*, comme une vapeur,
Plus loin que le soleil qui brille,
Que la lune, que les *éclair*,
Que *c* étoile qui scintille,
Que l'arc-en-ciel qui *pein*... les *air*.

Parmi ses *compagne nouveau*
Elle est *bien heureux* à présent.
Ainsi qu'un ange, elle a des *aile*,
Puis une auréole d'argent;
Et parfois, quand elle est bien *sage*,
Le bon Dieu lui *permettre* encor
D'*all*... *jou*... dans un nuage,
Ou bien dans une étoile d'or.

L'enfant obéissant comme elle
En mourant ...'envole dans l'air ;
Mais il tombe, s'il est rebelle,
Chez les *homme noir* de l'enfer.
D'une voix rude on lui commande ;
Veut-il *jou*..., on le punit ;
La leçon qu'on donne est si *grand*
Que jamais elle ne finit.

Tu frémis, n'est-ce pas ? *Prend* garde !
Sois bien *sage*, car c'est affreux...
Obéis-moi : Dieu te regarde.
Les *saint* et les *vierge* des cieux,
Sous un nuage qui les voile,
Quand tu pleures viennent te voir ;
Et je sais que dans *chaque* étoile
Des *ange* ... cachent le soir.

---

132. LA FENAISON ET LA TONTE.

Corrigez les fautes.

Déjà tout le village s'est rassemblé dans la *riant* prairie. Bruni par les *travail* du milieu du jour, déjà le jeune faucheur a commencé son ouvrage. La *faneur* le suit, le teint animé par l'ardeur du travail et les *feu* du soleil. La vieillesse même prend ici sa part de la tâche *commun*. Le faible enfant *essaie* de traîner le long râteau; ou, surchargé de l'herbe *odoriférant*, il succombe et roule avec son doux fardeau. Le fourrage épais tombe et se range par *onde* sous la faux *affilé*. Tantôt l'essaim laborieux s'avance sur une ligne, tantôt il se disperse sur le vaste tapis, et l'*abondant* récolte *étendu* aux *rayon* du soleil *répan...* ce parfum champêtre qui embaume et rafraîchit les *air*. Bientôt le foin séché roule comme de *sombre vague*, et sous les *râteau* qui l'entraînent reparaît une verdure *naissant*. Enfin il s'*amoncele;* la meule s'*éleve* gaîment et s'arrange avec art, tandis que les *écho* des *vallon* sont *réveillé* par les *chant réuni* de la joie et du travail heureux.

La troupe *infatigable* quitte les *pré dépouillé* et vole à son troupeau. *Secondé* par ses *chien obéissant*, elle le chasse vers l'étang profond, où le ruisseau, las de sa course *errant*, vient reposer ses *eau*. Une des *rive* s'*élev* et forme un précipice; l'autre, *semé* de *caillou poli*, s'*éten...* et présente un accès facile. C'est sur le bord du précipice que les *berger pousse* les *mouton effrayé*. Mais *quel* peine, *quel* tumulte, *quel* cris! Les *homme*, les *enfant*, les *chien furieux*, *tourmente* longtemps l'animal doux et timide, avant qu'il ose confier aux *flot* son *épais* fourrure. Souvent le pâtre impatient saisit les plus *lâche* et les précipite dans l'étang. Alors les autres *enhardi* ne *balance* plus; ils se *plonge* au milieu des *vague*, et *nage* en *haletant* vers la rive *opposé*: exercice pénible, qui cesse enfin quand leur toison profondément *abreuvé* paraît sans tache, et quand l'onde sale et *troublé* a *chassé* la truite de sa *secret* demeure. *Appesanti*, *dégouttant* de *tout* parts, ils *monte* lentement sur le coteau. Là, ils *présente leur* robes *enflé* au souffle des *vent* et à la chaleur du soleil. *Palpitant* encore de trouble et d'effroi, *cherchant* en vain la cause de ce tumulte affreux et des *outrage* qu'ils *ont souffert*, ils *font* retentir les *campagne* de leur plainte ; le rocher la *renvoye* au rocher voisin, et un bêlement continuel circule autour des *colline*. Mais bientôt, *éblouissant* comme la neige, les *mouton réuni* se *presse* entre les claies du parc, et *leur* têtes sans nombre *sont porté* les unes sur les autres.

Les *berger*, *assis* sur plusieurs *rang*, *font* résonner les *large ciseau* sous la pierre *aiguisant*; et la *vigilant* ménagère, au milieu de ... *compagne vêtu* des *couleur* les plus *gai*, s'apprête à rouler les *toison* de sa riche récolte. Cependant la tâche *joyeux* s'avance : les uns *remue* la poix *bouillant*, les autres *tient* le fer qui va imprimer le chiffre du maître sur les *flanc* de la brebis *docile*. Ici, plusieurs se *réunit* pour amener le mouton rebelle qui refuse de livrer sa toison. Là, fier de sa force *naissant*, l'enfant veut traîner par les *corne* le bélier indigné. Jetez les yeux sur ce groupe d'*animal couché* sur la verdure, *garotté*, *dépouillé* de *leur* robes par l'homme, ... maître superbe, dépendant de tout ce qui l'entoure, assiégé par *tout* les *besoin*. *Quel* douleur ! *quel* patience! Leur air triste est l'expression du reproche, leur silence est la plainte de l'innocence. Rassurez-vous, *paisible créature :* ce n'est pas le couteau de l'horrible boucher qui se *promene* sur vos *corps tremblant ;* c'est le fer du fermier qui vous aime et *crain*... de vous blesser. Quand pour payer sa dette *annuel* il aura *emprunt*... ... fourrure qui pour vous n'était plus qu'un fardeau, il vous renverra bondir sans crainte sur vos *vert colline*.

---

133. LA CATARACTE DU POTOWMAK.

Corrigez les fautes.

Nous fîmes la partie d'*all...* voir la *grand* cataracte du Potowmak, en Virginie. Le chemin qui y conduit traverse des *paysage* auxquels on peut à peine *donn...* le nom de forêt, de parc, ou de jardin, mais qui réunissent ces trois *caractère*. Des *cèdre*, des *tulipier*, des *platane*, des *genévrier* et des *chêne* de *diverse espèce*, *ombragaient* le chemin ; des *vigne sauvage* avec *leur beau* et *grand* feuilles et *leur* fleurs dont le parfum égale celui du réséda, s'*entrelacaient* aux *branches* de ... arbres. Des *fraisier*, des, *violette*, des *anémone*, des *pensée*, des *œillet sauvage* et une foule d'*autre* fleurs encore plus *jolie*, *couvr...* littéralement la terre.

L'accroissement graduel du bruit de *c* cataracte est un des *trait* les plus *agréable* de *c* promenade *délicieux*. Je ne sais pourquoi le bruit d'une chute d'eau plaît tellement à l'oreille. *Tout* les autres *son monotone* ont quelque chose qui *fatigu...* l'esprit ; mais je n'ai jamais *rencontr...* personne qui n'aimât à *écout...* le bruit d'une cascade. Après avoir *travers...* une rivière rapide, nous continuâmes à *march...* pendant *quelque* minutes à l'ombre d'*arbre vert*, et tout à coup nous vîmes un spectacle qui nous arracha à *tout* un cri de surprise et de plaisir. Les *profondeur rocailleux* d'une rivière immense s'ouvraient à nos yeux.

Le lit de la rivière est en *c* endroit d'une *grand* largeur. *D...énorme masse* de *rocher noir*, de *tout* les *forme imaginable*, l'encaissent de *tout* parts. L'eau qui tombe parmi eux, avec un bruit de tonnerre, ne se montre que par *intervalle*. Ici, c'est une *grand* nappe d'eau, *vert* et limpide, *tombant* en ligne *droit* et sans interruption ; là, elle se précipite dans un canal étroit, avec une violence qui fait qu'on ne peut ni voir, ni *écout...*, sans *éprouv...* des *vertige ;* dans un endroit, c'est un étang sans fond dont la surface est un miroir noir comme de l'encre ; dans un autre, l'eau, *tourmenté* et *divisé*, forme, en se précipitant, une douzaine de *torrent caché* par le brouillard de rosée qui en rejaillit, et qui *s'éleve* à une grande hauteur. En dépit de tout ce fracas, les *arbre* les plus *délicat* et les plus *charmant* se *montr...* au milieu de ces *rocher hideux*, comme des *enfant souriant* au sein même du danger. Tandis que nous *regard... c* scène *imposant*, un de nos *ami* nous fit *remarqu...* que la vigne *vénéneux étend...* avec grâce ... branches *perfide* sur *tout* les *rocher*, et nous *assur...* qu'une foule *nombreux* de *serpent* y trouvaient leur sombre demeure.

Donner à *c* scène l'épithète de *beau* serait un étrange abus de termes, car tout ... qu'elle offre à l'œil et à l'oreille inspire la terreur. La cataracte du Potowmak a quelque chose d'horrible et d'*imposant*. Le gouffre sombre et profond qui est ouvert devant vous, les *mugissement* de la cascade *écumant*, le tourbillon rapide des *eau*, la hauteur *effrayant* des *rocher*, tout *sembler* menacer la vie et *épouvanter* les *sens*. C'était pourtant une *grand* jouissance que d'être assis sur une pointe de rocher en saillie, de voir et d'entendre.

On s'éloigne de ce spectacle plus calme, plus silencieux qu'on n'y est *arriv...* ; mais la fraîcheur de l'air, le doux coloris de *quelque* fleurs *épanoui*, les *pétale* des *autre* qui se ferment, le bourdonnement sourd des *insecte*, la *doux* rosée qui empêche le pied de se *fatigu...* au retour, tout cela *sembler* en harmonie avec *c* état d'exaltation et de fatigue qu'une semblable excursion ne *manqu...* jamais de produire.

134. AUTOUR DE MON JARDIN.

Corrigez les fautes.

Un ruisseau traverse mon jardin dans sa longueur, et *va* se *jet...* dans une mare à demi *caché* sous les *saule* et les *roseau*. Il *pren...* sa source dans une colline *couvert* d'*ajonc*, un peu au-dessus d'une *vieux* maison de bois, et roule ses *eau limpide* sur des *caillou* et au milieu d'une pelouse *vert*. Sur les deux *rive* s'*élevent* les *plante* et les *arbre aimant* le bord des *eau ;* de *tout* parts la vue est *borné* par des *arbre* sous lesquels s'*éleve* le gazon, semé de *petit pâquerette* et de *bouton* d'or.

Sur une des *rive* est un peuplier blanc; ses *feuille large* et *découpé* comme les *feuille* de la vigne, *être* d'un vert sombre et verni au-dessous. Dans la souche du peuplier ... *cacher* un nid dont l'extérienr est *form*... de mousses et de *menu* racines, et l'intérieur délicatement *tapiss*... de crin et de *plume*. Là, quatre ou cinq *œuf blanc, rayé*, et *taché* de brun, sont assidûment *couvé* par une bergeronnette lavandière. Pendant ce temps, le mâle va à la chasse. Il marche sur le bord du ruisseau, en *balancer* gracieusement sa *long* queue *formé* de dix *plume noir* et de deux *blanc* qui lui *faire* une bordure; le sommet de sa tête et le dessous de son cou *être noir ;* il a comme un demi-masque blanc; le reste de son corps *être* vêtu de gris cendré et de gris-perle. On peut s'*avanc*... près de lui ; s'il ...'envole, c'est pour revenir presque aussitôt; mais il est plus probable qu'il ne fera que ...'*éloign*... en marchant, sans *discontinu*... sa *vif* et *gracieux* allure. Il est là pour saisir au vol *tout* sortes de *moucheron*, des *cousin*, des *tipule*, qui *avoir*, pour *voltig*... au-dessus du ruisseau, *d excellent raison*.

Plus près de l'eau sont *d* gros *iris* de *différent* sortes, élevant du sein de leurs *feuille aigu* des *tige chargé* de *fleur* : les unes *jaune*, les autres *violet* ; celles-ci entièrement *blanc* avec une frange *bleu* ; celles-là *jaune* et *brun*; d'autres *jaune* et *bleu* ; quelques-unes d'un bleu pâle.

Ce n'est pas seulement sur le bord des *eau* que ... *plaire* les iris; il en est une espèce qui est une des *grand libéralité* de Dieu, et un des *grand luxe* qu'il a *fait* exprès pour les *pauvre*.

Mais est-il rien d'aussi beau, d'aussi riche que *c petit* maison *habité* par des *bûcheron*, que je vois de loin, au travers des *arbre* et par-dessus le mur de mon jardin?

Sur le devant *être* quatre *colonne*, quatre *grand hêtre* dont l'écorce est aussi *uni* que le marbre : leur chapiteau vivant est formé de *branche* et de *feuille* qui *abriter* du soleil et *offrir* à l'œil des *couleur* aussi *riche* et plus *varié* que celles de l'émeraude. Des *oiseau* y ont *établi* *leur* nids et y *chanter* leur chanson. Les *fauvette être* les *musicien ordinaire* des *pauvre* : elles *leur chanter*, sur un beau théâtre, au milieu de *splendide décor*, par un magnifique soleil levant, une musique toujours *frais*, toujours *jeune*, qui semble *tomb*... du ciel; et rien de triste ne se mêle à *leur* chants. Ces *charmant acteur* *chanter* parce qu'il fait du soleil, parce qu'ils *être jeune*, parce qu'ils *être beau*, parce qu'ils *être heureux ;* tandis que ceux que les *riche payer* si *cher*, *chanter* parce qu'ils *être envieux* les uns des autres, parce qu'ils *être avare*, parce qu'on les *payer*.

Avouez que les *colonne* de pierre et de marbre sont loin d'avoir la beauté de ... colonnes qui *vivre* et qui *chanter*, dont le chapiteau *changer* de couleur trois ou quatre *fois* chaque année, et qui laissent *tomb*... des *chant* *mélodieux*.

Du pied d'un de ... *hêtre* s'*éleve* un lierre, qui l'*embrasser*, comme un serpent, de ses *repli puissant*, et *dominer* sa tête de ses *feuille luisant* et de ses *bouquet* de *fruit vert* et *noir*, *aimé* des *grive* et des *merle*.

Derrière les *beau colonne* s'élève, mais s'élève bien peu, une *petit* maison *couvert* d'un toit de chaume, qui *dépasser* beaucoup de chaque côté ses *muraille*. Une vigne *tapisser* la maison de son feuillage vert l'été, pourpre à l'automne.

Un velours mille *fois* plus fin, plus brillant, plus chatoyant, plus riche que celui qu'on étale avec tant d'économie au dedans des *palais*, un magnifique velours couvre entièrement le toit de chaume de la maison. Ce velours est la mousse. Il *servir* à *préserv*... de la pluie, qui *glisser* sur sa soie, la paille des *pauvre habitant* de c pauvre maison.

Puis sur la crête *fleurir* des *iris*; au milieu de *leur feuille* en lames d'épée *sortir* des *pampre* de *fleur violet* qui ... *baigner* dans l'air et le soleil.

Et *aucun* de ... *splendeur* ne s'use, ne se *flétrir*, comme il *arriver* aux *richesse factice*. L'année *prochain*, la mousse sera plus *épais*; l'année *prochain*, les *iris avoir* encore plus de *fleur violet*; l'année *prochain*, les *colonne* qui *être* devant la maison *être* plus *haut* et plus *beau* encore.

Oh ! oui, Dieu aime les *pauvre!* Malheureusement, l'homme est trop stupide ; il *dédaigner* les *richesse gratuite* pour *us*... sa vie à la poursuite des *pauvreté coûteux*.

135. LE POMMIER MORT.

Corrigez les fautes.

L'hiver a *de beau jour*. Hier, je parcourais nos *chemin solitaire*; la terre *gelé résonner* sous mes pas, aucun chant d'oiseau ne *sortir* des *haie dépouillé*; mais de loin en loin un rouge-gorge ou un pinson *venir* se *pos*... à mes *pied* comme pour me *demand*... *quelque miette*. La faim fait sortir le loup du bois, dit le proverbe; elle donne aussi de l'audace aux *petit oiseau*. Le soleil brillait; le temps *être* calme, l'air pur; aussi les *moindre bruit* des *environ* m'*arriver* ils avec une netteté *particulier*.

Qu'ils sont *harmonieux* les bruits *varié* de nos *campagne!*

Dans un enclos voisin, je distinguai bientôt des *voix* d'enfants, puis les *coup redoublé* d'une cognée et le craquement du bois sous l'effort du travailleur.

« Dis donc, Marie, demandait en pleurnichant le petit Jean, pourquoi papa abat-il notre gros pommier? Pauvre gros pommier qui *donner de* si *beau pomme rouge!* »

Et sa sœur plus *âgé* lui répondait : « C'est parce qu'il est mort et ne pourrait plus jamais te *donn...* de *pomme.* »

Mais petit Jean tenait à ses *idée*, et *insister* en disant qu'on ne *pouvoir* pas savoir si l'arbre *être* mort, puisque, en hiver, les *arbre* n'ont point de *feuille*; qu'il *falloir* attendre que le gazon eût *pouss...* pour voir si le gros pommier *être* mort, et ne se réveillerait pas comme ses *voisin*.

La *grand* raison du petit garçon, c'était que les *arbre*, en hiver, étant *tout pareil* au dehors, ils étaient probablement aussi *tout pareil* en dedans, et qu'il pousserait des *feuille* à celui-là comme aux *autre*.

En entendant la discussion des deux *enfant*, je me pris à réfléchir. *Tout ... arbre* ont l'air morts, me disais-je, et cependant il y en a beaucoup de *vivant* parmi eux.

Hélas! c'est tout le contraire parmi les *homme*, qui *avoir tout* l'air vivants et dont beaucoup *être morts*.

En effet, la vie du corps, la vie *extérieur*, *être* la même chez *tout*, mais en dedans *quel* différence! L'âme a une vie aussi *réel* que le corps; *c* vie *pouvoir* s'*aliment...*, s'entretenir ou s'éteindre. Beaucoup d'*homme* ont en eux une âme *vivant*; combien d'*autre* qui *avoir* en eux une âme *mort!*

Au dehors ils sont *semblable*, ainsi que les *arbre* en hiver; mais quand le grand printemps du bon Dieu viendra, quand Notre-Seigneur *briller* au ciel comme le soleil de mai pour introduire ses *élu* en paradis, on s'*apercevoir* alors de la différence.

Voyez ce qui se passe dans la nature au printemps. L'arbre dont l'intérieur est rempli d'une sève *vivant* et *fécond pousser* des *bourgeon*, puis des *feuille*, puis des *fleur parfumé*; au contraire, celui dont la sève est *mort* ne *ressentir* plus la *bienfaisant* chaleur du soleil, ses *branche demeurer* à jamais *stérile*; et c'est de lui que

Notre-Seigneur dit dans l'Évangile : « Voilà déjà trois *an* que j'ai *plant*... ce figuier, j'y viens *cherch*... du fruit et je n'y en trouve point. Coupez-le donc. Pourquoi occuperait-il encore la terre ? »

Ainsi en sera-t-il des *homme* lors du jugement dernier.

Oui, la vie de l'âme, qui peut s'entretenir et se *dévelop-p*..., peut aussi s'affaiblir et s'éteindre.

Tout en *songant* à ... *chose*, je m'étais *éloign*... ; mais le bruit de la cognée arrivait encore jusqu'à moi. Un craquement se fit entendre... le vieux pommier était *tombé*.

136. LES PUCERONS.

Corrigez les fautes.

A l'extrémité des *jeune pousse* du rosier, sont des *myriade* de *petit insecte*, d'un vert un peu rougeâtre, qui *couvrir* entièrement la tige et qui *sembler immobile*. Ce *être* des *puceron*, qui sont *né* à une ligne ou deux de l'endroit où ils *être* aujourd'hui, et qui ne s'*aventurer* pas à faire un pouce de chemin dans *tout* leur vie. Ils ont une *petit* trompe qu'ils *enfoncer* dans l'épiderme de la branche, et au moyen de laquelle ils *sucer* certains *suc* dont ils ... *nourrir*. Ils ne mangent point le rosier ; ils *être* plus d'un millier *rassemblé* sur deux *pouce* de tige, et ni les *feuille* ni la branche ne *paraître* en souffrir le moins du monde. Ces *puceron avoir* une vie fort calme. On a peine à en *rencontr*... un assez inquiet, assez vagabond, pour *pass*... d'une branche sur l'autre. Le seul soin sérieux qui paraisse *occup*... la vie des *puceron*, est de *chang*... de vêtement ; ils *changer*, en effet, de peau quatre fois avant d'être des *moucheron parfait*.

Les *puceron être* un gibier qui *nourrir* plusieurs *autre insecte*, et nous n'irions pas bien loin pour *cherch*... un de *leur ennemi*. Voici, paisible sur un bouton de rose, un petit insecte bien connu des *enfant* ; il a la forme d'une tortue et la grosseur d'une lentille : les *na-*

turaliste l'*appeler coccinelle*, et les *enfant bête à bon Dieu*. Elle est bien *innocent* ; mais elle n'a pas toujours été ainsi. Avant d'avoir sa *joli* forme et ... écaille *poli*, *semé* de *point noir* ou *brun*, c'était un ver plat et large, à six *patte* d'un gris sale, piqueté de *quelque point jaune*. Ces *ver* ne sont pas plutôt *né* qu'ils ... *mettre* en route pour *all*... à la chasse aux *puceron*. Quand ils ont *trouv*... une branche *chargé* de gibier, ils *s'établir* au milieu et ne ... *laisser manqu*... de rien, jusqu'au moment où ils sentent qu'ils *aller* ... *transform*... alors ils vont ... établir sur quelque feuille solitaire, où ils *attendre*, dans l'abstinence, qu'ils soient *devenu de véritable coccinelle*.

Il resterait encore bien des *puceron* si les *coccinelle être leur seul* ennemis ; mais voyez-vous *plan*... au-dessus d'une des *rose* une mouche qui *paraître* immobile, tant est rapide le mouvement de ... *aile* ? Vous n'oseriez *l* prendre, tant elle *ressembler* aux *abeille* et surtout aux *guêpe*. Son corps est *ray*... de jaune et de noir, mais elle n'*avoir* que deux *aile* ; et je ne vois pas qu'*aucun* mouche à deux *aile* ait un aiguillon dangereux. C'est une *parvenu*. Elle a *oubli*... l'humilité de sa jeunesse, alors qu'elle n'*avoir* pas son riche vêtement jaune et noir, et surtout qu'elle n'*avoir* pas ... *aile*. Elle a été autrefois un ver informe. Placé sur un lit de gibier, ... ver saisit les *pucerons*, l'un après l'autre, avec une sorte de trident creux, et en *manger* à peu près un par minute. Pour ce qui est des *puceron*, cela *paraître leur* être parfaitement indifférent. On n'en voit jamais un faire le moindre effort pour *évit*... d'être *mang*...

Voici une tige où il n'y a plus de moucherons que d'un côté ; demain il n'y en *avoir* point du tout ; c'est que là *être* leur plus redoutable ennemi, celui que l'on *appeler* le lion des *puceron*. Ce ver a, comme les *autre*, une forme *aplati*; il est de couleur cannelle avec des *raie jaune-citron*, et il *être* encore bien plus vorace que ceux dont nous *venir* de *parl...* Si l'un de ... *ver* saisit par hasard un de ... *frère,* au lieu d'un puceron, tant pis pour lui : il le *manger*. On a bien le loisir de cela quand on n'*avoir* qu'une quinzaine de *jour* pour *mang...* ... *puceron* si *dodu !* En effet, au bout de quinze *jour,* il oublie ... *appétit,* il ... *retirer* dans un coin et ...'*enfermer* dans une coque de soie *blanc gros* comme un pois, qu'il *filer* en très peu de temps. Trois *mois* après, la coque ...'ouvre, et il en *sortir* la plus *ravissant* créature que vous ayez jamais *vu.* C'est une sorte de *grand* mouche d'un vert gai, avec *d grand* et *large aile,* si *fin,* qu'on le *distinguer* parfaitement à travers. Ces *aile,* qui *être* d'un vert très pâle, *offrir* à l'œil des *nervure* d'un vert plus foncé, qui *former* un réseau plus charmant que celui des plus *riche dentelle ;* de chaque côté *être* un œil de feu rouge dont l'éclat *surpasser* beaucoup celui des *pierrerie.*

Mais quel *être* ... animal noir qui *monter* à la tige du rosier ? C'*être* une fourmi ; elle *grimper* en spirale pour *évit...* les *aiguillon* ; la voici sur la branche où *paître* les *puceron* : c'est encore une *ennemi !* En effet, La Fontaine a dit qu'elle ... *nourrir* de *vermisseau,* d'*insecte* ; la voici sur eux, mais elle ne les *dévorer* pas. Les *puceron,* à mesure qu'ils mangent, *secréter* une liqueur sucrée dont les *fourmi être* fort *avide.* Celle-ci vient de ... *régal...* : c'est une *petit berger noir* qui vient traire *d petit vache vert* qui pâturent dans une prairie de la largeur d'une feuille de rosier.

137. LE RHUME D'UN RHINOCÉROS.

Corrigez les fautes.

« Monsieur ! — Quoi ? mon cher Fritz. — Il est mort ! — Qui est mort ? — Le gros rhinocéros ! »

C nouvelle m'était *donn...* au moment où j'arrivais, vers sept *heure* du matin, au Muséum d'histoire *naturel.*

J'étais *attach*... comme aide préparateur à l'administration du Jardin des *Plante*; je *saigner* les *ours*, les *hyène*, les *jaguar* et les *hermine*. On avait adjoint à mon service un jeune Allemand qui ... *nommer* Fritz Vaulers.

Il était haut comme une potence, *porter* des *bras immense* en *aile* de moulin, avait le nez outrageusement long, les *cheveu rouge*, et des *lunette large* comme des *châssis* devant ses yeux *microscopique*. Ce singulier personnage était fils d'un des *savant* les plus *illustre* de l'Allemagne.

Le rhinocéros dont Fritz m'*annonçait* la mort, était long de trois *mètre* vingt-cinq *centimètre*, gros de deux *mètre* quarante-huit *centimètre*, et pesait deux mille trois *cent* livre. Le directeur du Muséum avait *ordonn*... qu'il serait *empaill*... On avait *dépos*... le cadavre dans une des *salle bas* des *atelier anatomique*.

C'était vraiment un superbe animal. Tout mort qu'il était, il *faire* peur. Sa corne *recourbé* ... *dresser* sur le nez immense comme ... *croc* de fer auxquels, dans les *port*, on attache les *navire*. *S*... *sabot* étaient *scell*... à ... *jambe gros* comme des *tronc* d'*arbre*. *S*... yeux étaient *ouvert*, *fixe*, un peu *vitreux*, *terrible* encore. La mort avait *dilat*... démesurément l'orbite en rétrécissant les *chair*. Ces *grand globe transparent sembler renferm*... un regard flottant, comme les *cloche* de cristal *renfermer* des *poisson rouge*. Dans quelque coin du laboratoire qu'on se plaçât, la *grand* bête, *couché* à terre sur le pavé, semblait vous *regard*... : bizarre illusion d'optique, qui *produire* une sorte de fascination.

Après avoir *examiner* un moment le pachyderme, je regardai Fritz: il *être* en contemplation devant le gigantesque animal.

« Est-elle bien *mort*, *c* bête? me demanda-t-il au bout d'un instant.

— Certes, oui, répondis-je ; autrement, ni vous ni moi ne *être* ici à l'heure qu'il est. »

Nous tournions autour du cadavre, l'examinant dans *tout ... partie.*

Je sortis bientôt pour aller m'informer de la manière dont le rhinocéros était mort. On me dit qu'il avait pris mal à propos un bain dans un des *bassin* de la ménagerie; qu'au sortir du bain, le froid l'avait saisi, et qu'il était mort au bout de quatre ou cinq *heure.* On me raconta que l'avant-veille il se portait encore parfaitement; qu'à un seul repas il avait *mang...* quarante *livre* de betterave et trois *botte* de foin.

Je rentrai pour *donn...* ces *détail* à mon compagnon; je trouvai Fritz à cheval sur le rhinocéros et fumant tranquillement sa pipe. Il descendit du siége triomphal qu'il occupait; et, venant vers moi :

« Vous le croyez bien mort? me dit-il avec insistance.

— Certes, oui, répondis-je en riant. Que voulez-vous qu'il *être* ? enrhumé?

— Peut-être, » reprit avec un grand sérieux mon interlocuteur.

Je ne pus me défendre d'un accès de *fou* hilarité.

J'allai *cherch...* les outils *nécessaire,* et nous commençâmes l'opération. Il s'agissait d'*entam...* l'épiderme pour parvenir jusqu'aux *chair* et *pratiqu...* l'excoriation. Je pris un immense couteau frais repassé, et je le *placer* à la charnière de la cuisse, là où, chez le rhinocéros, le cuir présente d'ordinaire un défaut. Le couteau était très pointu; je *pousser* de *tout* mes *force.* La peau *céder* comme une plaque de tôle, sans que le couteau *pouvoir pénétr...* Fritz me *présenter* un coin d'acier, fortement aiguisé, ce qu'on *appeler* un poignard anatomique. L'épiderme *résister.* Fritz voulut *essay...*, croyant être plus heureux; la lame se *briser* sans *entam...* le plus légèrement la rude enveloppe de la bête.

Nous *laisser* le défaut de la cuisse, et nous *attaquer* le corps par la gueule. L'épiderme se trouve en général *amolli* vers les *lèvre* par l'humectation salivaire.

J'avais repris mon couteau, et je m'approchai de la tête du monstre.

J'enfoncer déjà la main dans le trou immense de la gueule pour *tâch...* d'y *pratiqu...* une incision. Tout à coup le corps entier de la bête s'agita comme par un tremblement convulsif. Un bruit sourd, partant des *profondeur* du cadavre, *venir grond...* en soulevant les *babine velu*, et une bouffée d'air chaud s'*échapper* de la gueule.

« Quand je disais qu'il était *enrhum...!* voilà qu'il éternue, » *s'écrier* Fritz, moitié riant, moitié sérieux.

Je m'étais *reculer* précipitamment. Etait-ce un symptôme de vie, qui venait de ... produire ? Etait-ce une de ... éructations *cadavéreux*, dont les *autopsie* sont si fréquemment l'occasion? Je n'eus pas le temps de me *pos...* formellement *c* question.

La bête s'agita, *pousser* un gémissement plaintif, puis un hurlement terrible, et, ouvrant la gueule, ... *dresser vivant, irrité, furieux*.

Fritz, qui était près de la porte, l'ouvrit, s'*élancer*, et, fou de terreur, se croyant poursuivi, la *refermer* derrière lui, m'exposant à une mort qui me parut inévitable.

Le rhinocéros ...'était *élanc...* du côté de la porte. Quand elle se referma, il *s'arrêter* un instant et *aspirer* l'air avec force, comme pour *flair...* les *trace* de celui qui ...'était enfui. Puis je vis sa masse énorme *tourn...* lourdement sur elle-même. C'était vers moi qu'il allait se *dirig...* : le doute n'*être* point possible.

Je n'avais pas d'arme. D'ailleurs, que pouvaient les armes sur *c* épiderme que le coin anatomique ne pouvait *entam...?*

Mon premier mouvement fut de me *jet...* vers les *fenêtre*. Je brisai d'un coup de coude une des *vitre dépoli* : les *maille* du treillage, *fin, serré*, en parfait état, nouaient devant moi leur trame *régulier*. Mon regard rapide *parcourir* l'allée qui s'*éten...* devant le Muséum : il n'y avait aucun promeneur. La fuite *précipité* de Fritz avait-elle *effray*... les *paisible bourgeois*? Avait-on été *chérch*.. du secours? Il était évident pour moi que si le secours *arriver*, il *arriver* trop tard.

L'animal furieux, la gueule *béant*, me regardait comme s'il eût compris que sa proie ne *pouvoir* lui *échapp*.... Après *quelque instant* d'immobilité, il fit un pas vers moi.

Il n'y avait pas à *hésit*.... La porte était derrière mon ennemi: il *falloir pass*... à côté de lui si rapidement qu'il ne *pouvoir* m'atteindre. Je m'*élancer* vers le monstre, et, ramassant *tout* mes *force*, je *passer* entre lui et la muraille. Il ne put se retourner, mais il se *pencher*, et, un instant, je *croire* que j'*aller* être *étouff*... entre ses *flanc* et le mur. En passant devant lui, j'avais senti sur moi son haleine *chaud*, humide, et comme le souffle de sa fureur.

Ce mouvement hardi m'avait *plac*... près de la porte. Je *saisir* la serrure, afin de l'ouvrir. Comment la chose s'était-elle *fait*? Je n'en sais rien; mais la porte était *ferm*... à clé.

Je disais toujours à Fritz : « Quand vous sortez, *fermer* la porte à double tour. » La terreur lui avait sans doute *troubl*... la raison, et il avait suivi mon conseil dans *c* terrible circonstance.

Je fis un effort désespéré en appuyant l'épaule contre la porte pour l'*enfonc*.... Elle résista. J'entendais derrière moi le rhinocéros; je *sentir* qu'il s'était *retourn*..., et que, trompé une *premier* fois, il se *disposer* à fondre sur moi et à me *déchir*....

L'idée d'un dernier refuge me vint. La crainte d'une mort aussi horrible que celle qui m'*attendre*, excitait prodigieusement mon esprit. La pièce était assez *grand*, et *entouré* d'*armoire disposé* le long des *mur*. Au-dessus des *armoire* étaient *rang*... des *squelette*. Une *petit* échelle était *dressé* dans un coin, non loin de la porte. Je pensai que si je *pouvoir* me *hiss*... au-dessus de ces *armoire*, j'*échapper* peut-être à mon sauvage ennemi.

Le rhinocéros était au milieu de la pièce, *balançant* ... énorme tête. Tout à coup il pousse un grognement sourd, rauque, prolongé, terrible. Je *m'élancer* vers l'échelle. Mon redoutable adversaire se *jeter* en avant avec un élan furieux.

J'avais déjà gravi l'échelle, et je m'étais accroupi, demi-mort, sur le haut des *armoire*.

Quand le rhinocéros me vit au-dessus de lui, il *pousser* un cri épouvantable et *bondir* sur lui-même comme pour m'atteindre. Sa masse *retomber impuissant*.

J'avais saisi les *squelette*, et, ne sachant que faire, fou de terreur, je jetais au monstre tout ce que trouvais sous ma main, visant ... yeux. Je me serais cru sauvé si j'avais *aveugl*... mon ennemi.

Il *s'avancer* de mon côté. Les *armoire* étaient *appliqu*... au mur et *retenu* par des *crampon* de fer; il ne pouvait les *renvers*..., de sa corne il ... mit à les démolir. Il sembla d'adord trompé par son instinct. Au lieu de *frapp*... l'édifice fragile sur lequel j'étais *réfugi*..., il *s'attaquer* à l'armoire *voisin*. Elle était *plein* de *cornue*, d'*alambic*, de *bocal*, de *flacon*, de *fiole*, de *creuset*, de *récipient*, de *ballon*. Il fit *vol*... en *éclat* tous ... *objet*. Le bruit des *verre brisé* l'*effrayer* un instant : il *reculer* de *quelque* pas, l'œil fixe.

Je respirais. De moment en moment je me *dire* qu'on *aller* venir. Je *croire* voir, à travers la vitre *brisé*, accourir des *homme* m'apportant du secours.

Le rhinocéros, un moment interrompu, reprit *son* œuvre de destruction. Il *s'attaqua* à l'armoire sur le haut de laquelle je m'étais établi... Il n'y avait plus d'espérance possible. Les *planche* craquaient sous ... efforts ; il *pousser d horrible grognement*... J'*être* un homme perdu...

Au moment où je *fermer* les yeux, me figurant que je *tomber* sous les *terrible dent* de mon terrible ennemi, la porte s'ouvrit... Deux *brave gardien*, *conduit* par

Fritz, et *muni* de *corde*, venaient pour s'*empar*... de la bête. Leur présence seule me sauvait. Le rhinocéros, en entendant du bruit, se retourna.

Je ne saurais dire par quelle audace et au prix de *quel prodige* d'adresse on parvint à s'*empar*... de l'animal furieux.

Depuis ce temps-là, il y a au Jardin des *Plante* un mot qui court parmi les *gardien* et les *préparateur attaché* aux *cabinet anatomique*. Quand on veut... prévenir de quelque danger, on ne manque pas de *rappel*... le rhume du rhinocéros.

138. LES FLEURS ET LES PAPILLONS.

Corrigez les fautes.

Le soleil n'est pas encore à l'horison, cependant les *ombre* de la nuit commencent à se *dissip*.... La nuit avait *enlev*... à *tout* les *objet leur* forme et *leur* couleur ; voici le jour qui vient les *leur* rendre.

Les *fleur jaune* et les *fleur blanc* sont les premières qui *recevoir* leur coloris. Les *fleur rouge, rose, bleu, être* encore *invisible* et n'*exister* pas pour les yeux ; le feuillage *commencer* à *montr*... sa forme, mais il *être* noir. Les *fleur rose* sont *peint* à leur tour, puis les *rouge*, puis les *bleu* ; *tout* les *forme* sont *distinct*. Déjà l'hémérocalle, une sorte de lis jaune fermé pendant la nuit, *rouvrir* sa corolle et *commencer* à répandre une odeur de jonquille. Le léontodon a *étal*... avant l'hémérocalle sa fleur *rayonnant* dans l'herbe où les *pâquerette*, encore *fermé*, *tenir réuni* en *faisceau leur petit rayon* d'argent dont elles *montrer* alors le dessous, qui *être* d'un beau rose.

Les *oiseau* se *réveiller* en *chantant*. Le ciel *pren*... une teinte rose ; les *nuage gris devenir* d'un lilas clair ; l'orient s'*épanouir* en un jaune lumineux. Les *cerisier placé* à l'occident *teindre* de rose *leur* écorce *gris* sous le premier rayon que lance obliquement le soleil. Voici l'astre du jour, l'astre de la vie, qui *monter* dans sa gloire et dans sa majesté.

Tout les *plante* se *réveiller*. L'acacia avait ses *feuille plié* et *appliqué* les *u* contre les *autre* : les voilà qui se *séparer* et se *redresser*. La balsamine, qui avait *pench...* ses *feuille* vers la terre, les *relever* vers le ciel ; l'onagre, qui au contraire avait *relev...* les siennes et en avait *embrass...* sa tige, les *écarter* et les *laisser* un peu fléchir.

Les *insecte* commencent à *bourdonn....*

Le souci pluvial *ouvrir* sa fleur, qui *être* un disque violet entouré de *rayon blanc* par-dessous, *violâtre* par-dessus. Les volubilis, qui grimpent en guirlandes *chargé* de *fleur rose, violet, blanc, rayé, fermer leur fleur* qui se sont *ouvert* pendant la nuit ; les *belle-de-jour épanouir leur fleur bleu* et *jaune*. Chaque plante *fleurir* à l'heure qui lui a été *fix...* ; le soleil, qui *forcer* l'une à s'ouvrir, *obliger* l'autre à se *ferm...*, et cependant elles n'*avoir aucun* différence à l'œil.

Les *insecte*, les *papillon* et les *mouche* de *tout* couleurs se *répandre* de *tout* parts.

Le soir arrive. Les *oiseau* ont *cess...* de *chant...*, et se *disputer* leur place sous les *feuille*. Vous *voir* reparaître au ciel les couleurs que vous y avez *admir...* le matin ; mais elles ont *pris* des *nuance* plus *sévère* et plus *foncé*. Le rose du matin *être* rouge le soir, le lilas est devenu violet ; le globe de feu descend et *disparaître* dans une brume rouge qui *sembler* la cendre *allumé* d'un volcan. On *enten...* au loin *coass...* les *grenouille* ; les *scarabée voler* lourdement ; les *cerf-volant* et les *rhinocéros sortir* des *creux* des *arbre*. Voici la nuit.

Mais la nuit a ses *osieau*, ses *fleur* et ses *insecte*, qui *dormir* pendant le jour, et qui s'*éveiller* lorsque les *autre* s'*endormir*.

La belle-de-nuit a *ouvert* ses *petit cornet pourpre, jaune* ou *blanc* ; une variété, dont la fleur *blanc, sup-*

porté par un long tube, a le centre d'un riche violet, *exhaler* une *doux* odeur. L'énothère *étaler* ses *beau coupe jaune parfumé*. Les volubilis *attendre* le milieu de la nuit.

Pendant ce temps les *étoile* s'*épanouir* au ciel. Dans l'herbe, les *luciole commencer* à *brill...* d'un feu vert et phosphorique. La luciole est au jour un insecte aplati, se traînant sur ses six *mauvais patte*; le soir, elle se *mettre* sur le dos, pour que le phare qu'elle allume se *voir* de plus loin.

Pendant que *briller* la *petit* lanterne de la luciole, voici une *grand* phalène qui *passer*; ses *aile faire* entendre un bruit semblable à celui que *faire* un petit oiseau. En effet, elle *être* beaucoup plus *gros* que certains *oiseau-mouche*. Elle *passer* au-dessus de *tout* les *fleur* qui *dormir* : elle *chercher*; elle *savoir* que, dans ces *beau coupe grenat* et de topaze des *belle-de-nuit* et des énothères, un doux nectar est *prépar...* pour elle. La voilà au-dessus d'une énothère; elle *planer* sans *touch...* la fleur : ses *aile sembler immobile*, tant elle les *agiter* vivement. Alors elle *développer* une trompe *roulé* sous sa tête qui échappait à la vue, mais qui *être* plus *long* que l'insecte entier. Cette trompe se *séparer* en deux; *chacun* des deux *être* une trompe *parfait* au moyen de laquelle elle *sucer* au fond des *fleur* le miel qu'elles *renfermer*.

Il ne faut pas croire que, pour ne sortir que la nuit, ce papillon, que les *naturaliste appeler* sphinx, ait *néglig...* sa parure : il a les *aile* d'un gris nuancé de brun et de noir; le corps *être* plein d'*anneau blanc*, *rose* et *noir*, *séparé* dans la largeur du corps par une raie *gris*.

Mais quel cri plaintif ... fait entendre sur ce jasmin ? Est-ce ce grand sphinx qui s'y est *pos...*, qui s'*aviser* de gémir ainsi ? Si le cri qu'il *faire* entendre *être* lamentable, son aspect n'est pas non plus fort réjouissant. Ses *aile supérieur être nué* de *couleur sombre;* les *inférieur être* d'un orange terne et pâle, avec des *bande noire*. Son corps est *ray... d'anneau noir* et de ce même orange triste ; mais c'est sur son corselet que la nature s'est *permis* une *singulier* fantaisie : les taches orange et *noir former*, d'une manière parfaitement *distinct*, la figure d'une tête de mort. L'espèce de cri que *faire* entendre ce sphinx, est produit par le frottement de sa trompe contre les *cloison* qui la *renfermer*. Il a été une *grand* chenille *jaune* et *vert*.

Il y a une *petit* chenille assez *laid* qui *vivre* sur les volubilis, et qui *devenir* un papillon fort joli et fort singulier ; la chenille est d'un vert blanchâtre et assez *velu*. La phalène *être* d'une blancheur *éclatant* ; ses *aile paraître* se *compos...* de dix *petit plume* d'une extrême finesse. *Chacun* des *aile supérieur* est *divis...* en deux; *chacun* des *aile inférieure* est *divis...* en trois *partie découpé* en *tel* façon que ce n'est qu'avec le secours de la loupe qu'on peut voir que ce ne *être* pas *d véritable plume* beaucoup plus *blanc* que *c* du cygne, beaucoup plus finement *strié* que *c* de l'autruche.

ANALYSE GRAMMATICALE.

ANALYSE DU NOM.

UNE SOTTE RÉPONSE.

« *François,* qu'est devenue la *lettre* qui était sur cette *table* ? demandait un *capitaine* à son *brosseur*. — Je l'ai mise à la *poste,* mon *capitaine*. — Mais il n'y avait pas d'adrese ! — Oh ! reprend finement François, je m'en suis bien aperçu; mais j'ai pensé que vous ne vouliez pas qu'on sût à qui vous écriviez. »

Modèle d'analyse.

François, Nom propre, masculin singulier, mis en apostrophe. (1)

Lettre, Nom commun, féminin singulier, sujet du verbe *est devenue*, parce qu'il répond à la question *qui est devenue* ?

Table, Nom commun, féminin singulier, formant avec la préposition *sur* un complément circonstanciel du verbe *était.*

Capitaine, Nom commun, masculin singulier, sujet du verbe *demandait*, parce qu'il répond à la question *qui demandait* ?

Brosseur, Nom commun, masculin singulier, complément indirect du verbe *demandait*, parce qu'il répond à la question *un capitaine demandait à qui* ?

Poste, Nom commun, féminin singulier, formant avec la préposition *à* un complément circonstanciel du verbe *ai mise.*

Capitaine, Nom commun, masculin singulier, mis en apostrophe.

(1) Un nom est mis en apostrophe quand il désigne la personne ou la chose à laquelle on parle.

DEVOIR.

Analysez les noms en italique.

« *Joseph*, vous avez bu de mon *rhum !*

— Non, Monsieur; et la preuve c'est qu'hier le *rhum* venait juste à la *raie* du *milieu*, et qu'il y est encore.

— Oui, la *quantité* n'a pas varié, mais vous avez réparé la *brèche* avec de l'*eau*.

— Ah ! Monsieur !...

— Débouchez-moi une nouvelle *bouteille*... Bien... Versez-en dans un petit *verre*... C'est cela. Voyez maintenant : le *contenu* de la bouteille est deux fois plus foncé que le carafon. Est-ce assez clair ? »

Après avoir bégayé quelques *fariboles*, Joseph enfin fait des *aveux* et jure qu'il ne boira plus jamais une *goutte* du nectar en question.

« Qui vous parle de cela ? Je vous demande tout simplement, quand vous en boirez, de ne plus combler le *déficit* avec de l'*eau*. Car, enfin, il n'est vraiment pas juste que vous buviez mon *rhum* pur, et que moi je le boive baptisé.»

LA FAUVETTE DES ROSEAUX.

Analysez les noms en italique.

Voici un exemple de prévoyance dont l'homme serait tenté de se croire seul capable; c'est la fauvette des roseaux qui nous le donne. Cet *oiseau* justifie le *nom* qu'il porte, car il naît au *milieu* des roseaux et ne s'en éloigne que par *nécessité*. Pour établir son *nid*, la *fauvette* des roseaux choisit un *espace* entre des tiges qui croissent dans l'*eau*, et attache à ces *supports* des *liens* qui lui serviront à suspendre le *berceau* de sa jeune famille. Ce *nid*, d'un tissu très serré, surtout vers le fond, est à peu près à trente centimètres au-dessus de l'eau. Mais si quelque *débordement* venait l'atteindre et le submerger ! Cet *accident* a été prévu : le *nid* deviendrait alors une petite barque solidement amarrée que le *courant* ne pourrait entraîner.

L'HONNÊTE MENDIANT.

Molière, accosté par un *pauvre* qui demandait l'*aumône*, tira de sa *poche* une *pièce* de *monnaie* et la lui donna. C'était un *louis*. Le *pauvre* comprit que son *bienfaiteur* s'était trompé. Il courut après lui et lui fit remarquer son *erreur*. « Où la *vertu* va-t-elle se nicher ? » s'écria *Molière*. Et tirant de sa poche un autre *louis*, il le donna à l'honnête *mendiant*.

MODÈLE D'ANALYSE.

Molière, Nom propre, masculin singulier, sujet du verbe *tira*, parce qu'il répond à la question *qui tira* ?

Pauvre, Nom commun, masculin singulier, complément indirect de *accosté*, parce qu'il répond à la question *accosté par qui* ?

Aumône, Nom commun, féminin singulier, complément direct du verbe *demandait*, parce qu'il répond à la question *qui demandait quoi* ?

Poche, Nom commun, féminin singulier, complément indirect du verbe *tira*, parce qu'il répond à la question *Molière tira de quoi* ?

Pièce, Nom commun, féminin singulier, complément direct du verbe *tira*, parce qu'il répond à la question *Molière tira quoi* ?

Monnaie, Nom commun, féminin singulier, complément indirect de *pièce*, parce qu'il répond à la question *une pièce de quoi* ?

Louis, Nom commun, masculin singulier, attribut de *ce*, parce qu'il répond à la question *ce était quoi* ? (1).

Pauvre, Nom commun, masculin singulier, sujet du verbe *comprit*, parce qu'il répond à la question *qui comprit* ?

---

(1) Le mot ou l'expression qualificative qui répond à la question *qui* ou *quoi* mise après les verbes *être*, *sembler*, *paraître*, *devenir*, *demeurer*, *naître*, *mourir*, etc., est l'attribut du sujet du verbe.

Bienfaiteur, Nom commun, masculin singulier, sujet du verbe *s'était trompé*, parce qu'il répond à la question *qui s'était trompé ?*

Erreur, Nom commun, féminin singulier, complément direct du verbe *fit remarquer*, parce qu'il répond à la question *il fit remarquer quoi ?*

Vertu, Nom commun, féminin singulier, sujet du verbe *va*, parce qu'il répond à la question *qui va ?*

Molière, Nom propre, masculin singulier, sujet du verbe *s'écria*, parce qu'il répond à la question *qui s'écria ?*

Louis, Nom commun, masculin singulier, complément direct du verbe *tirant*, parce qu'il répond à la question *tirant quoi ?*

Mendiant, Nom commun, masculin singulier, complément indirect du verbe *donna*, parce qu'il répond à la question *il donna à qui ?*

DEVOIR.

Analysez les noms en italique.

Le *maréchal* de la Ferté ayant trouvé un *garde* du *vicomte* de Turenne hors du *camp*, lui demanda ce qu'il faisait, et, sans attendre sa *réponse*, le chargea de *coups* de *canne*. Le *malheureux* vint se présenter tout meurtri à son *maître*. *Turenne* feignit de s'en prendre au *garde* lui-même : « Il faut, lui dit-il, que vous soyez un bien méchant *homme*, pour l'avoir obligé à vous traiter de la sorte. » Il ordonna aussitôt de le conduire au maréchal, et de dire à celui-ci qu'il était fâché de ce que cet homme lui avait manqué de *respect*, et qu'il le remettait entre ses *mains* pour subir le *châtiment* qu'il jugerait convenable de lui infliger. Le maréchal, étonné lui-même de la modération de Turenne, s'écria : « Cet *homme* sera-t-il toujours sage, et moi toujours fou ? »

Le *carrosse* de *Turenne* s'étant trouvé un *jour* arrêté pans une *rue* de *Paris* par quelque *embarras*, un jeune *homme* qui ne le connaissait pas, et dont le *carrosse* était à la suite du sien, vint frapper à grands *coups* de *canne* le *cocher* de *Turenne*, parce qu'il n'avançait pas assez vite à son gré. *Turenne* regardait tranquillement cette *scène* ; mais un *marchand* étant sorti de sa *boutique*, armé d'un bâton, se mit à crier : « Comment ! on maltraite ainsi les *gens* de M. de Turenne ! »

A ce nom, le jeune *homme* se crut perdu ; il courut à la *portière* du *carrosse* de *Turenne* pour lui demander *pardon*. « Vraiment, Monsieur, lui dit celui-ci en souriant, vous vous entendez fort bien à corriger mes *gens*. Quand ils feront des *sottises*, ce qui leur arrive souvent, je vous les enverrai. »

ANALYSE DE L'ARTICLE.

UN CAPITAINE DE POMPIERS.

Dans une ville de province, où venait d'éclater un incendie, *les* pompes, amenées sur *le* lieu *du* sinistre, ne purent être d'aucun secours, à cause de l'état de négligence dans lequel elles étaient longtemps restées. Aussitôt le capitaine *des* pompiers adresse à sa compagnie un ordre du jour prescrivant de tenir les pompes en état de manœuvrer, surtout les veilles d'incendies.

MODÈLE D'ANALYSE.

Les Article simple, au féminin pluriel, parce que le substantif *pompes* qu'il détermine est du féminin pluriel, règle : *La louange chatouille et gagne les esprits.* (§ 34.)

Le, Article simple, au masculin singulier, parce que le substantif *lieu* qu'il détermine est du masculin singulier, règle : *La louange*, etc.

Au, Article composé, au masculin singulier, parce que le substantif *sinistre* qu'il détermine est du masculin singulier, règle : *La louange*, etc.

Des, Article composé, au masculin pluriel, parce que le substantif *pompiers* qu'il détermine est du masculin pluriel, règle : *La louange*, etc.

DEVOIR.

Analysez les mots en italique.

Le vieux maréchal duc de Richelieu se plaisait à recevoir chez lui *les* vieux *soldats* qui avaient servi sous ses ordres. Un jour, un vieux grènadier se présente *au* suisse de *l'*hôtel. Celui-ci lui demande ce qu'il désire. « Dites à M. le maréchal, répond ce brave *homme*, que c'est un vieux soldat qui désire saluer son vieux *général.* » *Le suisse* se montre intraitable et refuse impitoyablement de le laisser entrer. Le *vétéran* se retire mécontent et se hâte d'écrire au *maréchal*, pour se plaindre respectueusement de ne pouvoir lui offrir ses *hommages*.

A *la* lecture de cette lettre, *le* duc entre en colère contre le suisse et envoie sur-le-champ prier le *soldat* de passer chez lui. Le *grenadier* arrive au moment où on allait se mettre à table. « Soyez *le* bienvenu, mon brave *camarade*, lui dit le vieux duc, vous allez dîner avec moi. Sans *la* prière de Madame la Maréchale, je renvoyais à *l'*instant le *brutal* qui a osé vous refuser ma porte. Quel *âge* avez-vous ? — Quatre-vingt-huit ans, mon *général.* — Vous êtes mon *cadet*, et par cette raison vous vous placerez à ma *gauche.* »

En ce moment arrive M. le maréchal de Biron : « Quel *âge* avez-vous, M. le Maréchal ? lui dit M. de Richelieu. — Quatre-vingt-sept ans. — Vous êtes le *cadet* de ce brave homme ; vous vous placerez donc à sa gauche. »

Ce dut être un spectacle bien attendrissant pour *les* autres *convives* que *la* réunion de ces trois *guerriers*. Et quel tableau que celui d'un vieux *soldat* ayant *l'*honneur de dîner entre *les* deux plus anciens maréchaux de France !

ANALYSE DE L'ADJECTIF.

BARNABÉ.

Un Nemrod *parisien* allant passer quelques jours dans un département où la chasse était *ouverte*, avait emporté un équipement *complet*, et, entre autres choses, deux paires de bottes, l'une de bottes *ordinaires*, l'autre de bottes à l'écuyère. Descendu à l'hôtel, il ordonna à son domestique d'aller chercher une de ces paires de bottes laissées dans la voiture. Barnabé lui apporte une *petite* botte et une grande. « Imbécile, que veux-tu que je fasse de ces chaussures *dépareillées*? Va-t'en m'en chercher d'autres. — C'est inutile, Monsieur, répond Barnabé, les autres sont *pareilles* à celles-ci. »

MODÈLE D'ANALYSE.

Parisien, Adjectif qualificatif, au masculin singulier, parce que le substantif *Nemrod* qu'il qualifie est du masculin singulier, règle : *Chien hargneux a toujours l'oreille déchirée.* (§ 64.)

Ouverte, Adjectif qualificatif, au féminin singulier, parce que le substantif *chasse* dont il est l'attribut est du féminin singulier, règle : *Chien hargneux*, etc.

Complet, Adjectif qualificatif, au masculin singulier, parce que le substantif *équipement* qu'il qualifie est du masculin singulier, règle : *Chien hargneux*, etc.

Ordinaires, Adjectif qualificatif, au féminin pluriel, parce que le substantif *bottes* qu'il qualifie est du féminin pluriel, règle : *Chien hargneux*, etc.

Petite, Adjectif qualificatif, au féminin singulier, parce que le substantif *botte* qu'il qualifie est du féminin singulier, règle : *Chien hargneux*, etc.

Dépareillées, Adjectif qualificatif, au féminin pluriel, parce que le substantif *chaussures* qu'il qualifie est du féminin pluriel, règle : *Chien hargneux*, etc.

Pareilles, Adjectif qualificatif, au féminin pluriel, parce que le pronom *les autres* dont il est l'attribut est du féminin pluriel, règle : *Chien hargneux*, etc.

DEVOIR.

Analysez les mots en italique.

Il y a des moments dans la vie où une *heureuse* réunion de circonstances semble fixer sur nous *le* bonheur.

Le calme *des* passions, *l'*absence d'inquiétude, nous prédisposent à jouir; et si au *contentement* d'esprit vient s'unir une situation matériellement *douce, embellie* par d'*agréables sensations, les heures* coulent alors délicieusement, et le *sentiment* de *l'existence* se pare *des* plus *riantes couleurs*.

C'est précisément le cas où se trouvaient les trois *personnages* que j'avais sous *les yeux*. Rien au monde dans leur physionomie qui trahît le moindre *souci, le* plus petit trouble, le plus faible remords ; au contraire, on devinait, *au léger* rengorgement de leur cou, ce *légitime* orgueil qui procède du contentement de *l'esprit*. *La gravité* de leur *démarche* annonçait le *calme* de leur *cœur*, la moralité de leurs pensées; et, dans ce moment même où, cédant *aux molles* influences d'un doux *soleil*, ils venaient de s'endormir, encore semblait-il que de leur sommeil s'exhalât un suave *parfum* d'innocence et de *paix*.

Pour moi (*l'*homme est *sujet aux mauvaises pensées*), depuis un moment je maniais une *pierre*. A *la* fin, fortement sollicité par un *malin désir*, je la lançai dans *la mare*, tout à côté... Aussitôt *les* trois *têtes* sortirent en sursaut.

C'étaient trois canards, j'oubliais de le dire. Ils faisaient là leur *sieste*, tandis qu'assis *au bord* de *la flaque* je songeais, presque aussi heureux que mes *paisibles* compagnons.

MOYEN DE GUÉRIR DE LA PEUR.

« Vous avez détruit la beauté de *votre* cheval en lui coupant les oreilles, disait *un* paysan à un de *ses* amis; *quelle* raison pouviez-vous avoir ? — *Mon* cheval était ombrageux, il dressait les oreilles à *chaque* objet qu'il rencontrait ; je les lui ai coupées pour le guérir de *sa* peur. »

MODÈLE D'ANALYSE.

Votre, Adjectif possessif, au masculin singulier, parce que le substantif *cheval* qu'il détermine est du masculin singulier, règle : *Chien hargueux a toujours l'oreille déchirée.* (§ 64.)

Un, Adjectif indéfini (1), au masculin singulier, parce que le substantif *paysan* qu'il détermine est du masculin singulier, règle : *Chien hargneux*, etc.

Ses, Adjectif possessif, au masculin pluriel, parce que le substantif *amis* qu'il détermine est du masculin pluriel, règle : *Chien hargneux*, etc.

Quelle, Adjectif interrogatif, au féminin singulier, parce que le substantif *raison* qu'il détermine est du féminin singulier, règle : *Chien hargneux*, etc.

Mon, Adjectif possessif, au masculin singulier, parce que le substantif *cheval* qu'il détermine est du masculin singulier, règle : *Chien hargneux*, etc.

Chaque, Adjectif indéfini, au masculin singulier, parce que le substantif *objet* qu'il détermine est du féminin singulier, règle : *Chien hargneux*, etc.

Sa, Adjectif possessif, au féminin singulier, parce que le substantif *peur* qu'il détermine est du féminin singulier, règle : *Chien hargneux*, etc.

(1) *Un* est adjectif numéral quand il veut dire *la moitié de deux* ; il est adjectif indéfini quand il signifie *un certain*, et qu'il peut se traduire au pluriel par *des*.

DEVOIR.

Analysez les mots en italique.

Sancho Pança, gouverneur de *l'île*, fut mené au lieu où se rend *la justice* et installé comme juge souverain. Au même instant entrèrent *deux vieillards*, dont l'un avait à la main une *grosse canne* sur laquelle il s'appuyait, et l'autre dit à Sancho : « *Monseigneur*, il y a quelque temps que je prêtai dix *écus* d'or à *cet homme*, à condition qu'il me les rendrait aussitôt que je les lui réclamerais. Il s'est passé plusieurs jours sans que je les aie demandés pour ne pas le mettre dans l'embarras. Comme j'ai vu qu'il ne songeait point à me payer, je lui ai demandé *mon argent*, mais il prétend qu'il me l'a rendu. Je vous prie, Monseigneur, d'exiger de lui *le serment*. Je l'en croirai sur parole ; et s'il jure, je le lui donne de *bon cœur* dès à présent et devant Dieu.

— Que répondez-vous à cela, *bonhomme*, dit Sancho.

— Monseigneur, répondit *le vieillard*, je confesse qu'il m'a prêté les dix écus d'or, et, puisqu'il s'en rapporte à *mon serment*, je suis prêt à jurer que je les lui ai bien et loyalement rendus. »

Le gouverneur lui ordonna de lever *la main ;* et le vieillard, donnant *sa canne* à l'autre, comme s'il en eût été embarrassé, mit *la main* sur la croix, comme c'est la coutume d'Espagne, et dit :

« Je jure que j'ai remis entre *les mains* de ce bonhomme *les* dix *écus* d'or qu'il m'avait prêtés. »

Le gouverneur demanda au créancier s'il avait quelque chose à répondre à *son* adversaire. Il répondit que, puisqu'il jurait, il fallait qu'il dît *la vérité* ; qu'il le reconnaissait d'ailleurs pour un homme de bien et bon chrétien, quoique assurément il ne se souvînt point d'avoir été payé ; mais que dorénavant il ne lui demanderait plus rien. Le débiteur reprit *son bâton* et sortit promptement de l'audience.

Sancho, remarquant que *cet* homme s'en allait sans rien dire et admirant la *patience* du *demandeur*, fit *quelques réflexions* en lui-même, et, tout à coup, se mordant *le bout du doigt*, il ordonna qu'on appelât vite *le vieillard* qui partait. On le ramena aussitôt. Dès qu'il parut :

« Donnez-moi un peu *votre* canne, lui dit Sancho, j'en ai besoin.

— La voilà, Monseigneur, répondit *le vieillard*. »

Sancho la prit, et la donnant à l'autre vieillard : « Allez, bonhomme, lui dit-il, vous êtes *payé* maintenant.

— Qui ? moi ! Monseigneur, répondit *le pauvre homme; cette canne* vaut-elle donc dix écus d'or ?

— Oui, oui, répéta *le gouverneur*, elle les vaut, ou je suis le plus *grand sot* qui vive. Qu'on coupe la *canne*, » ajouta-t-il.

La canne fut *rompue*, et il en sortit en *même* temps *dix* écus d'or.

On demanda à *Sancho* comment il avait connu que *les écus* d'or étaient dans *la canne*.

« C'est, dit-il, pour avoir remarqué que celui qui la portait l'avait mise sans *nécessité* entre *les mains* de *son créancier* pendant qu'il jurait, et qu'il l'avait reprise aussitôt. »

Les vieillards s'en allèrent, l'un *satisfait* et l'autre *confus* ; et il n'y eut pas un *des assistants* qui ne regardât *Sancho* comme un *autre* Salomon.

ANALYSE DU PRONOM.

LE REMOULEUR DE MARLY.

Bonacin, remouleur à Marly, reçoit une lettre de son fils Athanase ; mais Bonacin ne sait pas lire. *Il* va donc trouver l'instituteur de Marly, et *lui* dit : « Monsieur, voici une lettre d'Athanase *que* vous allez *me* lire tout haut, mais en *vous* bouchant les oreilles, afin qu'il n'y ait que moi *qui* entende. »

MODÈLE D'ANALYSE.

Il, Pronom personnel, à la 3e personne, masculin singulier, sujet du verbe *va*, parce qu'il répond à la question *qui va*? A la 3e personne, masculin singulier, parce que le substantif *Bonacin* qu'il remplace est de la 3e personne, masculin singulier, règle : *J'avais une marmotte, elle est morte de faim.* (§ 82.)

Lui, Pronom personnel, à la 3e personne, masculin singulier, complément indirect du verbe *dit*, parce qu'il répond à la question *il dit à qui* ? A la 3e personne, masculin singulier, parce que le substantif *instituteur* qu'il remplace est de la 3e personne, masculin singulier, règle : *J'avais une marmotte*, etc.

Que (pour *laquelle*), Pronom relatif, à la 3e personne, féminin singulier, complément direct du verbe *lire*, parce qu'il répond à la question *vous allez me lire quoi* ? A la 3e personne, féminin singulier, parce que le substantif *lettre* qu'il remplace est de la 3e personne, féminin singulier, règle : *J'avais une marmotte*, etc.

Me, Pronom personnel, 1re personne, masculin singulier, complément indirect du verbe *lire*, parce qu'il répond à la question *vous allez lire à qui* ?

Vous, Pronom personnel, 2e personne, masculin pluriel, complément indirect du verbe *bouchant*, parce qu'il répond à la question *en bouchant les oreilles à qui* ?

Qui, Pronom relatif, à la 1re personne, masculin singulier, sujet du verbe *entende* (1) ; à la 1re personne, masculin singulier, parce que son antécédent *moi* est de la 1re personne, masculin singulier, règle : *J'avais une marmotte*, etc.

(1) Quand le pronom *qui* n'est pas précédé d'une préposition, il est toujours sujet du verbe qui suit.

DEVOIR.

Analysez les pronoms en italique.

A l'*une* des fenêtres d'un quatrième étage, un enfant de cinq ans *s*'amusait à faire voltiger un petit ballon, *qu'il* retenait captif au moyen d'un fil.

Tout à coup l'enfant *se* penche en dehors et tombe.

Sa mère *se* précipite vers la fenêtre, tout affolée, et, ô hasard providentiel ! *elle* aperçoit son enfant suspendu par son tablier à un crochet en fer fiché dans une persienne demi-ouverte de l'étage inférieur.

Plusieurs passants, qui avaient vu la chute, s'empressèrent de prévenir les boutiquiers voisins ; ceux-ci, en quelques minutes, jonchèrent le sol de matelas et d'oreillers. Cependant le concierge courait enfoncer la porte de l'appartement du troisième, *dont* les locataires étaient alors absents.

Malgré les supplications d'une voisine, *qui* voulait *l*'arracher à ce spectacle navrant, la pauvre mère, haletante, les mains crispées sur la barre d'appui, personnifiait la statue du Désespoir.

Soudain une voix venant d'en bas s'écria : « Hâtez-*vous*, son tablier *se* déchire ! »

En effet, l'enfant, évanoui, commençait à revenir à *lui*; et à chaque mouvement qu'*il* faisait, l'étoffe *se* déchirait de plus en plus.

La malheureuse mère n'avait pu supporter une aussi forte émotion, et *s*'était trouvée mal.

Enfin parut le concierge, *qui*, avec mille précautions, attira doucement la persienne à *lui*, et, en engageant l'enfant à rester immobile, parvint, non sans peine, à *le* décrocher, aux grands applaudissements de la foule *qui* assistait anxieuse à ce dangereux sauvetage.

UNE LETTRE VERTE.

« Je suis très mécontent d'Albert, *qui* est d'une négligence impardonnable ; écrivez-*lui* une lettre verte, » disait un jour un chef de bureau à Claude son subordonné. — Oui, Monsieur, tout de suite, » fit Claude.

Et sur *ce*, *il se* dirigea vers le placard à lettres, dans *lequel* il se mit à fureter de tous les côtés. « Mais *que* cherchez-vous donc là ? lui dit au bout de dix minutes un de ses collègues. — Parbleu ! une lettre. — Vous ne voyez donc pas ? Il y en a devant vous. — Je *le* sais bien, mais c'est une lettre verte qu'*il me* faut. »

MODÈLE D'ANALYSE.

Je, Pronom personnel, 1re personne (1), masculin singulier, sujet du verbe *suis*.

Qui, Pronom relatif, à la 3e personne, masculin singulier, sujet du verbe *est* ; à la 3e personne, masculin singulier, parce que son antécédent *Albert* est de la 3e personne, masculin singulier, règle : *J'avais une marmotte, elle est morte de faim.* (§ 82.)

Lui, Pronom personnel, à la 3e personne, masculin singulier, complément indirect du verbe *écrivez* ; à la 3e personne, masculin singulier, parce que le substantif *Albert* qu'il remplace est de la 3e personne, masculin singulier, règle : *J'avais une marmotte*, etc.

Ce, Pronom démonstratif, masculin singulier, complément de la préposition *sur*.

Il, Pronom personnel, à la 3e personne, masculin singulier, sujet du verbe *dirigea* ; à la 3e personne, masculin singulier, parce que le substantif *Claude* qu'il remplace est de la 3e personne, masculin singulier, règle : *J'avais*, etc.

---

(1) On n'énonce ordinairement la *personne* que pour les pronoms personnels et le pronom relatif *qui*. On peut aussi ne pas indiquer le nom remplacé par les pronoms personnels de la 1re et de la 2e personne, ou par les pronoms indéfinis, lesquels représentent le plus souvent un nom sous-entendu.

Se, Pronom personnel, à la 3e personne, masculin singulier, complément direct du verbe *dirigea*; à la 3e personne, masculin singulier, parce que le substantif *Claude* qu'il remplace est de la 3e personne, masculin singulier, règle; *J'avais une marmotte*, etc.

Lequel, Pronom relatif, masculin singulier, formant avec la préposition *dans* un complément circonstanciel du verbe *fureter*; au masculin singulier, parce que son antécédent *placard* est du masculin singulier, règle: *J'avais une marmotte*, etc.

Que, Pronom interrogatif, masculin singulier, complément direct du verbe *cherchez*.

Le(pour *cela*), Pronom personnel, masculin singulier, complément direct du verbe *sais*.

Il, Pronom indéfini, sujet apparent du verbe *faut*.

Me, Pronom personnel, 1re personne, masculin singulier, complément indirect du verbe *faut*.

DEVOIR.

Analysez les pronoms en italique.

On avait défendu à un petit garçon et à une petite fille de rien demander à table. Le petit garçon, *qu'on* avait complètement oublié, et *qui* craignait de désobéir à la défense *qu'*on *lui* avait faite, s'avisa de prendre un peu de sel; *c'*était assez faire entendre qu'*il* désirait quelque chose (1). La petite fille avait mangé de tout, hormis un seul plat *dont on* avait oublié de *lui* donner, et *qu'elle* convoitait beaucoup. Or, pour obtenir qu'on réparât cet oubli sans qu'on pût *l'*accuser de désobéissance, *elle* fit, en avançant son doigt, la revue de tous les plats, disant tout haut à mesure qu'*elle* les montrait *les uns* après *les autres*: J'ai mangé de *ça*, j'ai mangé de ça; mais *elle*

(1) *Quelque chose*, comme *quelqu'un*, est un pronom indéfini, masculin singulier.

affecta si visiblement de passer sur *celui dont* elle n'avait point mangé, que *quelqu'un*, *le* remarquant, *lui* dit : Et de *cela*, en avez-*vous* mangé ? — Oh ! non, reprit doucement la petite gourmande, en baissant les yeux. » *Lequel* de ces deux tours d'adresse *vous* paraît le plus fin ?

LE LION ET LE VOYAGEUR.

Analysez les mots en italique.

Une caravane, composée de *quelques Français*, traversait *le Sahara. Un des voyageurs*, pressé par *la soif*, *se* détacha de *ses compagnons* pour aller à la recherche d'un ruisseau, *dont il* entendait le *murmure* derrière un rocher. *Il s'*était agenouillé pour boire plus commodément, quand tout à coup *il* sentit *quelque chose qui se* posait lourdement sur *ses deux épaules*. *Il* tourna *la tête*... *Quelle* fut *sa terreur* en *se* trouvant face à face avec *un* de *ces énormes lions* d'*Afrique*, *qui* sont *l'effroi des voyageurs* et le *fléau* des *provinces voisines! Notre malheureux Français se* redresse plus *mort* que *vif* et regarde fixement *son terrible visiteur*. Le *lion* hésite, paraît *surpris*, et, comme sous *l'*empire d'*une* invincible *fascination*, *il* détache *ses deux pattes l'une* après *l'autre*, recule d'abord lentement et sans tourner le *dos ;* puis, *arrivé* à vingt pas environ, et la face toujours *tournée* vers *son* intrépide adversaire, *qui* continue à *lui* lancer *les éclairs* de son *regard, il* fait vivement un *demi-tour* sur *lui-même*, et s'enfuit *épouvanté* dans *ses déserts*.

LES ANES RETROUVÉS.

Analysez les mots en italique.

Lucas à pied menait à son village
Six *ânes qu'*à *la* foire *il* venait d'acheter.
Quand il eut bien marché, fatigué du *voyage*,
Sur *l'un* des animaux il crut devoir monter.
Mais *quelle* fut *sa* surprise et sa peine,
De voir devant *ses* yeux cinq *baudets* seulement,

Au lieu de la demi-douzaine
Qu'en partant il avait à son commandement!
Trois fois le *compte il* recommence,
Et toujours oubliant *l'âne qu*'il a sous lui,
Trois fois de son mortel *ennui*
Il sent croître la violence.
En sanglotant le pauvre *villageois*
Retourne sur *ses* pas ; il tourne à droite, à gauche ;
Pendant quatre heures il chevauche
Par monts, par vaux, et jusqu'au fond des bois.
Après *s*'être donné vainement la *torture*,
Il regagne enfin sa *maison* ;
Et, sans descendre du grison
Qui lui sert de *digne* monture,
A *sa femme* il déduit sa *piteuse aventure*.
Calme-*toi*, pauvre sot, *lui* dit-*elle* tout net ;
Tu n'*en* comptes que cinq, et moi j'en trouve sept.

L'OISEAU PRISONNIER.

Analysez les mots en italique.

Enfant, *vous* avez pris un *oiseau* dans un *champ*,
Et vous voilà joyeux, et vous criez victoire !
Et le *pauvre petit*, dans une cage *noire*,
Se plaint, et vous prenez *sa plainte* pour un chant.

Depuis longtemps déjà votre *désir l*'assiége.
En écoutant *sa voix qui* trahissait son *vol*,
Vous *vous* couchiez, *tremblant*, tout au long, sur le sol,
Pour qu'*il* ne *vous* vît pas et qu'il *se* prît au piége.

Il va *vous* amuser ainsi jusqu'à demain ;
Et pour *ce* court plaisir vous *lui* coupez les *ailes*,
Tout en *l*'emprisonnant entre *ces* barreaux *frêles*,
Pour qu'il ne vole pas plus haut que *votre* main.

Et vous *le* regardez ainsi, depuis une heure,
Meurtrir *son* petit *bec* dans un *étroit* cachot,
Courir aux quatre coins, voler du bas en haut,
Avec le cri *plaintif* de *toute* âme *qui* pleure.

Et pourtant vous semez *sa cage* de muguets
Et de *toutes* les fleurs *ses anciennes* compagnes ;

Mais cela ne vaut pas l'*air* des *vastes campagnes*,
Et les *chansons* du soir dans le fond des *bosquets*.

Vous ne savez donc pas, enfant, *quel* saint *mystère*,
En becquetant partout, remplit l'*oiseau* pieux ?
Ses *petits* sont dans *l'*arbre au fond d'un nid *joyeux* ;
Pour vous c'est un *oiseau*, mais pour eux c'est un père.

C'est un père aussi *bon* que *votre* père, enfant,
Instruisant *ses* petits à voler dans l'espace,
A louer le *Seigneur* pour chaque jour *qui* passe,
En *leur* donnant toujours *des conseils* dans un chant.

Il descend le matin du *nid* de *mousse frêle*,
Pour prendre un peu de *blé* qu'*il* reporte là-haut
Pour *les* faire grandir, puis afin que bientôt
Leur *cri* devienne un *chant*, et leur duvet une aile.

Le plus petit oiseau, le Seigneur *le* bénit !
Il *lui* donne le *blé que le* moissonneur jette ;
Et comme il pense à tout, *ce* Dieu bon, *il* émiette
Un peu de son amour dans le plus humble nid.

Or, quand votre captif, *qui* crie et vous évite,
*S'*arrête en écoutant, c'est qu'*il* entend la *voix*
Des *petits qu'*il laissa, dire du fond des *bois* :
Nous allons *tous* mourir si *tu* ne reviens vite.

Car ne recevant pas *ce qu'*il doit *lui* porter,
La mère reste au nid *inquiète* et *fidèle* ;
Et malgré son amour et l'abri de *son* aile,
Tous ses petits mourront sans avoir pu chanter.

Ecoutez donc *l'oiseau*, respirez donc *la rose*,
Sans *les* prendre à la *plaine*, à l'air pur, au ciel *bleu* ;
Car toujours *notre* main à ce *que* créa Dieu,
Même en *le* caressant, enlève quelque chose.

ANALYSE DU VERBE.

LE BORGNE ET LE BOSSU.

Un borgne *rencontra* le matin un bossu, et lui *dit* pour le railler sur sa bosse : « Mon ami, vous *avez chargé* de bon matin aujourd'hui. — Vous *croyez*, repartit le bossu, qu'il *est* bien matin, parce que le jour n'*entre* chez vous que par une fenêtre. »

MODÈLE D'ANALYSE.

Rencontra, Verbe actif, à la 3e personne du singulier du parfait défini de l'indicatif de rencontrer, rencontrant, ayant rencontré, je rencontre, je rencontrai, 1re conjugaison ; à la 3e personne du singulier, parce que son sujet *borgne* est de la 3e personne du singulier, règle : *J'ai tant fait que nos gens sont enfin dans la plaine.* (§ 151.)

Dit, Verbe actif, à la troisième personne du singulier du parfait défini de l'indicatif de dire, disant, ayant dit, je dis, je dis, 4e conj. ; à la 3e personne du singulier, parce que son sujet *borgne* est de la 3e personne du singulier, règle : *J'ai tant fait*, etc.

Railler, Verbe actif, au présent de l'infinitif de railler, raillant, ayant raillé, je raille, je raillai, 1re conjugaison.

Avez chargé, Verbe neutre, à la 2e personne du pluriel du parfait indéfini de l'indicatif de charger, chargeant, ayant chargé, je charge, je chargeai, 1re conjugaison ; à la 2e personne du pluriel, parce que son sujet *vous* est de la 2e personne du pluriel ; règle : *J'ai tant fait*, etc.

Croyez, Verbe actif, à la 2e personne du pluriel du présent de l'indicatif de croire, croyant, ayant cru, je crois, je crus, 4e conjugaison ; à la 2e personne du pluriel, parce que son sujet *vous* est de la 2e p. du pluriel, règle : *J'ai tant fait*, etc.

Repartit, Verbe actif, à la 3e personne du singulier du parfait défini de l'indicatif de repartir, repartant, ayant reparti, je repartis, je repartis, 2e conjugaison; à la 3e personne du singulier, parce que son sujet *bossu* est de la 3e personne du singulier, règle : *J'ai tant fait,* etc.

Est, Verbe impersonnel, à la 3e personne du singulier du présent de l'indicatif de être, étant, ayant été, je suis, je fus.

Entre, Verbe neutre, à la 3e personne du singulier du présent de l'indicatif de entrer, entrant, étant entré, j'entre, j'entrai, 1re conjugaison; à la 3e personne du singulier, parce que son sujet *jour* est de la 3e personne du singulier, règle : *J'ai tant fait,* etc.

DEVOIR.

Analysez les mots en italique.

« Oh ! mon père, *disait* en pleurant le petit Maurice, je *voudrais* bien manger un rayon de ce beau miel que le marchand *a étalé* aujourd'hui devant sa maison. Je l'*ai vu* ce matin; il *était* jaune comme de l'or, et je me *figure* qu'il *doit* être délicieux. Ne *pouvez*-vous donc m'en acheter un peu ? »

Or, le père de Maurice *était* fort pauvre : à peine *pouvait*-il acheter chaque jour le pain noir qui le *nourrissait* lui et son fils.

« Mon enfant, *répondit*-il au petit Maurice, si vous *étiez né* au sein de la richesse, vous *pourriez* satisfaire votre désir; mais vous *savez* que nous n'*avons* rien, et que ce n'est pas mauvaise volonté de ma part si je vous *refuse* ce miel que vous *désirez* tant. »

Mais le petit Maurice *était* trop jeune pour bien comprendre les paroles de son père. Il *ignorait* le prix de l'argent, et il ne *savait* pas que ce n'était qu'à force de travail que son père ne le *laissait* pas mourir de faim.

Le soleil cependant *commençait* à descendre vers la montagne ; l'heure du modeste repas du soir *approchait*, et le petit Maurice *sentait* de plus en plus qu'il avait faim.

Son père, en homme prudent et sage, *laissait* passer l'heure accoutumée où il s'asseyait avec son fils à la table frugale.

« J'ai faim, mon père, *dit* enfin le petit Maurice ; n'*avez*-vous plus rien à me donner ? »

Alors le père *donna* à son fils un morceau de pain noir, et le petit Maurice *disait* en le mangeant :

« Ce pain, mon père, *a* l'odeur de ce miel si beau que je *voyais* ce matin ; il me *semble* que je *savoure* ces rayons dorés que le marchand a étalés devant sa maison.

— Mon fils, *dit* alors le père, c'est la faim qui *assaisonne* ce pain noir et lui *donne* cette saveur si douce. Puissiez-vous plus tard vous souvenir que ce n'est qu'en vous contentant du nécessaire que vous *pouvez* être heureux ! »

L'INNOCENCE ET LE REPENTIR.

On *dit* que la Vertu, dans son palais, un jour,
Voulut réunir sa famille.
Dès le matin, *paraît* l'Innocence, sa fille,
Qu'*accompagnaient* le Respect et l'Amour,
Des mains de la Pudeur ornée,
De roses blanches couronnée,
Et tenant un lis à la main.
Elle *entre* : quel œil pur ! quel front calme et serein !
En la voyant aussi parfaite,
La Vertu tendrement *sourit*,
Et tout le palais *retentit*
De chants de triomphe et de fête.
Le soir, *arrive* un inconnu
Qui s'*avance* d'un pas incertain et timide,
La tête basse, l'œil humide.

Quel est donc ce nouveau venu,
Dont les traits *sont* empreints d'une douleur amère ?
C'est le Repentir. Je l'*attends*,
Dit la Vertu, depuis longtemps.
Ne le *rebutez* point : je *suis* aussi sa mère.

MODÈLE D'ANALYSE.

Dit, Verbe actif, à la 3e personne du singulier du présent de l'indicatif de dire, disant, ayant dit, je dis, je dis, 4e conjugaison ; à la 3e personne du singulier, parce que son sujet *on* est de la 3e personne du singulier, règle : *J'ai tant fait que nos gens sont enfin dans la plaine*. (§ 151.)

Voulut, Verbe actif, à la 3e personne du singulier du parfait défini de l'indicatif de vouloir, voulant, ayant voulu, je veux, je voulus, 3e conjugaison ; à la 3e personne du singulier, parce que son sujet *Vertu* est de la 3e personne du singulier, règle : *J'ai tant fait*, etc.

Réunir, Verbe actif, au présent de l'inf. de réunir, réunissant, ayant réuni, je réunis, je réunis, 2e conj.

Paraît, Verbe neutre, à la 3e personne du singulier du présent de l'indicatif de paraître, paraissant, ayant paru, je parais, je parus, 4e conjugaison; à la 3e personne du singulier, parce que son sujet *Innocence* est de la 3e personne du singulier, règle : *J'ai tant fait*, etc.

Accompagnaient. Verbe actif, à la 3e personne du pluriel de l'imparfait de l'indicatif de accompagner, accompagnant, ayant accompagné, j'accompagne, j'accompagnai, 1re conjugaison; à la 3e personne du pluriel, parce que son sujet composé *Respect* et *Amour* est de la 3epers. du pluriel, règle : *J'ai tant fait*, etc.

Entre, Verbe neutre, à la 3e personne du singulier du présent de l'indicatif de entrer, entrant, étant entré, j'entre, j'entrai, 1re conjugaison ; à la

3e personne du singulier, parce que son sujet *elle* est de la 3e personne du singulier, règle: *J'ai tant fait*, etc.

Sourit, Verbe neutre, à la 3e personne du singulier du présent de l'indicatif de sourire, souriant, ayant souri, je souris, je souris, 4e conjugaison ; à la 3e personne du singulier, parce que son sujet *Vertu* est de la 3e personne du singulier, règle : *J'ai tant fait*, etc.

Retentit, Verbe neutre, à la 3e pers. du singulier du présent de l'indicatif de retentir, retentissant, ayant retenti, je retentis, je retentis, 2e conj.; à la 3e personne du singulier, parce que son sujet *palais* est de la 3e personne du singulier, règle: *J'ai tant fait*, etc.

Arrive, Verbe neutre, à la 3e personne du singulier du présent de l'indicatif de arriver, arrivant, étant arrivé, j'arrive, j'arrivai, 1re conjugaison ; à la 3e personne du singulier, parce que son sujet *inconnu* est de la 3e personne du singulier, règle : *J'ai tant fait*, etc.

Avance, Verbe actif, à la 3e personne du singulier du présent de l'indicatif de avancer, avançant, ayant avancé, j'avance, j'avançai ; 1re conjugaison, formant avec le pronom *se* un verbe pronominal accidentel ; à la 3e personne du singulier, parce que son sujet *qui* est de la 3e p. du singulier, règle : *J'ai tant fait*, etc.

Sont, Verbe substantif, à la 3e pers. du plur. du prés. de l'indicatif de être, étant, ayant été, je suis, je fus ; à la 3e personne du pluriel, parce que son sujet *traits* est de la 3e personne du pluriel, règle : *J'ai tant fait*, etc.

Attends, Verbe actif, à la 1re personne du singulier du présent de l'indicatif de attendre, attendant, ayant attendu, j'attends, j'attendis, 4e conjugaison ; à la 1re personne du singulier, parce que son sujet *je* est de la 1re personne du singulier, règle : *J'ai tant fait*, etc.

Rebutez, **Verbe actif, à la 2e personne du pluriel du présent de l'impératif de rebuter, rebutant, ayant rebuté, je rebute, je rebutai, 1re conjugaison ; à la 2e personne du pluriel, parce que son sujet *vous* sous-entendu est de la 2e personne du pluriel, règle : *J'ai tant fait*, etc.**

DEVOIR.

Analysez les mots en italique.

Un paysan, qui *conduisait* à la ville une voiture de bois, s'*arrêta* au faubourg. Un bourgeois, nommé *Singulier*, *marchande* et *achète* le bois pour un certain prix. Mais, comme il *est* très pressé, il *donne* verbalement son adresse au paysan, et lui *recommande* de le *suivre* sans tarder.

Celui-ci, qui *avait reçu* des arrhes, *entre* dans l'auberge la plus proche, *boit* quelques verres d'eau-de-vie, et *oublie* tout à fait le nom et la demeure du bourgeois. Que faire ? Il *conduit* au hasard sa voiture dans la ville, espérant se *rappeler* tout cela en chemin.

Après *avoir frappé* à toutes les portes de plusieurs rues, il en voit une d'où *sortait* une foule de jeunes gens. Il *aborde* un petit garçon, et le *prie* en grâce de lui dire où *demeure* l'homme qui *vient* d'acheter du bois. « Mon cher ami, *répondit* malicieusement le lutin, j'*étudie* ici et je *devrais*, à la vérité, tout savoir ; mais comme il n'y a que six semaines que je fréquente l'école où l'on *apprend* tout, je ne suis pas encore assez avancé pour *répondre* à de pareilles questions. Mais il y a dans cette maison-ci un homme qui *a* toujours un grand livre devant lui, et qui, pour deux sous, vous *satisfera* infailliblement. »

Enchanté de cette nouvelle, le paysan se *hâte* d'entrer dans la maison. Il *pénètre* dans la classe du professeur N***, qui, effectivement, *avait* un grand in-folio devant lui. Le paysan, son bonnet sous le bras, *met* deux sous sur la table, et *prie* ce monsieur d'ouvrir le livre, et de voir le nom de celui qui lui *a acheté* du bois. Plein d'étonnement, le professeur *examine* son interlocuteur, et *prononce* enfin ces paroles : « Eh mais, c'est singulier ! — Justement ! *s'écrie* le paysan ; c'est *Singulier* qu'il *s'appelle*. Tenez, voilà encore deux sous, parce que cette fois-ci vous *l'avez dit* d'abord sans consulter votre livre. »

L'ENFANT SUR UNE TABLE.

Un enfant *s'admirait*, monté sur une table :
Je suis grand, *disait*-il. Quelqu'un lui *répondit* :
Descendez, vous serez petit.
Quel *est* l'enfant de cette fable ?
Le riche qui *s'enorgueillit*.

MODÈLE D'ANALYSE.

Admirait, Verbe actif, à la 3e personne du singulier de l'imparfait de l'indicatif de admirer, admirant, ayant admiré, j'admire, j'admirai, 1re conjugaison, formant avec le pronom *se* un verbe pronominal accidentel ; à la 3e personne du singulier, parce que son sujet *enfant* est de la 3e personne du singulier, règle : *J'ai tant fait que nos gens sont enfin dans la plaine.*

Disait, Verbe actif, à la 3e personne du singulier de l'imparfait de l'indicatif de dire, disant, ayant dit, je dis, je dis, 4e conjugaison ; à la 3e personne du singulier, parce que son sujet *il* est de la 3e personne du singulier, règle : *J'ai tant fait*, etc.

Répondit, Verbe actif, à la 3e personne du sing. du parfait défini de l'indicatif de répondre, répondant, ayant répondu, je réponds, je répondis, 4e conjugaison ; à la 3e personne du singulier, parce que son sujet *quelqu'un* est de la 3e personne du singulier, règle : *J'ai tant fait*, etc.

Descendez, Verbe neutre, à la 2e personne du pluriel du présent de l'impératif de descendre, descendant, étant descendu, je descends, je descendis, 4e conjugaison ; à la 2e personne du pluriel, parce que son sujet *vous* sous-entendu est de la 2e personne du pluriel, règle : *J'ai tant fait*, etc.

Est, Verbe substantif, à la 3e personne du singulier du présent de l'indicatif de être, étant, ayant été, je suis, je fus ; à la 3e personne du singulier, parce que son sujet *enfant* est de la 3e p. du singulier, règle : *J'ai tant fait*, etc.

S'enorgueillit, Verbe essentiellement pronominal, à la 3e personne du singulier du présent de l'indicatif de s'enorgueillir, s'enorgueillissant, s'étant enorgueilli, je m'enorgueillis, je m'enorgueillis, 2e conjugaison ; à la 3e personne du singulier, parce que son sujet *qui* est de la 3e personne du singulier, règle : *J'ai tant fait*, etc.

DEVOIR.

Analysez les mots en italique.

Turenne, à l'âge de douze ans, *envoya* un *cartel* à un *officier qui traitait* de roman l'histoire d'Alexandre par Quinte-Curce.

Un *noble provincial*, revenant de la cour de Louis XIV, disait : « *Je l'ai vu, ce* grand roi ; *il se promenait lui-même.* »

Un *homme venait* de se faire prendre mesure d'un habit *brun*. Comme le *tailleur s'en allait, il le rappela* : « A propos, j'*oubliais* qu'*il faut* aussi me prendre mesure d'un *habit* noir. »

On plaisantait un *chasseur* sur *sa* maladresse : « Hier encore, *lui disait-on*, vous êtes revenu *bredouille*. — Bredouille !... pas du tout : j'*ai tué* hier *une h*outarde. — Avec une *H* ? — Non, *Monsieur*, avec mon fusil. »

Le *soleil a du mérite* sans doute, disait *quelqu'un*, mais la lune *vaut* beaucoup mieux ; le soleil ne *se montre* que pendant le *jour*, mais la *lune brille* pendant la *nuit*, alors que *nous* avons vraiment besoin d'être éclairés.

Un *papa* très sévère à l'endroit de l'obéissance *filiale* *réprimandait son fils*, jeune *garçon* de *dix* ans, *qui était allé* prendre un *bain* sans permission. « *Tu sais* pourtant, *lui disait-il*, que *je t'*ai défendu d'entrer dans *l'eau* avant que tu *saches nager*. »

On *lit* dans un *journal* : Un *enfant sourd-muet* de naissance, *âgé* de 13 ans, *a disparu* de la maison *paternelle* depuis trois jours. *Les personnes qui le retrouveraient* sont priées de le reconduire chez *ses* parents, *telle* rue, *tel* numéro. *Il répond* au nom de Martin.

Un médecin *avait prescrit* à un de *ses* malades une *tisane* fort *amère*, *dont* il fallait chaque jour boire deux *verres*, et, pour *l'encourager*, *il lui disait* : « *Il* n'y a que le premier verre *qui* coûte. — Eh bien, *Docteur*, ne *pourrais*-je pas me contenter de ne boire que le *second* verre ? »

Quelqu'un disait qu'*il* n'avait pas confiance dans la vaccine. « A *quoi sert*-elle ? *ajouta*-t-il ; *je connais un enfant*, *beau* comme le jour, *que sa famille* avait fait vacciner... Eh bien, *il* est *mort* deux *jours* après... — Comment ! deux jours après ? — Oui.., il *est tombé* du haut d'un arbre et *s'est tué* raide... Faites donc vacciner *vos enfants* après cela ! »

Catherine va au marché ; elle examine longtemps *des* homards si bien vivants qu'*ils se promenaient* sur le *trottoir*. Elle *demande* le *prix*, *le débat* en *bonne* ménagère, et *finit* par acheter deux de *ces* crustacés. Un *soupçon lui vient* au dernier *moment*. « Au moins, *dit*-elle à la *marchande* avant de *la* payer, *sont*-ils bien *frais* ?

Un jeune *campagnard*, en *se* présentant un *matin* à la *classe*, fut interpellé par l'*instituteur* : « *Michel*, vous *étiez* singulièrement *distrait* en *vous* levant, ce matin. *Pourriez*-vous *me dire* pourquoi vous *avez mis vos bas* à l'envers ? — Je *l'*ai bien fait exprès, *répondit* Michel d'un air *fin* et entendu ; c'est parce qu'*ils avaient des trous* à l'endroit. »

C'était dans *je* ne *sais* plus quel musée de *curiosités*. Un *bon* bourgeois *voit* deux *langues* sous verre, *l'une* *grande*, l'autre petite, et *il demande au cicerone* de *l'endroit*: A *qui* donc *ont appartenu ces* deux *langues* ? — La plus *grande est* la *langue* de l'empereur *Charlemagne*, *répondit* le cicerone. — Et la plus *petite* ? — Du *même* Charlemagne, quand *il* était *enfant*. »

Un professeur de *collège*, entrant dans *sa classe* un jour d'hiver, *s'aperçoit* que le *poêle* n'a pas été allumé. *Il* *appelle* un *domestique*, *qui revient* bientôt, apportant *une* *grosse bûche*. « Ah ! ah ! *s'écria* le professeur, voici le principal. » Un *rire général* *l'avertit* sur-le-champ qu'il venait de commettre une *malencontreuse amphibologie* ; et, ce *qui* est moins *plaisant*, le principal, *informé* de la *chose*, *tança* vertement le pauvre *homme*.

Le poëte Gresset, *retiré* à *Amiens*, *fréquentait une* *maison* où *l'un des* plus *grands* amusements *consistait* à proposer *des énigmes*. *Gresset*, *qui voulait* anéantir par le *ridicule ce* genre de *plaisir* provincial, *proposa* un jour l'énigme *suivante* :

> Je suis un *ornement qu*'on *porte* sur la *tête* ;
> Je *m'appelle* chapeau ; *devine*, *grosse bête*.

Tout le *monde se mit* à rire ; mais quelqu'un *qui* ne *riait* pas, après *avoir cherché* très sérieusement, *se leva* en criant : « Oh ! j'y suis, *c*'est une *perruque*. »

M. *Goulard* voyant au fond de *sa cour* un grand *tas* d'*ordures*, *se fâcha* contre son maître d'hôtel *qui* ne *les* *faisait* pas ôter. *Celui-ci*, pour excuse, *dit* qu'*on* ne *trouvait* pas *des charretiers* à point nommé. « Des charretiers, *dit* M. Goulard, hé, que ne faites-vous faire *une fosse* au milieu de la cour, où l'on *enterrerait ces* ordures ? — Mais, *répondit* le maître d'hôtel, où *mettra*-t-on la terre qu'on tirera de *cette* fosse ? — Vraiment ! vous voilà bien *empêché*, *répliqua* M. Goulard en colère ; faites faire la fosse si *grande* que tout y *puisse* entrer. »

ANALYSE DU PARTICIPE.

LA PLUIE.

Un marchand, *parti* de bon matin, se rendait à la ville voisine. Il était à cheval et avait une valise *remplie* d'or et d'argent. La pluie tombait par torrents, et l'eau ruisselait sur les vêtements du pauvre homme. « En vérité, disait-il, Dieu qui fait tomber la pluie quand il lui plaît, *aurait* bien *pu* m'accorder cette journée, et attendre à ce soir pour inonder les chemins et faire déborder les ruisseaux. » Enfin la pluie cessa, et le marchand arriva sur le bord d'un grand bois qu'il lui fallait traverser. Quand il fut au milieu, il vit paraître deux voleurs qui lui crièrent d'arrêter ; et comme il s'enfuyait de toute la vitesse de son cheval, les voleurs, qui avaient d'excellentes carabines toutes *chargées*, voulurent s'en servir. Mais la poudre *avait été mouillée* par la pluie, et ils ne purent faire usage de leurs armes.

Quand le marchand fut hors du bois, il éleva les mains au ciel. « O mon Dieu, s'écria-t-il, j'*ai murmuré* contre vous et contre la pluie qu'il vous plaisait d'envoyer, parce qu'elle m'incommodait dans mon voyage ; cependant cette pluie était un bienfait : si le temps eût été beau, la poudre des voleurs se *serait enflammée* ; ils m'*eussent dépouillé*, *tué* peut-être. Désormais je me soumettrai respectueusement à votre sage volonté. »

MODÈLE D'ANALYSE.

Parti, Au masculin singulier, parce que c'est un participe passé employé sans auxiliaire, et qu'il s'accorde en genre et en nombre avec le substantif *marchand* qu'il qualifie, et qui est du masculin singulier, règle: *Un petit bout d'oreille échappé par malheur, découvrit la fourbe et l'erreur.* (§ 169.)

Remplie, Au féminin singulier, parce que c'est un participe passé employé sans auxiliaire, et qu'il s'accorde en genre et en nombre avec le substantif *valise* qu'il qualifie, et qui est du féminin singulier, règle : *Un petit bout d'oreille*, etc.

Pu, Invariable, parce que c'est un participe passé conjugué avec l'auxiliaire *avoir* et que son complément direct *accorder* est placé après lui, règle : *L'ignorance a flétri les lauriers du génie.* (§ 171.)

Chargées, Au féminin pluriel, parce c'est un participe passé employé sans auxiliaire, et qu'il s'accorde en genre et en nombre avec le substantif *carabines* qu'il qualifie et qui est du féminin pluriel, règle : *Un petit bout d'oreille*, etc.

Mouillée, Au féminin singulier, parce que c'est un participe passé conjugué avec l'auxiliaire *être*, et qu'il s'accorde en genre et en nombre avec le sujet du verbe, *poudre*, qui est du féminin singulier, règle : *Chacun son métier, les vaches seront bien gardées.* (§ 170.)

Murmuré, Invariable, parce que c'est un participe passé conjugué avec l'auxiliaire *avoir*, et qu'il n'a pas de complément direct, règle : *Où la guêpe a passé, le moucheron demeure.* (§ 171.)

Enflammée, Au féminin singulier, parce que c'est un participe passé conjugué avec l'auxiliaire *être* mis pour *avoir*, et qu'il s'accorde en genre et en nombre avec son complément direct placé avant lui, *se* mis pour *elle*, féminin singulier, règle : *Il compte en murmurant les coups qu'il a reçus.* (§ 171.)

Dépouillé, Au masculin singulier, parce que c'est un participe passé conjugué avec l'auxiliaire *avoir*, et qu'il s'accorde en genre et en nombre avec son complément direct placé avant lui, *me* mis pour *moi*, masculin singulier, règle : *Il compte en murmurant*, etc.

Tué, Au masculin singulier, parce que c'est un participe passé conjugué avec l'auxiliaire *avoir*, et qu'il s'accorde en genre et en nombre avec son complément direct placé avant lui, *me* mis pour *moi*, masculin singulier, règle: *Il compte en murmurant*, etc.

DEVOIR.

Analysez les mots en italique.

Prenez une loupe, et vous verrez que la nature a *redoublé* de soins à mesure que ses œuvres ont *diminué* de volume. Voyez l'or, le rubis, la topaze, la nacre et tous les émaux dont elle a *embelli* quelquefois la cuirasse du plus vil insecte. Voyez cette multitude d'yeux, ce diadème clairvoyant dont elle a *ceint* la tête de la mouche. Il semble que la délicatesse essaye partout de l'emporter sur la magnificence. L'œil de la baleine ou de l'éléphant présente à l'examen des détails que leur petitesse avait *dérobés* à nos regards; ces mêmes détails se sont *retrouvés* dans la rétine, dans la cornée de l'animalcule dont, avant les inventions de l'optique, on n'avait pas *soupçonné* l'existence.

A mesure que le microscope s'est *perfectionné*, on a *vu* la vie poindre de toutes parts. Les moindres atomes sont *devenus* des mondes *habités*, et les moindres gouttes d'eau, des mers poissonneuses ; et ces êtres *imprévus*, la nature les a *doués* d'organes, dont toutes les pièces ont leurs proportions, comme chez les animaux les plus gigantesques. C'est un monde aussi réel que le nôtre, un monde au-dessous duquel se trouvent peut-être d'autres mondes, qui sont pour lui ce qu'il est pour nous !

LA GROTTE DES FÉES.

A une lieue environ de Genève, on voit une grotte que la nature *a taillée* à pic dans un lieu inabordable. Les habitants du pays lui *ont donné* le nom de Grotte des

Fées. On ne peut y monter qu'à l'aide d'une échelle. L'eau qui distille à travers *a formé* un corps qui ressemble à une poule couvant des poussins. On y remarque encore un rouet avec sa quenouille. Les gens du pays nous *ont assuré* que leurs aïeux y *ont vu*, autrefois, une femme *pétrifiée*, *assise* devant une cheminée *garnie* d'une paire de chenets; mais les naturalistes qui *sont entrés* dans cette grotte et qui l'*ont visitée* dans tous les sens, n'*ont* rien *découvert* qui pût y ressembler. Les recherches auxquelles ils se *sont livrés ont* du moins servi à rassurer le peuple qui, auparavant, n'osait pénétrer dans cette grotte.

MODÈLE D'ANALYSE.

Taillée, Au féminin singulier, parce que c'est un participe passé conjugué avec l'auxiliaire *avoir*, et qu'il s'accorde en genre et en nombre avec son complément direct placé avant lui, *que* mis pour *laquelle grotte*, féminin singulier, règle: *Il compte en murmurant les coups qu'il a reçus.* (§ 171.)

Donné, Invariable, parce que c'est un participe passé conjugué avec l'auxiliaire *avoir*, et que son compl. dir. *nom* est placé après lui, règle : *L'ignorance a flétri les lauriers du génie.* (§ 171.)

Formé, Invariable, parce que c'est un participe passé conjugué avee l'auxiliaire *avoir*, et que son complément direct *corps* est placé après lui, règle : *L'ignorance*, etc.

Assuré, Invariable, parce que c'est un participe passé conjugué avec l'auxiliaire *avoir*, et que son complément direct *que leurs aïeux*, etc., est placé après lui, règle: *L'ignorance*, etc.

Vu, Invariable, parce que c'est un participe passé conjugué avec l'auxiliaire *avoir*, et que son complément direct *femme* est placé après lui, règle : *L'ignorance*, etc.

Pétrifiée, Au féminin singulier, parce que c'est un participe passé employé sans auxiliaire, et qu'il s'accorde en genre et en nombre avec le substantif *femme* qu'il qualifie et qui est du fém. sing., règle : *Un petit bout d'oreille*, etc. (§ 169.)

Assise, Au féminin singulier, parce que c'est un participe passé employé sans auxiliaire, et qu'il s'accorde en genre et en nombre avec le substantif *femme* qu'il qualifie et qui est du féminin singulier, règle : *Un petit bout d'oreille*, etc.

Garnie, Au féminin singulier, parce que c'est un participe passé employé sans auxiliaire, et qu'il s'accorde en genre et en nombre avec le substantif *cheminée* qu'il qualifie et qui est du fém. singulier, règle : *Un petit bout d'oreille*, etc.

Entrés, Au masculin pluriel, parce que c'est un participe passé conjugué avec l'auxiliaire *être*, et qu'il s'accorde en genre et en nombre avec le sujet du verbe *qui*, masculin pluriel, règle : *Mauvaise graine est tôt venue.* (§ 170.)

Visitée, Au fém. sing., parce que c'est un participe passé conjugué avec l'auxiliaire *avoir*, et qu'il s'accorde en genre et en nombre avec son compl. direct placé avant lui, *l'* mis pour *elle*, fém. sing., règle : *Une souris tomba du bec d'un chat-huant; je ne l'eusse pas ramassée.* (§ 176.)

Découvert, Au masculin singulier, parce que c'est un participe passé conjugué avec l'auxiliaire *avoir*, et qu'il s'accorde en genre et en nombre avec son complément direct placé avant lui, *rien*, masculin singulier, règle : *Il compte en murmurant*, etc.

Livrés, Au masculin pluriel, parce que c'est un participe passé conjugué avec l'auxiliaire *être* mis pour *avoir*, et qu'il s'accorde en genre et en nombre avec son complément direct placé avant lui, *se* mis pour *eux*, masc. plur., règle : *A ces mots j'ai frémi, mon âme s'est troublée.* (§ 181.)

LA FABLE.

Analysez les mots en italique.

La Fable est aussi vieille que le monde; elle a toujours *eu* et aura toujours un grand empire; c'est une immortelle dont la voix mensongère nous a toujours *charmés* et *amusés*; c'est une enchanteresse qui nous a *entourés* de prestiges, qui à des réalités a *substitué* des chimères agréables et riantes, et qui cependant ne nous a jamais *trompés* que pour nous instruire. Son sceptre enchanteur n'a *fait* que des miracles et n'a *produit* que des métamorphoses. Elle nous a *transportés* d'un monde où nous étions toujours mal, dans un autre monde qui, *créé* par l'imagination, n'a rien qui ne nous convienne; elle a *embelli* tout ce qu'elle a *touché*; elle a *semé* les merveilles, les prodiges, pour attacher la curiosité, pour graver dans la mémoire; si elle a *tracé* des leçons, elle l'a *fait* d'une manière si légère, que notre amour-propre n'en a point été *blessé*.

MŒURS HOSPITALIÈRES DE L'ORIENT.

Analysez les mots en italique.

C'est surtout dans les contrées où les mœurs ont *conservé* leur simplicité originelle, c'est sous les tentes de ces nomades, riches de leurs nombreux troupeaux et heureux de leur indépendance, que se sont *conservées* les habitudes patriarcales. Les voyageurs *accueillis*, *secourus*, bénissent ces peuples qui sont *demeurés* fidèles aux pieux usages de leurs pères ; ils souhaitent que le malheur ne puisse les atteindre , que leurs hôtes généreux ne soient jamais *réduits* à s'écrier comme Job succombant à l'excès de ses douleurs : « Je n'ai cependant pas *laissé* l'étranger hors de ma demeure, et ma porte fut toujours *ouverte* aux voyageurs ! »

Les Arabes pourraient encore aujourd'hui prendre, comme Job, le ciel à témoin de leur attachement à ces principes *révérés*. Les voyageurs offrent un léger présent, toujours *reçu* avec un sentiment religieux : un don considérable serait *repoussé* comme une insulte ; et si, à la fin d'un long voyage ils se trouvent avoir *distribué* les productions du sol ou de l'industrie de leur pays qu'ils avaient *apportées* avec eux, c'est alors une fleur, une simple branche d'arbuste, *cueillie* près de la maison, qu'ils présentent en entrant. Cet acte seul est une formule qui sollicite un asile et qui est toujours *entendue*. Aussitôt que la feuille verte a été *offerte*, les serviteurs, les enfants, toute la famille s'empresse autour des voyageurs, et leur hôte les remercie d'avoir *choisi* sa demeure et se félicite du bonheur dont cette préférence lui semble le présage.

Les Arabes bédouins eux-mêmes, toujours prêts pour le pillage, qui se croient le droit de reprendre par la force l'antique héritage dont ils furent, disent-ils, *dépouillés* dans la personne d'Ismaël, exercent la plus noble et la plus généreuse hospitalité. Jamais aucun d'eux n'abandonnera les étrangers qu'il aura *reçus* ; toute la famille périra plutôt pour les défendre, et, à l'abri de ce titre sacré, les voyageurs traversent le désert au milieu des hordes ennemies, *protégés* à la fois par l'honneur et la religion. Tous seraient *indignés* de la seule idée d'avoir *trahi* les malheureux qui se seraient *réfugiés* sous leur toit, qui auraient *touché* le pan de leur robe.

000. LE DRAGON DE NATERS.

Analysez les mots en italique.

Le nom de Naters (vipère) est *survenu* à ce village suisse, dit une légende, d'un dragon qui se tenait aux environs dans une caverne, d'où il s'élançait pour dévorer les bêtes et les gens qui en approchaient. *Devenu* la terreur du pays, il avait *interrompu* toute communication entre le haut et le bas Valais. Plusieurs montagnards l'avaient cependant *attaqué*; mais comme tous avaient été victimes de leur courage, personne, depuis longtemps, n'osait plus s'exposer à une mort *regardée* comme certaine.

Sur ces entrefaites, un serrurier, qui avait *assassiné* sa femme, fut *condamné* à mort. La sentence *rendue*, le coupable demanda à combattre le monstre. Sa demande lui fut *accordée*, et de plus sa grâce lui fut *promise*, s'il sortait vainqueur du combat. Il demanda six mois pour s'y préparer.

Pendant ce temps, il se forgea une armure du plus pur acier qu'il put trouver, puis une épée qu'il trempa à la source *glacée* de l'Aar, et dans le sang d'un taureau fraîchement *égorgé*. Il passa le jour et la nuit qui précédèrent le combat en prières dans l'église de Brieg; le matin il communia, comme pour monter à l'échafaud; puis, à l'heure *dite*, il s'avança vers la caverne du dragon.

A peine le monstre l'eut-il *aperçu* qu'il sortit de son rocher, déployant ses ailes, dont il se battait le corps avec un tel bruit, que ceux mêmes qui étaient hors de sa portée en furent *épouvantés;* et pareils à deux ennemis *acharnés*, les deux adversaires marchèrent l'un contre l'autre, tous deux *couverts* de leur armure, l'une d'acier, l'autre d'écailles.

Arrivé à quelques pas du dragon, le serrurier baisa la poignée de son épée, qui était une croix, et attendit l'attaque de son adversaire. Celui-ci, de son côté, semblait comprendre qu'il n'avait point affaire à un montagnard ordinaire. Cependant, après avoir *hésité* une minute, il se dressa sur ses pattes de derrière, et essaya de saisir son adversaire avec celles de devant. L'épée flamboya comme un éclair, et abattit une des pattes du monstre. Le dragon jeta un cri, et, s'étant *soulevé* à l'aide de ses ailes, tourna autour de son antagoniste, et le couvrit d'une rosée de sang. Tout à coup il se laissa tomber comme pour l'écraser sous son poids; mais à peine fut-il à la portée de la terrible épée, qu'ayant *décrit* un nouveau cercle, elle lui trancha encore une aile. L'animal *mutilé* tomba à terre, se traînant sur trois pattes, saignant de ses deux blessures, tordant sa queue et mugissant comme un taureau mal *tué* par la masse du boucher. De grands cris de joie répondaient de toutes les parties de la montagne à ces mugissements d'agonie.

Le serrurier s'avança bravement sur le dragon, dont la tête à fleur de terre suivait tous ses mouvements, comme l'aurait *fait* un serpent ; seulement, à mesure qu'il s'approchait de lui, le monstre retirait sa tête, qui se trouva enfin presque *cachée* sous son corps gigantesque. Tout à coup il déploya cette tête terrible, dont les yeux semblaient lancer du feu, et ses dents allèrent se briser contre la bonne armure du serrurier. Cependant celui-ci fut *renversé* par la violence du coup. Au même instant le dragon fut sur lui.

Alors ce ne fut plus qu'une horrible lutte, dans laquelle les cris et les mugissements étaient *confondus*. On voyait bien de temps en temps l'aile battre, ou l'épée se lever ; on reconnaissait bien, dans certains moments, l'armure *brunie* du serrurier, tranchant sur les écailles luisantes du dragon : mais comme il était impossible à l'homme de se remettre sur ses pieds, comme la bête ne pouvait reprendre son vol, les combattants n'étaient jamais assez *isolés* l'un de l'autre pour qu'on pût distinguer quel était le vainqueur ou le vaincu.

Cette lutte avait déjà *duré* un quart d'heure, qui avait *paru* un siècle aux assistants. Tout à coup un grand cri s'éleva du lieu du combat, si étrange et si terrible, qu'on ne sut s'il appartenait à l'homme ou au monstre. La masse qui se mouvait s'abaissa comme une vague, trembla un instant encore, puis enfin resta immobile. Le dragon dévorait-il l'homme ? l'homme avait-il *tué* le dragon ? On approcha lentement et avec précaution. Rien ne remuait ; l'homme et le dragon étaient *étendus* l'un sur l'autre. A vingt pas d'eux l'herbe était *rasée* comme si un moissonneur y eût *passé* la faux, et cette place était *pavée* d'écailles qui étincelaient comme une poudre d'or.

Le dragon était mort, l'homme n'était qu'*évanoui*. On le fit revenir en le dégageant de son armure et en lui jetant de l'eau *glacée*. Le dragon fut *précipité* dans le Rhône.

ANALYSE DES DIX ESPÈCES DE MOTS.

LE ROI ET L'AUBERGISTE.

George Deux, *traversant* un *village*, *s'arrêta dans une auberge et y mangea* un *œuf*. *L'aubergiste lui demanda* vingt-cinq *francs*. *Le roi paya* et dit *en souriant* : » *Il paraît* que *les œufs sont bien rares* ici. — *Oh !* non, *Sire* , répondit l'aubergiste, *ce* ne sont pas les œufs *qui sont* rares,... ce sont les rois. »

MODÈLE D'ANALYSE.

George, Nom propre, masculin singulier, sujet des verbes *s'arrêta* et *mangea*, parce qu'il répond aux questions *qui s'arrêta ? qui mangea ?*

Deux, Adjectif numéral cardinal, au masculin singulier, parce que le substantif *George* qu'il détermine est du masculin singulier, règle : *Chien hargneux a toujours l'oreille déchirée.*

Traversant, Participe présent du verbe actif *traverser*, invariable.

Village, Nom commun, masculin singulier, complément direct de *traversant*, parce qu'il répond à la question *traversant quoi ?*

S', (pour *se*) Pronom personnel, à la 3e personne, masculin singulier , complément direct du verbe *arrêta*, parce qu'il répond à la question *George arrêta qui ?* A la 3e personne, masculin singulier, parce que le substantif *George* qu'il remplace est de la 3e personne, masculin singulier, règle : *J'avais une marmotte, elle est morte de faim.*

Arrêta, Verbe actif, à la 3e personne du singulier du parfait défini de l'indicatif de arrêter, arrêtant, ayant arrêté, j'arrête, j'arrêtai, 1re conjugaison ; à la 3e personne du singulier, parce que son sujet *George* est de la 3e personne du singulier, règle : *J'ai tant fait que nos gens sont enfin dans la plaine.*

Dans, Préposition.

Une, Adjectif indéfini, au féminin singulier, parce que le substantif *auberge* qu'il détermine est du fém. sing., règle : *Chien hargneux*, etc.

Auberge, Nom commun, féminin singulier, formant avec la préposition *dans* un complément circonstanciel du verbe *s'arrêta.*

Et, Conjonction.

Y, Adverbe.

Mangea, Verbe actif, à la 3e personne du singulier du parfait défini de l'indicatif de manger, mangeant, ayant mangé, je mange, je mangeai, 1re conjugaison; à la 3e pers. du sing., parce que son sujet *George* est de la 3e pers. du sing., règle : *J'ai tant fait*, etc.

Œuf, Non commun, masculin singulier, complément direct du verbe *mangea*, parce qu'il répond à la question *George mangea quoi ?*

L', (pour *le*) Article simple, masculin singulier, parce que le substantif *aubergiste* qu'il détermine est du masculin singulier, règle: *La louange*, etc.

Aubergiste, Nom commun, masculin singulier, sujet du verbe *demanda*, parce qu'il répond à la question *qui demanda ?*

Lui, Pronom personnel, à la 3e personne du masculin singulier, complément indirect du verbe *demanda*, parce qu'il répond à la question *l'aubergiste demanda à qui ?* A la 3e personne, masculin singulier, parce que le substantif *George* qu'il remplace est de la 3e personne, masculin singulier, règle : *J'avis une marmotte*, etc.

Demanda, Verbe actif, à la 3e personne du singulier du parfait défini de l'indicatif de demander, demandant, ayant demandé, je demande, je demandai, 1re conjugaison ; à la 3e personne du singulier, parce que son sujet *aubergiste* est de la 3e personne du singulier, règle : *J'ai tant fait*, etc.

Francs, Nom commun, masculin pluriel, complément direct du verbe *demanda*, parce qu'il répond à la question *l'aubergiste demanda quoi* ?

Le, Article simple, au masculin singulier, parce que le substantif *roi* qu'il détermine est du masc. sing., règle : *La louange*, etc.

Roi, Nom commun, masculin singulier, sujet des verbes *paya* et *dit*, parce qu'il répond aux questions *qui paya ? qui dit ?*

Paya, Verbe neutre, à la 3e personne du singulier du parfait défini de l'indicatif de payer, payant, ayant payé, je paye, je payai, 1re conjugaison; à la 3e personne du singulier, parce que son sujet *roi* est de la 3e personne du singulier, règle : *J'ai tant fait*, etc.

En, Préposition.

Souriant, Participe présent du verbe neutre *sourire*, invariable.

Il, Pronom indéfini, sujet apparent du verbe *paraît.*

Paraît, Verbe impersonnel, à la 3e personne du singulier du présent de l'indicatif, 4e conjugaison.

Les, Article simple, au masculin pluriel, parce que le substantif *œufs* qu'il détermine est du masculin pluriel, règle : *La louange*, etc.

Œufs, Nom commun, masculin pluriel, sujet du verbe *sont*, parce qu'il répond à la question *qui est ?*

Sont, Verbe substantif, à la 3e personne du pluriel du présent de l'indicatif de être, étant, ayant été, je suis, je fus ; à la 3e personne du pluriel, parce que son sujet *œufs* est de la 3e personne du pluriel, règle : *J'ai tant fait*, etc.

Bien, Adverbe.

Rares, Adjectif qualificatif, au masculin pluriel, parce que le substantif *œufs* dont il est l'attribut est du masculin pluriel.

Oh, Interjection.

Sire, Nom commun, masculin singulier, mis en apostrophe.

Ce, Pronom démonstratif, masculin singulier, sujet du verbe *sont*.

Qui, Pronom relatif, à la 3e personne, masculin pluriel, sujet du verbe *sont*; à la 3e personne, masculin pluriel, parce que le substantif *œufs* qu'il remplace est de la 3e personne masc. plur., règle : *J'avais une marmotte*, etc.

Sont, Verbe substantif, à la 3e personne du pluriel du présent de l'indicatif de être, étant, ayant été, je suis, je fus; à la 3e personne du pluriel, parce que son sujet *qui* est de la 3e personne du pluriel, règle : *J'ai tant fait*, etc.

PENSÉES ET PROVERBES.

Faites l'analyse de tous les mots.

Une estime mutuelle est le premier fondement de l'amitié.

Ce que Dieu garde est bien gardé.

Le méchant est comme les mouches, qui ne s'arrêtent qu'aux plaies.

Mieux vaut bien faire que faire vite.

Les hommes insolents dans la prospérité sont toujours faibles dans la disgrâce.

Lorrain, prête-moi ton lard pour frotter mon pain. — Nenni, ça s'use.

Les bons maîtres font les bons valets.

La délicatesse est la fleur de la vertu.

L'industrie est la main droite, et l'économie la main gauche de la fortune.

Un coup de langue est pire qu'un coup de lance.

On ne peut pas avoir le lard et le cochon.

La conversation doit être comme ces jeux où on jette sa carte chacun à son tour.

Morceaux caquetés se digèrent mieux.

Cher est le miel qu'on lèche sur les épines.

La méchanceté se trouve plus souvent avec la sottise qu'avec l'esprit.

Le paysan le plus épais n'est pas un sot quand il s'agit de ses intérêts.

Qu'un véritable ami est une douce chose !

Une âme basse suppose toujours de vils motifs aux âmes les plus nobles.

Les fous inventent la mode, et les sages la suivent.

La bouderie est l'âme offensive et défensive des âmes faibles et timides.

Les malentendus font les trois quarts des querelles.

Mieux vaut un doigt coupé qu'un doigt pendant.

Régler ses dépenses sur son revenu, c'est sagesse; dépenser plus que son revenu, c'est folie.

Les seuls amis solides sont ceux qu'on acquiert par des qualités solides.

L'enfant et la galère se conduisent par l'arrière.

Le ciel donne de la pluie à la terre, mais la terre ne renvoie au ciel que de la poussière.

Ce qui vient par la flûte s'en va par le tambour.

Coucher de poule et lever de corbeau écartent l'homme du tombeau.

Une vanité franche déplaît moins qu'une fausse modestie.

Celui qui écoute aux portes entendra mal parler sur son compte.

La conscience est un juge qu'on ne peut corrompre.

Les petits ruisseaux font les grandes rivières.

La douce voix de l'amitié est le plus sûr remède contre l'affliction.

La pomme ne tombe jamais loin de l'arbre.

Dieu nous garde d'un *et cætera* de notaire et d'un *quiproquo* d'apothicaire !

Le bonheur dépend plus du caractère que de la fortune.

L'homme vain ne trouve pas de voix plus harmonieuse que celle qui chante ses louanges.

Fais-toi mouton, le loup te mangera.

Le bonheur du peuple et la tranquillité de l'État dépendent de la bonne éducation de la jeunesse.

Un vieil ami est une chose toujours nouvelle.

Heureux le peuple dont l'histoire est ennuyeuse !

Dans les petites boîtes sont les fines épices.

Je connais maints grands personnages qui regrettent leur ancienne médiocrité.

Qui possède un ami possède un grand trésor.

Ne citer qu'une traduction d'un poëte,c'est ne montrer que l'envers d'une belle étoffe.

Les gens payés d'avance ont les bras rompus.

L'ennui est la juste punition d'un esprit vide et d'une âme indifférente.

Celui qui a un grand sens sait beaucoup.

Le sage ne s'inquiète pas des vains bruits du monde.

La grande jeunesse n'est guère propre aux plaisirs de la parfaite amitié.

La langue d'un muet vaut mieux que celle d'un menteur.

Quand la poire est mûre, elle tombe.

Nous vivons avec nos défauts comme avec les odeurs que nous portons : nous ne les sentons plus ; elles n'incommodent que les autres.

Celui qui ne nourrit pas le chat, nourrit le rat.

La nature donne une partie de l'esprit, et le commerce du monde donne l'autre.

Je désire que votre affection me soit toujours sévère.

Nos meilleures actions nous feraient quelquefois honte, si l'on savait ce qui nous les fait faire.

Les résolutions violentes exposent à d'amers regrets.

Il serait plus court d'aller à la gloire par le chemin de la vertu ; on serait sûr de ne rencontrer sur la route qu'un petit nombre de concurrents.

On ne fait pas d'omelette sans casser des œufs.

Les hommes sont comme les animaux : les gros mangent les petits, et les petits les piquent.

Le reproche le plus léger est souvent fort lourd sur le cœur.

Une tête bien faite s'accommode de tous les oreillers.

La rouille use plus que le travail.

Obligez cent fois, refusez une, on ne se souviendra que du refus.

Les plaisanteries ne sont bonnes que quand elles sont servies toutes chaudes.

Les inimitiés survivent souvent aux ennemis.

On ne s'amuse pas longtemps de l'esprit d'autrui.

Ce que je dis à vous, ma nièce, c'est pour toi, mon neveu.

Le mensonge peut être regardé comme le marche-pied de tous les vices.

On ne doit pas faire le moindre mal pour faire réussir le plus grand bien.

Exercez l'hospitalité envers vos ennemis mêmes ; les arbres ne refusent pas leur ombre à l'impitoyable bûcheron.

La sainteté n'est pas incompatible avec les manières agréables.

Mors doré ne rend pas le cheval meilleur.

Les blessures de la calomnie se ferment, mais la cicatrice reste.

Celui qui veut l'œuf doit supporter la poule.

L'amitié est un contrat tacite entre deux personnes sensibles et vertueuses.

Les jeunes gens ne séparent pas leur estime de leurs goûts.

Veux-tu que tes bienfaits ne laissent point d'ingrats, place-les ; ne les sème pas.

Toute faction est un composé de dupes et de fripons.

Les adversités sont utiles et même nécessaires aux hommes les plus vertueux.

L'enfant et le vieillard aiment qu'on les écoute.

Les amis nouveaux ne doivent pas nous faire négliger les anciens.

Nous pardonnons souvent à ceux qui nous ennuient ; mais nous ne pouvons pardonner à ceux que nous ennuyons.

Quand le puits est sec, on sait ce que vaut l'eau.

Ne dites pas toujours ce que vous pensez, mais pensez toujours ce que vous dites.

La souris qui n'a qu'un trou est bientôt prise.

Ouvrir son âme à l'ambition, c'est renoncer au repos.

On ne peut peigner un diable qui n'a pas de cheveux.

Veux-tu trouver le carême court, fais une dette payable à Pâques.

Les petits présents entretiennent l'amitié.

A brebis tondue, Dieu ménage le vent.

Celui qui médit hautement est semblable à un chien qui aboie et qui mord.

Ne laissez pas croître l'herbe sur le chemin de l'amitié.

Quand on a de l'inclination pour quelqu'un, on interprète tout en sa faveur.

On combat souvent les raisons par des injures ; mais il est bien rare qu'on ne réponde aux injures que par des raisons.

Celui qui a des noix, en casse ; celui qui n'en a pas, s'en passe.

Si ton ami est borgne, regarde-le de profil.

Bien mal acquis ne profite jamais.

On connaît les bonnes sources dans la sécheresse, et les bons amis dans la tristesse.

Nous avons battu les buissons, et un autre a pris l'oiseau.

Mieux vaut ami que parenté.

Si tu as la tête de beurre, ne te fais pas boulanger.

Ceux qui sont de notre avis sont les vrais hommes d'esprit.

Plus on pile l'ail, plus il sent mauvais.

Bonne amitié vaut mieux que tour fortifiée.

Quand on n'a pas ce que l'on aime, il faut aimer ce que l'on a.

Celui qui achète le superflu vendra bientôt le nécessaire.

On peut vivre sans frère, mais non pas sans ami.

Tel fait l'âne pour avoir du son.

Un méchant accommodement vaut mieux que le meilleur procès.

On ne peut pas carrillonner et aller à la procession.

Quand on achète le pouvoir de rendre la justice, on a l'intention de la vendre.

Chat ganté ne prit jamais souris.

L'amitié finit où commence la défiance.

L'âne de la communauté est toujours le plus mal bâté.

Qui mène les chevaux, mène ses bourreaux.

Marchand d'oignon se connaît en ciboule.

Il ne faut pas se moquer des chiens, qu'on ne soit hors du village.

L'argent sert l'homme sage et gouverne le sot.

Ne clochez pas devant les boiteux.

Quand on sait bien les quatre règles, on est un aigle en finances.

Bourgeon qui pousse en avril met peu de vin en baril.

Brebis qui bêle perd sa gueulée.

La meilleure épée est le bon droit.

Que chacun balaye devant sa porte, et les rues seront nettes.

Ane paré ne laisse pas de braire.

On ne saurait retenir le chat quand il a goûté à la crême.

Les cordonniers sont les plus mal chaussés.

Les conseilleurs ne sont pas les payeurs.

Le suicide est une mort furtive et honteuse; c'est un vol fait au genre humain.

Parler est bien, mais faire est encore mieux.

Une joie secrète n'est presque jamais une joie complète.

Le vin est le lait des vieillards.

Morceau avalé n'a plus de goût.

Est bien âne de nature qui ne sait lire son écriture.

Les personnes sensibles veulent qu'on les aime ; les personnes vaines veulent qu'on les préfère.

La colère est une courte démence.

La langue du cœur est la langue universelle.

Battez le fer pendant qu'il est chaud.

Le déjeûner du cavalier est la meilleure avoine du cheval.

Pain qu'on dérobe et qu'on mange en cachette, vaut mieux que pain qu'on cuit ou qu'on achète.

Le cœur importe plus que la mine.

Il est aisé d'aller à pied, quand on tient son cheval par la bride.

On ne voit que des gens qui vivent mal et qui pensent bien.

Qui couche avec les chiens, se lève avec des puces.

Flattez les chiens jusqu'à ce que vous soyez aux pierres.

On cause volontiers quand on a les pieds chauds.

Nous ne nous louerions pas si souvent, si nous pensions que les autres nous louent assez.

L'amitié ne convient qu'à des cœurs vertueux.

Pour avoir de vrais amis, il faut être capable d'en faire et digne d'en avoir.

Celui qui châtie dans la colère ne châtie pas, mais se venge.

Qu'un cheval soit mauvais on bon, chausse toujours ton éperon.

Le plus beau présent qui ait été fait à l'homme après la sagesse, c'est l'amitié.

D'un ami qui sèche nos larmes, ne repoussons jamais les soins.

La politesse est comme l'eau courante qui rend unis et lisses les plus durs cailloux.

Il y a une amitié chrétienne que la philosophie humaine ne comprend guère, c'est l'association de deux âmes qui mettent en commun leur foi et leurs prières et s'élèvent ensemble vers Dieu.

TABLE DES MATIÈRES.

LES MOTS VARIABLES.

SUPPLÉMENT.

ANALYSE GRAMMATICALE.

MORCEAUX CONTENUS DANS L'OUVRAGE.

Amiens.— Typ. Alfred Caron fils et Cie

uand une course *pour l'aller*, doit durer plus de 20 ıtes, elle est comptée comme ci-après, au tarif de ıre.

est interdit aux facteurs de demander un pourboire; euvent le recevoir, mais sans *sollicitation aucune* peine de renvoi.

II. — POUR UN TEMPS FIXE.

rsqu'on emploie les facteurs, non pour des courses ı, mais pour un certain temps, on paie pour chaque ne :

Avec petit outillage	0 fr.	50 c.	l'heure.
Avec voiture	0	70	—

première demi-heure est comptée pour l'heure re ; mais, lorsque le travail dure plus d'une heure, mi-heure, après ne se paie que la moitié de la c'est-à-dire sa juste valeur.

III. — POUR DIVERS SERVICES.

Pour accompagner un voyageur de nmerce ou comme guide.

:teur sans voiture	0 fr.	50 c.	l'heure.
— avec voiture	0	60	—

ır la journée de 8 heures avec voyageur de commerce.

:teur sans voiture	3 fr.	» c.
— avec voiture	4	»

ır tout autre travail :

:teur, 1/2 journée 5 h. sans voiture.	2	»
— une journée 10 h. sans voiture.	3	50
— 1/2 journée avec voiture . . .	2	50
— une journée 10 h. avec voiture	5	»

Pour le transport de pianos ou glaces rix.

l'intérieur de la ville	2 fr.	50 c.
les faubourgs	3	50
monter un piano par une fenêtre, ort compris, pour tous les étages . .	4 fr.	» c.

www.ingramcontent.com/pod-product-compliance
Lightning Source LLC
LaVergne TN
LVHW020546230826
846091LV00002B/405

* 9 7 8 2 0 1 4 4 4 5 1 4 5 *